よくわかる経済学入門

JN178632

南 英世

角川文庫
24634

はじめに

経済は難しい。それに「学」が付くと、なお難しい。そのように感じている人も多いのではないでしょうか。たしかに、用語が難しかったり、因果関係がわかりにくかったりします。また、経済政策をめぐる問題では、専門家のあいだでも意見が分かれることが少なくありません。

本書の目的は、経済学の基礎知識を簡潔にわかりやすく説明することです。対象とする読者は、経済学の基礎をしっかり学び、毎日の経済ニュースをその本質から理解したいと考えている方々です。経済学はけっしてやさしい学問ではありません。私自身も、初めて大学で経済学の勉強を始めたときは、つまらないことに膨大な時間を費やしてずいぶん回り道をしてきました。そこでこの本では、そうした回り道をすることなく、なるべく短時間で経済学の全体像を体系的につかむことができるように配慮しました。経済学とは何を課題とし、それにどんな解決策を提示できるのか。経済学を学ぶことにはどんな意味があるのか。そうしたことを、わかりやすく解説していきます。理解を容易にするために、執筆にあたってはできる限り理論と現実を結びつけるように心がけました。

全体の構成は、歴史分野および理論・政策分野からなっています。第1章では過去300年の歴史を振り返り、恐慌、失業、貧困問題、所得分配、労働問題などに対し、経済学がどのように取り組んできたかを見ていきます。経済学はこうした社会問題と正面から向き合い、みんなが幸せだと感じられる社会を実現するにはどうしたらいいかを考える学問として発展してきました。

第2章から第8章までは、貿易がない場合を想定した閉鎖経済の分析を行なっています。最初に貿易がない場合を想定するのは、分析を容易にするためです。とくに、第2章「ミクロ経済学」および第3章「マクロ経済学」は、大学の授業では「経済学原論」と呼ばれ、最重要科目となっています。ここは経済学の基礎理論を提供する重要な部分です。とくにケインズの「**有効需要の原理**」は経済政策の土台をなすものですから、時間をかけてしっかり理解してください。ミクロとマクロという土台がしっかり構築されれば、第4章以降の所得格差、財政、金融、物価、社会保障といった政策にかかわる議論の理解はそれほど難しくはないはずです。

最後の第9章は「国際経済」として、貿易を含む開放経済の理論分析を行なっています。一つの政策の及ぼす効果は国内だけではなく、世界中に波及しますので、分析が一気に複雑になってきます。ここではとくに、リカードの「**比較生産費説**」の理解がカギになります。国際経済は各国の利害が激しく対立しますので、経済学の理論を基礎にした冷静な判断が求められます。

本書を執筆するにあたっては、多くの方々にお世話になりました。この本を書くきっかけを与えてくださったベレ出版の森岳人氏をはじめ、原稿の段階で丁寧に読んでコメントをくださった大阪大学経済学部大学院教授（国際公共政策研究科）野村茂治先生、および私の長年の友人である末平生志氏に心からお礼を申し上げます。もちろん、本書に誤りや不十分な点があるとすれば、すべて筆者の責めに帰することは申すまでもありません。また、私の恩師である元金沢大学経済学部教授平館道子先生、同じく山辺知紀先生にも感謝を申し上げます。私が金沢大学経済学部の助手をしていた頃、温かいご指導や励ましの言葉をいただきました。そのほか、高校用教科書『政治・経済』『現代社会』の執筆を通してご教示をいただいた大塚晴之先生（甲南大学）、小川英治先生（一橋大学）、甲山員司先生（太平洋協会）、宍戸常寿先生（東京大学）、西村公孝先生（鳴門教育大学）、谷田部玲生先生（桐蔭横浜大学）にも、この場を借りてお礼を申し上げます。

この本を通して、少しでも多くの方に経済学に興味を持っていただけるようになれば、著者としてこれ以上の喜びはありません。本書を読み終える頃には、テレビや新聞で報道される経済ニュースが、驚くほど理解できるようになっているはずです。

経済学は決して、お金のための学問ではありません。しかし、このことは経済学の知識を資産形成のために役立てることを否定するものではありません。本書で学んだ経済学の知識を皆さんの資産形成のためにもご活用いただければ幸いです。

２０１６年10月

南　英　世

目次

組版・DTP／鎌田俊介（Isshiki）

第1章

経済学は何を課題としてきたか

1　経済学の誕生

分業によって成り立つ社会

現在、私たちの社会はたくさんの職業に分かれ、各人が自分の仕事に励むことによって、効率的に生産を行なっています。私たちの周りには自分で作ったものはほとんどありません。衣服、食料、住宅、家電製品、自動車など、すべて分業によって作り出されたものばかりです。モノだけではありません。病院、警察、消防なども、すべて分業で供給されています。

一般に、生活するために必要なものは、**財・サービス**と呼ばれます。財とは、テレビや車のように形のあるものをいい、サービスとは医者の診察のように形のないものをいいます。ただし、経済学でいうサービスとは、「無料」という意味ではないことに注意してください。デパートの販売員、旅行会社に勤務する人、学校の先生、警察官などは、すべてサービス業に分類されます。

財・サービスをどのように生産するかを**経済体制**といいます。経済体制の代表的なものには**資本主義経済**と**社会主義経済**があります。かつては社会主義経済がもてはやされた時期もありましたが、現在ではほとんどの国が資本主義経済体制をとっています。

資本主義経済の特徴

現在の社会を知るために、過去300年の歴史を振り返ることから始めたいと思います。なぜ、300年前なのか？　理由は二つあります。一つは**市民革命**によって絶対王政が倒され、人々が自由に経済活動を行なえるようになったのが、いまから約300年前だからです。もう一つの理由は、**産業革命**という画期的な技術革新が起きて資本主義が確立したのもいまから約300年前だからです。とくに産業革命の影響は大きく、これにより人類は長い停滞時代を脱し、社会の生産力を飛躍的に高めました。

一般に、財・サービスを生産するためには、土地（天然資源を含む）、資本（＝工場や機械設備）などが必要です。土地や資本を**生産手段**と呼びますが、資本主義経済の第一の特徴は、**生産手段が私的に所有**されることです。生産手段を持つ経営者は資本家と呼ばれ、彼らは労働者を雇い、財・サービスを生産します。また、資本主義の第二の特徴として、市場《しじょう》で**自由競争**が行なわれることが挙げられます。さらに、第三の特徴として、生産活動が**利潤**の獲得を目的として行なわれることが挙げられます。

人間には金銭欲があります。安くて良いものを作れば、どんどん儲《もう》かります。そのためには努力を惜しみません。新しい技術を発明したり、新しい市場を開拓したりします。イギリスの資本家は産業革命によって安価な綿製品を工場で大量に生産し、莫《ばく》大《だい》な利益を上げることに成功しました。

アダム・スミスと経済学の誕生

現在、日本には「経済学部」を置く大学がたくさんあります。経済学が学問として誕生したのは比較的新しく、18世紀の**アダム・スミス**の『**国富論**』（１７７６年）が最初だといわれます。スミスが生きた時代は、イギリスが産業革命を推進している真っ最中でした。

産業革命以前のイギリスでは、絶対王政の下で一部の大商人が国王から特権を受け、外国貿易を通じて**国富**の増大を図る**重商主義**と呼ばれる政策がとられていました。これに対してスミスは、重商主義政策を批判し、国家の統制や介入を排除すべきだと説きました。市場において自由に競争することによって生産性が高まり、国富が増大すると考えたからです。スミスの思想は、やがてイギリス産業革命および資本主義社会の発展をもたらす理論的支柱となっていきました。

一般に、人間にはお金持ちになりたい、豊かな消費生活をしたいという利己心があります。普通、利己的な人間は尊敬されません。ところがスミスはこれを肯定しました。経済活動に限っていえば、この利己心こそが経済活動のエネルギーであり、経済を発展させる原動力であるとしたのです。たしかに、各人の利己心にまかせれば、みんなが勝手に行動し社会が混乱する心配があります。しかし、スミスはこうした心配に対して、たとえ、みんなが勝手気ままに行動しても、（神の）**「見えざる手」**によって需要と供給が調整され、世の中全体としてはある種の調和状態が実現すると説いて反論しました。今日でいう、いわゆる**価格の自動調節機能**です。

スミスは、政府は道路や橋、警察、消防、国防など、最低限のことさえやっていればよく、市場に余計な干渉をするべきではないと考えました。こうした考え方は**「小さな政府」**と呼ばれます。すべては市場が解決してくれる。もし市場でうまくいかないことがあれば、政府が市場に余計な干渉をしているからであり、**自由放任（レッセ・フェール）**こそが最良の政策だとスミスは主張したのです。

ただし、誤解のないように一言付け加えておくと、スミスのいう利己心あるいは自由放任とは、無制限の弱肉強食の世界を目指すものではありません。スミスは、**『道徳感情論』**（1759年）のなかで、人間は利己的なところもあるけれども、それだけではなく、他人を見て自分も一緒に喜んだり悲しんだりする**「同感**（sympathy）**」**と呼ばれる能力を備えていると述べています。そして、市場の「見えざる手」が機能するためには、個人の利己心が正義感覚によって制御される必要があり、フェア・プレイが行なわれる必要があると述べています。すなわち、法律やルールに従うだけではなく、その社会である程度成立している「公平な観察者」の基準に照らして行動がなされるべきだと主張しているのです。この時代にすでにフェア・プレイという言葉を使っていたことが注目されます。

みなさんは、スミスなんて200年以上も前に「死んだ人」だと思っているかもしれません。とんでもない誤解です。スミスの思想はいまも生きています。現在日本で行なわれている規制緩和や競争促進政策は、すべてスミスの思想への先祖返りの政策です。（神の）「見えざる手」とはいったい何なのか。なぜ、みんながバラバラに行動しても混乱が起きないのか。その秘密は、第2章の「ミクロ経済学」で詳しく説明します。

2　資本主義の発展と弊害

資本主義の発展

スミスは、「資本主義はたいへんすぐれたシステムであるから、放っておいてもうまくいく」と、楽観的に考えました。実際、利己心を肯定したことで、18世紀から19世紀にかけて資本主義は大いに発展しました。綿工業から始まった産業革命は、やがて大量生産された製品を運ぶために、蒸気船、蒸気機関車、鉄道建設といった交通革命を呼び起こします。それにともない、鉄や石炭産業、鉄鋼業も飛躍的に発展します。

こうした資本主義の発展に大いに貢献したのが**株式会社**という企業形態でした。なぜなら、株式会社は必要とされる資本金を小さな単位に分割し、小規模な出資者を多く募ることによって、大量の資本を集めることができたからです。万一、会社が倒産しても、出資者は出資金さえあきらめれば、それ以上の責任を追及されません。出資者のリスクを分散できるという特徴を持つ株式会社は、19世紀後半から重化学工業が発展しはじめると急速に増加していきました。

資本主義の弊害

ところが、19世紀になると、資本主義にも多くの欠陥があることが次第に明らかになってきます。政府の介入を極力排除し、すべてを市場にまかせた結果、**「恐慌」「失業」「貧富の差の拡大」「独占」「労働問題」**といった弊害が次々に生じたのです。

（１）恐慌

一般に、企業が「何を」「どれだけ」作るかは自由です。一方、消費者には買う自由もあれば買わない自由もあります。したがって、生産した財・サービスが売れ残るということは当然起き得ます。売れ残りが出れば企業は儲かりません。そうした企業がたくさん出てくれば、不景気になります。好況局面で突然起きる深刻な景気後退は「恐慌」と呼ばれます。恐慌は資本主義の最大の欠点といっても過言ではありません。

世界最初の恐慌は１８２５年にイギリスで発生しました。その後、恐慌は多くの資本主義国で見られるようになります。しかも、恐慌の発生には、なぜか10年前後の一定の周期性（＝景気循環）が観測されるのです（図１－１）。恐慌のなかで一番深刻だったのは１９３０年代に起きた恐慌で、これには特別に**「世界恐慌」**という名前が付けられています。通常、世界恐慌といえば、１９３０年代のこの恐慌を指します。

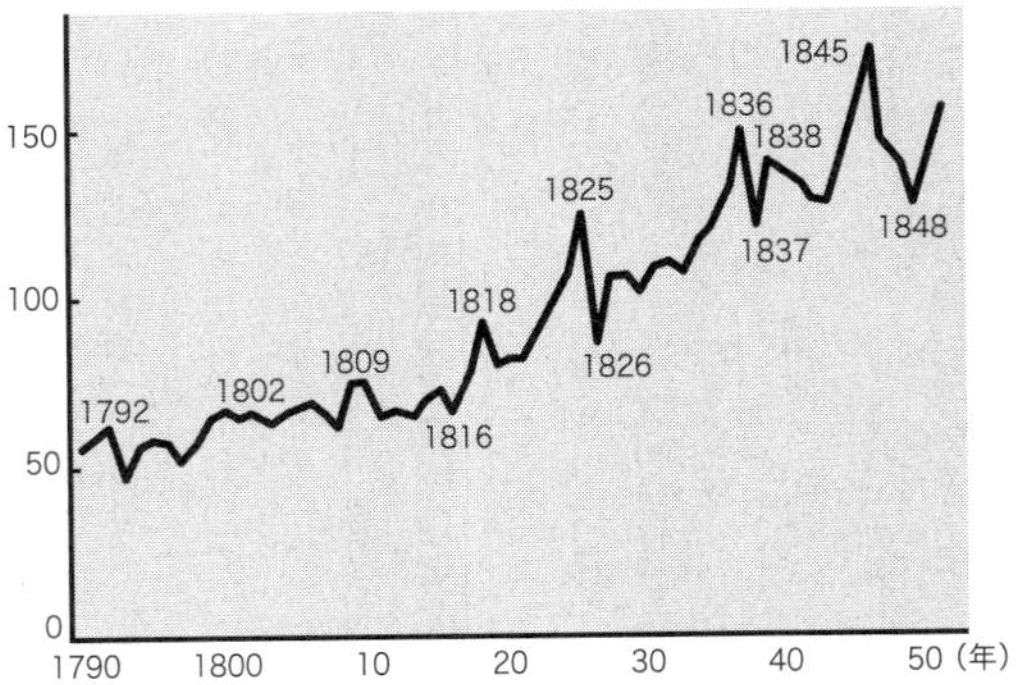

図1-1　イギリスの経済活動指数
（荒井政治ほか『概説西洋経済史』有斐閣より）

（2）失業

資本主義の第二の欠点は、失業者が出るということです。多くの人は生産手段を持っておりません。だから、企業に雇ってもらって所得を得るしかありません。しかし、企業が人を雇うか雇わないかはまったくの自由です。景気が良いとき企業はたくさんの人を雇いますが、不景気になれば余剰となった労働者を解雇します。その結果、大量の失業者が発生し、本人および家族は路頭に迷います。資本主義経済の下では、労働者は失業という恐怖に絶えずさらされています。

（3）貧富の差の拡大と労働問題の発生

資本主義の第三の欠点は、貧富の差が拡大するということです。資本主義社会の大原則の一つに**契約自由の原則**があります。これは、個人が自分の自由な意思で、誰とでも契約を結ぶことができる原則をいいます。会社と個人が労働契約を結ぶ際に、1日何時間働いて、給料をどれだけもらうかは、双方の自由意思で決定することができます。会社側は利益を上げるために、労働者をなるべく低賃金で長時間働かせます。その結果、経営者のなかには成功をおさめ、多くの財産を築く者もあらわれました。

一方、労働者が生活の糧を得るためには、会社に雇ってもらって働くしか方法はありません。したがって、契約交渉は、企業側が有利な立場で進めることができます。この結果、**低賃金**、**長時間労働**の契約が結ばれました。より安価な未熟練労働者が求められるようになり、子どもや婦人までもが駆り出されます。1832年のイギリスの報告書には、「イギリスの少女たちは朝の3時に工場に行き、仕事を終えるのは夜10時か10時半。19時間の労働時間のあいだに与えられる休憩は、食事などの1時間だけだった」という証言があります。労働環境も劣悪で、綿織物工場から発生する塵芥《じんかい》により多くの労働者が肺疾患で亡くなっています。炭坑や鉱山は最も危険かつ条件の悪い働き場所で、そういうところでもたくさんの子どもたちが働かされました。

こうした労働問題を解決するために設立されたのが**労働組合**です。当初、労働組合は非合法とされましたが、その後、認められるようになり、賃金の引き上げや労働時間の短縮に重要な役割を果たしました。

（4）独占

資本主義の第四の欠点は、独占が形成されることです。1社ですべてを生産する状態を**独占**、数社でほとんどを生産する状態を**寡占**といいます。いったん独占が形成されると、競争相手がいないため、高い価格（＝独占価格）をつけることが可能になります。その結果、企業は莫大な利益を手にすることができます。また、競争が行なわれなくなると、品質を向上させる誘因も失われます。企業はそうした独占的地位を手に入れるため、時には**ダンピング**（生産コスト以下での安売り）をして同業者を叩《たた》きつぶし、そのあと価格をつり上げることもありました。こうした独占の弊害は、19世紀後半のアメリカやドイツで多く見られました。

独占の弊害を防ぐために、独占を制限する立法措置がとられましたが、いずれも実行力に乏しく、**独占資本**のなかには国家権力と結びつき、海外侵略・植民地獲得の黒幕として大きな力を発揮した企業もありました。

コラム　メーデーの起源

5月1日は、メーデーとして、世界的に労働者の祭典の日とされています。その起源は、1886年5月1日に、アメリカの労働組合が8時間労働制を要求してストライキを行なったことに始まります。当時の労働者は、低賃金で1日

12時間以上働かされるのが当たり前でした。これに対してアメリカの労働者は「8時間は労働のために、8時間は休息のために、そして残りの8時間は自分たちの自由な時間のために」という主張を掲げて立ち上がったのです。

日本で初めてメーデーが行なわれたのは１９２０年でした。その後一時中断はありましたが、第二次世界大戦後復活し、メーデーは現在も続けられていますす。ただ、近年は労働組合の力が弱くなり、歴史が後戻りしているように思われます。

3　弊害の克服

社会主義と修正資本主義

恐慌、失業、貧富の差の拡大、独占、労働問題といった社会問題にどう取り組むのか。経済学の歩みはこうした社会問題をいかに解決するかという困難な課題との格闘の歴史であったといえます。

図1-2を見てください。過去３００年間の経済学の流れが単純化され図式化され

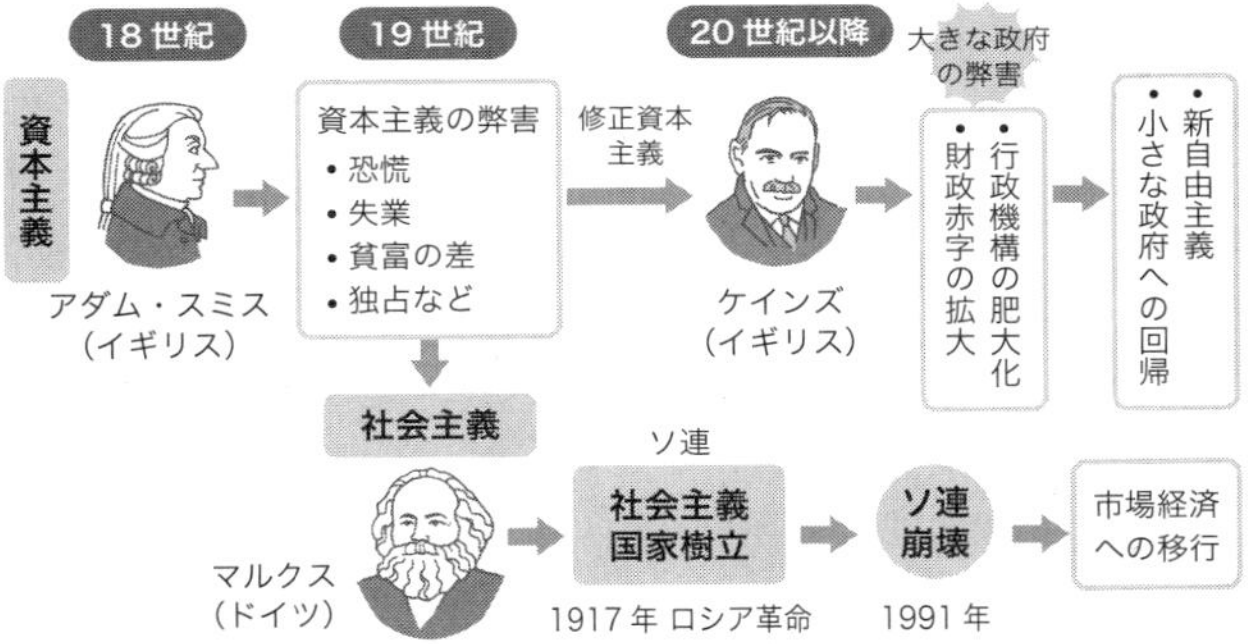

図1-2　経済学の系統図

ています。ここに描かれた**スミス**、**ケインズ**、**マルクス**の3人は、経済学者のなかでも別格の存在だと考えてください。極端にいえば、この3人の考え方さえわかれば、現在世界で行なわれている経済政策の大半がわかるといっても過言ではありません。

まず、経済学の創始者であるアダム・スミスですが、彼は、資本主義はたいへんすぐれた性質を持っているから、放っておけば勝手に発展していくと考えました。実際に、18世紀から19世紀にかけて生産力は飛躍的に伸びました。しかし、残念ながらスミスは楽観的すぎました。資本主義は、その後、恐慌、失業、貧富の差の拡大、独占など、さまざまな社会問題を引き起こしてしまいます。

その後、こうした問題を解決する方法として二つのことが考えられました。一つはマルクスによるもので、彼は、資本主義が生み出した弊害は資本主義の下では解決できないとして、資本主義を否定し、**社会主義国家**の樹立を説きました。

一方、もう一つはケインズが提案した方法で、資本主義はたしかに欠点があるが、欠点を修正すればまだまだ使えるというものでした。資本主義の欠点を修正し、恐慌などの問題を解決しようとする考え方を**修正資本主義**といいます。修正資本主義の流れは、その後アメリカ、イギリス、フランス、日本などに受け継がれていきます（ケインズ経済学については第3章参照）。そして、20世紀は資本主義のほうが良いと主張するアメリカ陣営と、社会主義のほうが良いと主張するソ連陣営がお互いに譲らず、**冷戦**を展開することになったのです。冷戦は１９９１年にソ連が崩壊するまで続きました。

4　マルクスが社会主義で目指したもの

社会主義の目的

18世紀に唱えられたスミスの自由放任政策（レッセ・フェール）によれば、たとえ人々が利己心に基づいて行動しても市場メカニズムがはたらく結果、社会には一定の秩序がもたらされ、すべての人をhappyにしてくれるはずでした。しかし、実際には恐慌、失業、貧富の差の拡大など、資本主義はさまざまな社会問題を生み出してしまいました。これらの問題をどのように解決すればよいのか。

マルクスはその著『資本論』（１８６７年）のなかで、資本主義という制度がいかに矛盾に満ちたダメな制度であるかを明らかにしました。もし恐慌や貧富の差の拡大といった問題が、資本主義という制度そのものに原因があるとするならば、資本主義をぶち壊し、新たな社会体制を構築することに解決の道を見出《みいだ》そうとする発想は極めて自然なものといえます。こうして社会主義思想が、資本主義の生み出した矛盾を解決し、人々をhappyにするための切札として19世紀に登場したのです。社会主義体制にさえなれば恐慌も貧困問題もない「自由」で「平等」な社会が実現する。そんな人々の夢を乗せて、１９１７年にロシア革命が起こり、地球上に初めての社会主義国家ソビエト連邦（ソ連）が誕生したのです。好き嫌いはあると思いますが、20世紀に最大の影響を与えた書物を一つ挙げよといわれたら、私は迷うことなくマルクスの『資本論』を挙げます。

貧富の差のない社会をつくる

資本主義が貧富の差をもたらすのはなぜでしょうか？　理由は簡単です。世の中に資本家が存在するからです。資本家というものが存在する限り、労働者を搾取し、資本家の富は増え続けます。だから、**私的利潤の追求を禁止**し、資本家のいない労働者だけの社会を築けば貧富の差のない社会をつくれるはずです。つまり、資本家の所有する土地・工場などの生産手段の私有を禁止し、**生産手段の国有化**をすればいいわけです。これがマルクスの得た結論でした。

恐慌のない社会をつくる

資本主義社会ではしばしば恐慌が起きます。なぜ恐慌が起きるのでしょうか？　理由は簡単です。企業が好き勝手にモノを作り、作りすぎると売れ残りが出て恐慌が起きてしまうのです。だから、恐慌が起きない社会をつくりたければ、企業が自由に生産できないように、政府が全部管理すればいいわけです。すなわち、**計画経済**を実行するのです。何をどれだけ作るかをすべて政府が計画し、それに基づいて生産をするのです。もちろん、販売価格も政府が決めます。そうすれば作りすぎて売れ残りが出るということはなくなり、恐慌を防ぐことができるはずです。

失業のない社会をつくる

資本主義に失業は付きものです。しかし、資本主義社会でも失業することのほとんどない職業があります。どんな職業かわかりますか？

そうです。公務員です。公務員は違法行為でもしない限り、原則としてクビにはなりません。だから、この世の中から失業者をなくそうと思えば、企業を国有化して、そこで働いている人を公務員あるいはそれに準じる身分にすればいいわけです。そうすれば失業のない社会が実現できるはずです。

資本主義から社会主義への移行方法

生産手段の国有化、計画経済の実施、労働者の公務員化。この三つを実施すれば、貧富の差もない、恐慌もない、失業もない「理想社会」ができるはずです。

問題は、どうやってそういう社会を実現するかという移行方法です。実は、マルクス以前にも社会主義思想はありました。ロバート・オーエン、サン・シモン、フーリエらの思想です。しかし彼らは、どうすれば社会主義国家を実現できるかという方法論を持っていませんでした。マルクスは彼らを**空想的社会主義**と揶揄《やゆ》し、自らの社会主義を**科学的社会主義**と呼び、実際に社会主義国家実現のための方法を提示して見せたのです。その方法が「**革命**」でした。たとえ暴力を使ってでも資本家のいない社会をつくろうとしたのです。

革命とは英語で revolution といいます。動詞は revolve です。すなわち回転するという意味です。図1-3を見てください。支配されていた労働者が、自らを支配する構造に「回転」しています。資本主義を打倒して社会主義国家を樹立することを「**社会主義革命**」と呼ぶのです。だから、マルクスは『共産党宣言』（1848年）のなかで、これまで存在したあらゆる社会の歴史は、階級闘争の歴史であると説き、「万国のプロレタリア（＝労働者）よ、団結せよ」と革命を呼びかけました。そして、労働運動が展開され、それがロシア革命につながったのでした。

社会主義国家実現のもう一つの方法

社会主義国家を実現する方法は、一つだけではありません。革命以外にもう一つ方法があります。それは選挙に勝って共産党政権を樹立し、法律を改正して共産主義化を推し進めるという方法です。そうすれば、革命という血なまぐさいことをしなくても、社会主義国家を実現できます。現在、各国に存在するほとんどの左翼政党は、こうした穏健な方法で社会主義国家の樹立を目指しています。

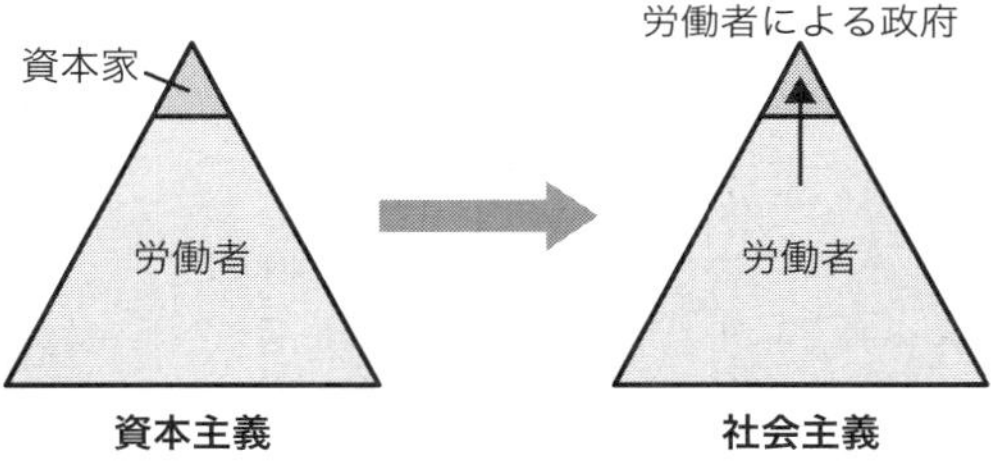

図1-3　生産手段の国有化

社会主義はなぜ崩壊したか?

貧富の差がなく、恐慌も失業もインフレもなく、しかも社会福祉が充実していて公共料金が安い。社会主義はそうした理想社会の樹立を目指したはずでした。ところが、実際にはうまくいきませんでした。ソ連は１９９１年に自滅してしまいます。当時、モスクワにある「万国の労働者よ、団結せよ」と記された板に、「共産主義に反対して」と市民が加筆したというエピソードが伝えられています。なぜ、ソ連は崩壊したのでしょうか。

(原因1) インセンティブの欠如

政府が生産計画を作る中央集権型の経済システムは、巨大な官僚制を生み出し、著しい非効率と技術革新の停滞を引き起こしました。マルクスは、たとえ私的利潤の追求を禁止しても、人間の労働意欲は変わらないだろうと考えました。しかし、実際には労働者の勤労意欲は低下してしまいました。平等な社会を実現したのはいいのですが、一生懸命働いても働かなくても給料が変わらないわけですから、適当に働くフリをするだけの人間が出てきても不思議ではありません。結局、労働者の**インセンティブ**の欠如が経済成長率の低下を招き、それが社会主義崩壊の一因となっていったのです。

（原因２）政治的自由の抑圧

自由の本質は国家権力に反対できることです。権力を批判する自由があって初めてその国は自由な国だといえます。権力に迎合する自由はいつの時代にもあります。しかし共産党による一党独裁体制をとるソ連では、国家権力に反対する自由はありませんでした。スターリンは自分に反対した者約６００万人（２０００万人という説もある）を殺したといわれます。１９８０年代にモスクワでささやかれたアネクドート（小話）を一つ紹介します。

アメリカ人とソ連人が互いに自分の国を自慢し合っていた。

アメリカ人「アメリカは自由な国だ。たとえ私がレーガンのバカヤローといっても誰も私を逮捕しない」

ソ連人「ソ連だって自由な国だ。たとえ私がレーガンのバカヤローといっても誰も私を逮捕しない」

（原因3）ニーズの多様化に対応できなかった計画経済

ソ連がまだ貧しかった頃は、飢え死にしない程度の食料と、凍え死なない程度の衣類があれば、それで十分でした。みんな同じものを着ていても誰も文句をいいませんでした。しかし、生活が飢餓水準を脱して豊かになると、人々は自分の好みに合った良質の商品を求めるようになります。たとえば帽子の生産をする場合、どんな大きさで、どんな色のものを、どんなデザインで、価格はいくらで、どれだけ供給したらよいかを決めなければなりません。資本主義であれば消費者の好みは「市場」を通して瞬時に生産者に伝えられます。しかし市場がない社会主義では、政府が想像をたくましくして生産計画を立てなければなりません。かつてソ連には公定価格だけでも２７０万種類あるといわれました。しかし、豊かになればなるほど人々のニーズは多様化し、計画経済では対応できなくなるのは当然です。こうした消費者ニーズと生産計画の不一致が、社会主義崩壊の一因となりました。

（原因4）膨大な軍事費

一方、膨大な軍事費負担という問題も見逃せません。いかなる国も、軍事費というムダ使いを長期に支出し続ければ、やがては国力が衰退していきます。これはほとんど歴史的な法則です。１９８０年代にアメリカのレーガン大統領は「強いアメリカ」

というキャッチフレーズを掲げて軍事力の強化に乗り出しました。これに対抗してソ連も軍事費を拡大します。しかし、軍事費の拡大はソ連の財政を圧迫しました。軍事費を支えるのは経済力です。結局、経済力が劣っていたソ連はこの負担に耐え切れず、崩壊を早めてしまいました。米ソの軍事拡大競争が冷戦を終結させる一因となったというのですから、歴史は皮肉なものです。

資本主義の欠点を取り除き、人々をhappyにするための切札として登場しながら、社会主義もまた別の「矛盾」を生み出してしまいました。社会主義思想とは北極星と同じように人類の目指すべき方向を示しますが、永遠にたどり着くことができない制度だったのかもしれません。

5　ケインズの修正資本主義

ケインズの「大きな政府」論

資本主義が生み出した弊害を取り除くためには、資本主義そのものを否定する必要があると説いたのがマルクスでした。しかし、本当に資本主義を否定しないと、恐慌や貧富の差は取り除けないのでしょうか。

１９３０年代の世界恐慌が起きたとき、イギリスの経済学者ケインズは、『雇用・利子および貨幣の一般理論』（１９３６年）を著し、政府が積極的に経済活動に介入すれば、恐慌は克服できるという画期的な経済理論を樹立しました。すなわち、「恐慌は**有効需要**の不足によって起きる」として、政府が積極的に公共事業を行なうことを提唱したのです。

資本主義にはたしかに欠点があります。しかし、その欠点を政府が積極的に介入し補ってやれば、資本主義はまだまだ有効であるとケインズは考えたのです。そして、スミスの「小さな政府」を否定し、「**大きな政府**」の必要性を説きました。

ケインズの登場によって、政府の役割は著しく大きなものとなりました。戦後、多くの国でケインズの修正資本主義が採用されるようになり、その結果、資本主義諸国から恐慌と呼ばれる深刻な不景気はほぼ消えました。ケインズはそれまでの経済学の常識を打ち破り、経済学に新しい地平を切り開いたといえます。また、政府の役割が増大したことは、政治の世界にも大きな影響を与えました。生存権の考え方がケインズの「大きな政府」論と結びつき、第二次世界大戦後の「**福祉国家**」に途《みち》を開くことになったのです。

ケインズが新たに樹立した理論は、第3章の「マクロ経済学」で詳しく見ていきます。また、福祉国家の具体的施策については、第8章の「日本の社会保障制度」で紹介します。

6　経済学が目指すもの

私が経済学を志した理由

私が大学で経済学を学ぼうと志した理由は二つあります。一つは、なぜ景気が良くなったり悪くなったりするのか、その理由を知りたかったからです。もう一つは、なぜ人間は戦争という愚かな行為を繰り返すのかを探りたかったからです。もちろん、両者は無関係ではありません。20世紀に人類は2度の世界大戦を経験しましたが、その背後にはいずれも自国の経済問題が絡んでいました。すなわち、国内が不況になれば、販路を求めて外に領土を求めようとします。その結果、国益と国益がぶつかり合い戦争となります。誤解を恐れずに単純化すれば、2度の世界大戦の根っこにある原因は、いずれも経済対立にあったといえます。

経済学はけっしてお金儲けのための学問ではありません。経済学の目的は、みんなが幸せだと実感できる社会をつくることです。経済学を効率性だけを追求する人間味のない冷たい学問だという人がいますが、社会の貴重な資源を無駄にしないように使う効率性の追求は、人々をhappyにするために必要なことです。経済学の目指す理想は、貧困を追放し、所得格差も小さく、不景気や失業もなく、インフレやデフレもなく、社会保障も行き届いていて、みんなが一生安心して暮らせる社会を実現することです。医学という学問が病気を治療するのと同じように、経済学は社会の病気を治療するための学問です。とりわけ、戦争は人間を不幸にする最たるものです。人間は、宗教や民族が違っていても仲良くできます。しかし、経済対立が激しくなり、「食えなくなる」と殺し合いを始めます。

歴史に「もし」ということはあり得ません。しかし、それでも「もし、世界恐慌がなければ、第二次世界大戦は起きていなかったのではないか」「あの当時もう少し経済理論が発達していれば、恐慌を未然に防ぐことができたのではないか」と、ふと思うことがあります。戦争の背後にある経済問題をいかに解決するかは、昔もいまも変わらぬ経済学の最も重要な仕事だと考えます。

歴史を学ぶ意義

第１章では、経済学の歴史の大まかな流れを見てきました。経済学が過去にどのような課題と向き合い、今後どのような課題に挑戦しなければならないかを明らかにしたかったからです。歴史を学ぶ意義は、過去にあったことを材料に未来を考えることにあると私は思っています。人間は失敗して初めて少し賢くなります。過去と向き合いつつ、これを未来にどのように生かすのか、あるいは生かさないのか。バブル経済崩壊後の日本は、とくにそのことが問われているような気がします。

戦争は最も有効な生産調整です。戦争によって生産能力が破壊されれば、そのあとに復興需要が見込まれます。まさしく、スクラップ・アンド・ビルドです。今日、日本は世界でも有数の豊かな社会を実現しました。その結果、モノを作って売りたい人はいっぱいいるのに、買いたい人がいない状況に陥っています。歴史は繰り返すといいます。これからの日本を考えるうえで、経済学的視点がますます重要になってきているように思います。

重要ポイント

①18世紀の産業革命を背景に資本主義が成立した。その特徴は、生産手段の私有、自

由競争、利潤追求の三つである。
②経済学はアダム・スミスの『国富論』（1776年）によって誕生した。
③資本主義が発展する過程で、恐慌、失業、貧富の差の拡大、独占、労働問題といった弊害が見られるようになった。これらの弊害を克服するために考え出されたのが、マルクスの社会主義であり、ケインズの修正資本主義である。これらの弊害の克服は、いまもなお、経済学の主要な課題である。

第2章　ミクロ経済学

1　経済主体とその結びつき

国民経済の循環

経済活動を行なう単位として、家計・企業・政府の三つがあり、これらを経済主体と呼びます。お金はこの三つの経済主体のあいだを血液のように循環し、各経済主体を結びつけるはたらきをしています。最初に、日本全体の国民経済がどのように循環しているかを典型的な例を通して見てみましょう（図2-1）。

現在、日本の平均的家族数は約2・2人です。日本全体の家計数は約5570万世帯となります。各家計は企業に労働力を提供し、代わりに賃金を得ています。現在、約6700万人の人が働き、年間で一人あたり約500万円の給料をもらっています。家計は所得から税金を払い、残りの所得（これを可処分所得といいます）を消費と貯蓄に回します。

一方、日本には約420万社の企業があります。企業は家計から労働力を買い、1年間に約560兆円の財・サービス（国内総生産＝GDP）を生産しています。企業

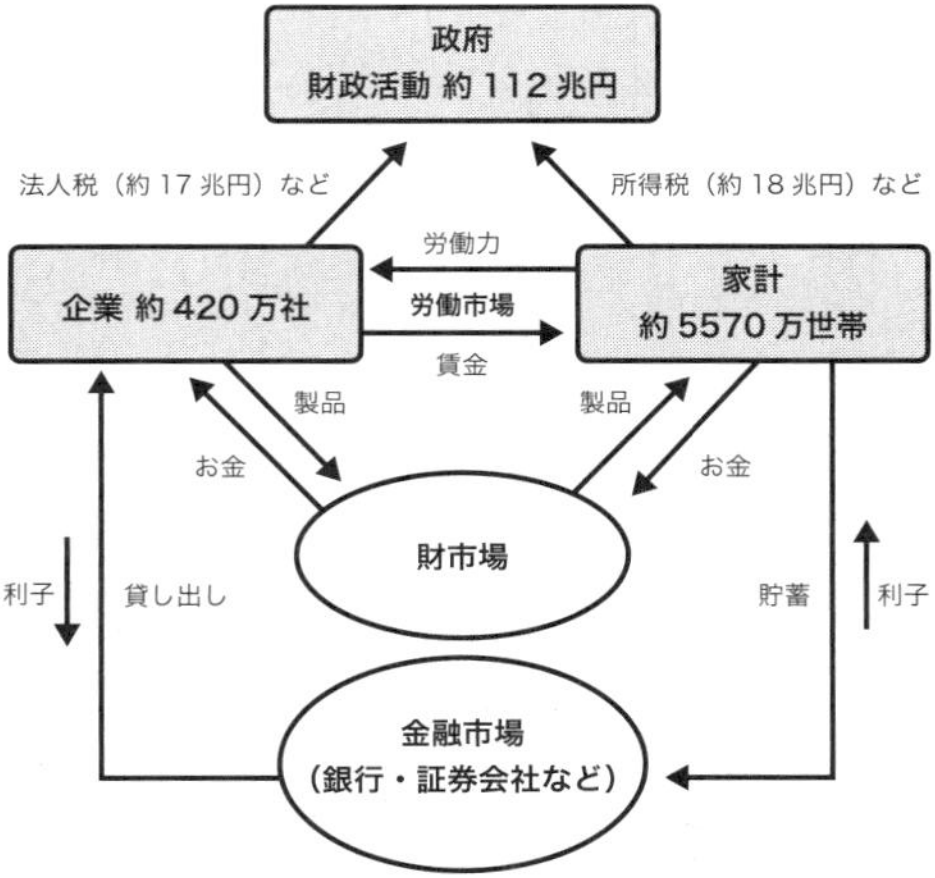

図2-1　国民経済の循環

は560兆円のうちの約1割を輸出し、9割を国内で販売しています。家計や企業は政府に税金を払います。家計が国に払う代表的な税金として所得税（年間約18兆円）があります。また、企業が国に払う税金として法人税（年間約17兆円）があります。また、家計も企業も購入金額の10％を消費税（年間約24兆円）として支払っています。このほか、国債発行で集めたお金なども含めると、政府の1年間の歳入は約112兆円になります。

ミクロ経済学とマクロ経済学

一般に、経済分析の方法は大きくミクロ経済学とマクロ経済学の二つに分けられます。ミクロ経済学は家計・企業・市場を別々に取り出して、それらを顕微鏡で見るように観察し、そこにどういう法則があるかを分析します。アダム・スミスが「見えざる手」と呼んだ価格の自動調節機能はミクロ経済学の代表例です。

一方、マクロ経済学は1930年代の世界恐慌をきっかけに、ケインズによって樹立された比較的新しい分析方法です。なぜ不況になるのか、なぜインフレになるのかといった一国全体の経済を巨視的に分析します。遠くから、日本全体を観察するようなイメージです。マクロ経済学については第3章で詳しく説明します。

2　現代の企業

株式会社のしくみ

ミクロ経済学は、通常「家計」の分析から始めるのですが、大学で学ぶ本格的な家計分析は微分などの数学を使って難しいうえ、得られる結論が大しておもしろくないのでここでは省略し、企業の分析から始めます。

現在、日本には約420万社の企業がありますが、そのなかでとくに重要なはたらきをしているのが**株式会社**です。株式会社とは、複数の出資者からお金を集め、その代わりに株式を発行し、利益の一部を**配当**として株主に還元する会社のことです。一般に大量生産すればするほど製品1単位あたりの生産コストは下がり、大きな利益を上げることができます。これを「**規模の経済**（スケールメリット）」といいます。一つの工場で自動車を100台作るより100万台作るほうが1台あたりの費用が安くなるイメージです。企業がスケールメリットを追求する結果、現代では資本金が1000億円を超える大きな企業もたくさんあります。

大企業の資本金の例（国際会計基準）

NTT	9380億円
ソニーグループ	8810億円
関西電力	4890億円
トヨタ自動車	4000億円

など

会社の設立と創業者利得

資本主義社会において貧富の差はどうして起こるのでしょうか。以下の演習問題に挑戦してみてください。そうすれば資本主義を利用して莫大な資産を手にするメカニズムが理解できます。

今、資本金3億円の株式会社をつくるとします。株主A、B、C、D、Eの出資金は、それぞれ1億円、5000万円、1000万円、100万円、5万円とします。このとき、以下の問1～3に答えてください。

問1　1株の額面を50円とした場合、株主A、B、C、D、Eがそれぞれ所有する株式数はどれだけか求めてください。

答え　A：2000万株　B：1000万株　C：20万株　D：2万株　E：1000株

問2　各株主に対して、1株につき年間40円の配当が支払われるとします。株主A、B、C、D、Eは、それぞれ年間いくらの配当を受け取るか計算してみてください。

答え　A：8000万円　B：4000万円　C：800万円　D：80万円　E：4万円

問3　この会社の規模が100倍になり、株主Aの所有する株式が2億株に増え、また証券取引所に上場《じょうじょう》されて1株が5000円で売買されるようになったと仮定します。このとき株主Aは、所有する株式を全部売却すれば、いくらの現金を手にすることができるか計算してみてください。

答え　５０００円×２億株＝１兆円

以上、架空の例でお話しいたしましたが、具体的な例を紹介しましょう。たとえば、日本を代表する経営者の一人であるソフトバンクグループ（資本金２３８８億円）の孫正義社長は、同社の株４億２１６６万株（29・０％）を所有しています。１株あたりの年間配当は44円です。

問4　孫正義社長は年間いくらの配当を受け取っているか計算してみてください。

答え　44円×４億２１６６万株≒１８５億円（２０２５年１月現在）

しかし、この程度の金額はまだ序の口です。株式が証券取引所に上場されて、売買されるようになり、その企業の株を買いたい人が増えると、もともと50円の額面だった株式が、１０００円、２０００円、３０００円と、どんどん値上がりします。現在ソフトバンクの株式は１株約９０００円（２０２５年１月17日現在）で取引されています。したがって、孫正義氏が所有するソフトバンクグループ株の時価総額は、

９０００円×４億２１６６万株≒３兆８０００億円

になります。

同じく、ユニクロのブランドで知られる柳井正氏はファーストリテイリングの株５３３９万株（17・４１％）を所有していて、１株約４万８０００円（２０２５年１月現在）で取引されています。したがって、仮にこれを全部売却すれば、

４万８０００円×５３３９万株≒２兆５６００億円

になります。

現在、世界一のお金持ちはルイ・ヴィトン会長のアルノー氏で、その資産総額は約34兆円といわれています。第二位はアマゾンの創業者ジェフ・ベゾス氏の30兆円、第三位はテスラの創業者イーロン・マスク氏の29兆円です（２０２３年現在）。

マイクロソフト、ヤフー、インテル、アップル、アマゾン、グーグル、ソフトバンク、楽天など、ＩＴ産業といわれる新しいビジネスが急速に増加しています。普通にサラリーマンをしていて一生に稼ぐ金額は2億円から3億円といわれます。有名な芸能人や優秀なスポーツ選手でも１００億円はなかなか稼げません。しかし、資本主義の下では、会社を立ち上げ、株式を上場することに成功すれば、想像もつかない巨万

の富を得ることができます。これを「創業者利得」といいます。創業者利得は、リスクをとって会社を立ち上げた人に対する報酬といえます。

3　市場のしくみとはたらき

需要曲線

需要曲線とは、この価格なら買ってもいいと思う「買いたい人の気持ち」をグラフにしたものです。新聞のスーパーの折り込み広告を見て、私たちは少しでも安い店を探して買い物に出かけます。品質が同じ商品ならば、価格が高い店を避けて、価格が安い店で買いたいと思うのは当然です。多くの人がこのような行動をとる結果、社会全体としての需要量は、価格が安いほど増加します。

価格と需要の関係はネットオークションを見ているとよくわかります。オークションでは、最初は安い価格からスタートし、次第に価格を引き上げ、最終的に一番高い価格を付けた人が競り落とします。たまたま、ヤフーオークションで英会話のCD教材全16巻が出品されているのを見つけました。最初に付いた価格は100円で84人の人が申し込みました。やがて、1000円、3000円、5000円、1万円と競り上げられていき、だんだん買いたい人が少なくなっていき、最終的に4万円で落札されました。いま、このオークションの様子をグラフに再現すると、図2‐2のようになります。

一般に、需要曲線は右下がりの曲線として描かれます。そのときの傾きは、生活必需品は垂直に近くなり、奢侈《しゃし》品は水平に近くなります。

たとえば、生活必需品の典型としてコメがあります。コメの価格が2倍になっても、コメ党の人はやっぱりコメを食べます。だから、価格が上がっても消費量はそんなに減りません。また、価格が半分になったからといって、食べる量を2倍にする人もいません。だから、価格の変化率に対する需要量の変化率（＝需要の価格弾力性）が小さく、タテ型になります。需要の価格弾力性は、次の式で求められます。

需要の価格弾力性＝需要の変化率／価格の変化率

たとえば、ある製品の価格を10％値上げしたとき、需要が5％減少したとすると、この場合の価格弾力性は0・5と計算されます。価格弾力性が1より小さい場合、需要曲線はタテ型に近くなり、価格が変化しても需要はあまり変化しません。

一方、奢侈品の需要曲線は水平に近くなります。「ダイヤモンドの指輪30％オフ」

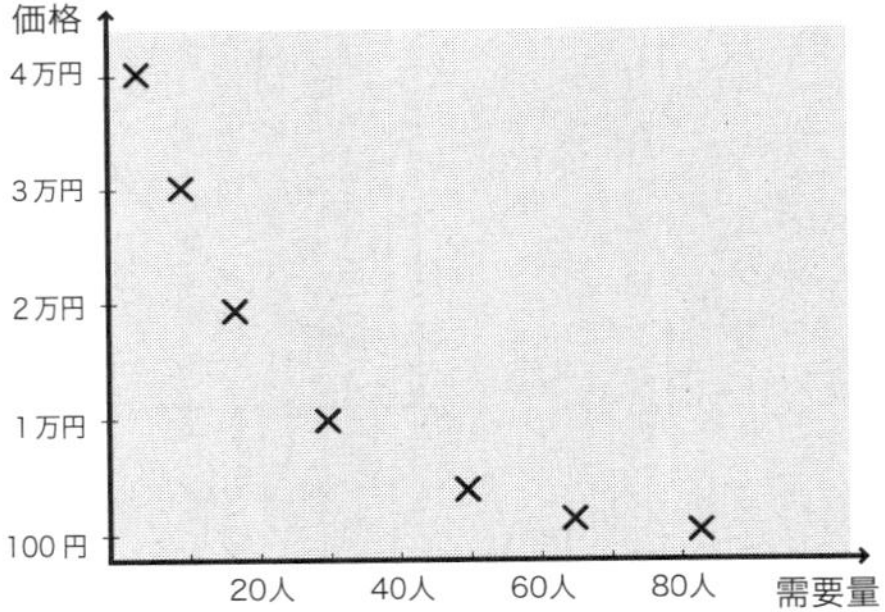

図2-2　英会話教材に対する需要曲線

という新聞広告が入ると、買いたいと思う人が一気に増えます。これは需要の価格弾力性が1より大きく、価格がちょっと変化するだけで需要量が大きく変化するからです。

一般に、生活必需品の価格弾力性は小さく、宝飾品などの奢侈品の価格弾力性は大きいという特徴があります。需要曲線のこうした特徴は、財・サービスを供給する生産者の価格政策に大きな影響を与えます。

供給曲線

供給曲線とは、この価格なら売ってもいいと思う「売りたい人の気持ち」をグラフにしたものです。一般に、企業は価格が高ければたくさん売りたいと思うでしょうし、価格が安ければあまり売りたくないと思うはずです。たくさんの企業がこのように行動する結果、供給曲線は

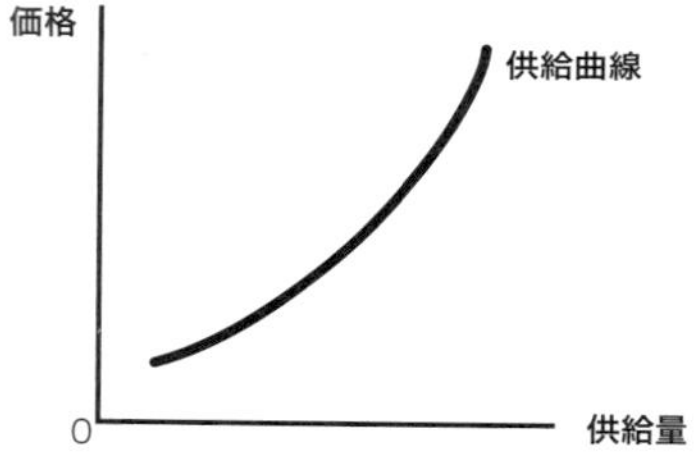

図2-3　供給曲線

図2-3のように、右上がりの曲線として描かれます。

需要と供給の一致

次に需要曲線と供給曲線を重ねて描いてみます。二つの曲線が交わった点を**均衡点**、そのときの価格を**均衡価格**といいます。図2-4を見てください。均衡価格はP_0です。もし価格が均衡価格よりも高いP_1だとすると、**超過供給**が発生して売れ残りが出てしまいます。そこで売り手は全部売りつくすために値下げします。夕方、スーパーの刺身コーナーでは、売れ残りが出ないように値下げして売っています。また、中古マンションを売り出してもなかなか買い手が見つからない場合は、売り手は値下げせざるを得ません。

反対に、価格がP_2のときは**超過需要**が発生して品不足となり、価格は上昇します。人気のあるライブのチケットは売り出した途端にあっという間に売り切れて、なかなか手に入りません。

超過供給があるとき価格は下落し、超過需要があるとき価格は上昇します。こうした調整が市場で続けられ、最終的には価格がP_0となったとき、需要と供給が一致しま

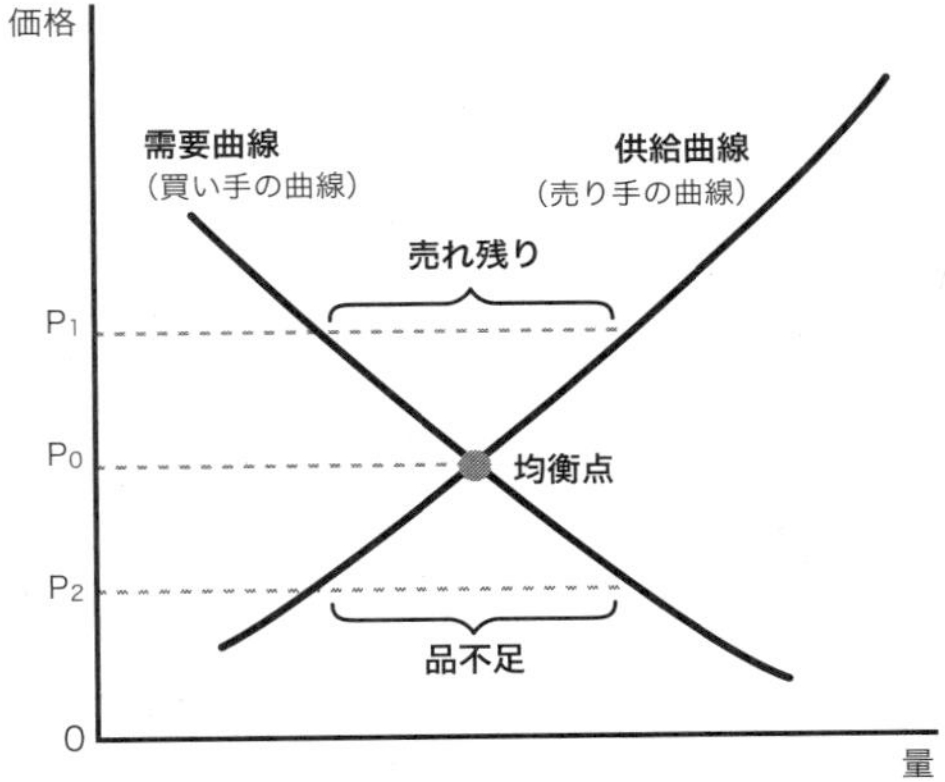

図2-4　市場における需要と供給の一致

す。このように価格には需要と供給の不均衡を調整するはたらきがあり、これを**価格の自動調節機能**といいます。アダム・スミスはこのはたらきを（神の）**「見えざる手」**と呼んだのでした。資本主義が放っておいても自然に調和が保たれる背景には、こうした価格の自動調節機能がはたらいているのです。

価格が完全に伸縮的で、かつ売り手も買い手も価格に影響を及ぼさないような市場を**完全競争市場**といいます。今日、このような完全競争市場は、株式市場や外国為替市場、財市場の一部（野菜や魚などの市場）に典型的に見られます。

コラム　均衡点がない場合もある

市場によっては需要曲線と供給曲線が交わらず、均衡点が存在しない場合があります。たとえば空気のように供給が無限にあり、価格がゼロの場合です。この場合、供給曲線は価格がゼロで水平になっていると考えられます。価格ゼロで自由に消費できる財は自由財と呼ばれます。

一方、宇宙旅行のように供給コストがあまりにも高い場合も、需要曲線と供給曲線は交わりません。この場合は、供給曲線がはるか上方に位置するため、需要曲線と交わらないのです。このように、市場均衡点がない場合は、市場そのものが成立しません。

需要曲線の移動

一般に、需要曲線は消費者の好みを反映して左右に移動します。需要曲線が移動する典型例として、次のような場合があります。

①所得が増えた場合
②ある商品に対して人気が出て、欲しがる人が増えた場合
③人口が増えた場合

④代替財の価格に変動があった場合

価格が変わらなくても、所得が増えれば買いたい人が増えます。その結果、需要曲線が右に移動し、価格は上昇します。同じように、CMによって人気が出て、その商品を欲しがる人が増えた場合も、需要曲線は右に移動し、価格は上昇します。また、人口が増えると需要量も増え、需要曲線は右方向に移動します（図2-5）。そのほか、パンを食べるかコメを食べるかという選択をするとき、パンの価格が上がればコメを食べる人が増え、コメの需要曲線は右に移動します。パンとコメのように、一方の価格が他方に影響を与える財を**代替財**といいます。

一方、これと反対の現象が起きれば、需要曲線は左に移動し、価格は下落します。

供給曲線の移動

今度は生産者側に何らかの変化があった場合について見てみます。供給曲線が移動する典型例として次のような場合があります。

①豊漁で魚がたくさんとれたり、豊作でコメがたくさんとれたりした場合

②原料価格が下がったり、技術革新が起きたりして、今までより安く生産できるよ

うになった場合

③生産物に消費税などの税が課された場合

たくさん生産されて出荷されると、供給曲線は右に移動し、価格は下落します（図2－6）。また、技術革新が起きていままでより安く生産できるようになった場合も、供給曲線は右に移動し価格は下落します。反対に供給量が減ったり、製品に新たな課税がなされたりした場合、供給曲線は左（上方）に移動し、価格は上昇します。

4　需要と供給がわかれば、経済はわかる

2本の曲線で、あらゆる価格の動きを説明できる

需要曲線と供給曲線は経済学を理解するうえで、最も基本的なツールです。この二つの曲線を使いこなすことができれば、日常生活のさまざまな現象を説明できます。たとえば、次の事柄を需要曲線、供給曲線で説明してみてください。これらの問題を筋道立てて考えることができれば、経済学の足場をしっかり固めたといえます。

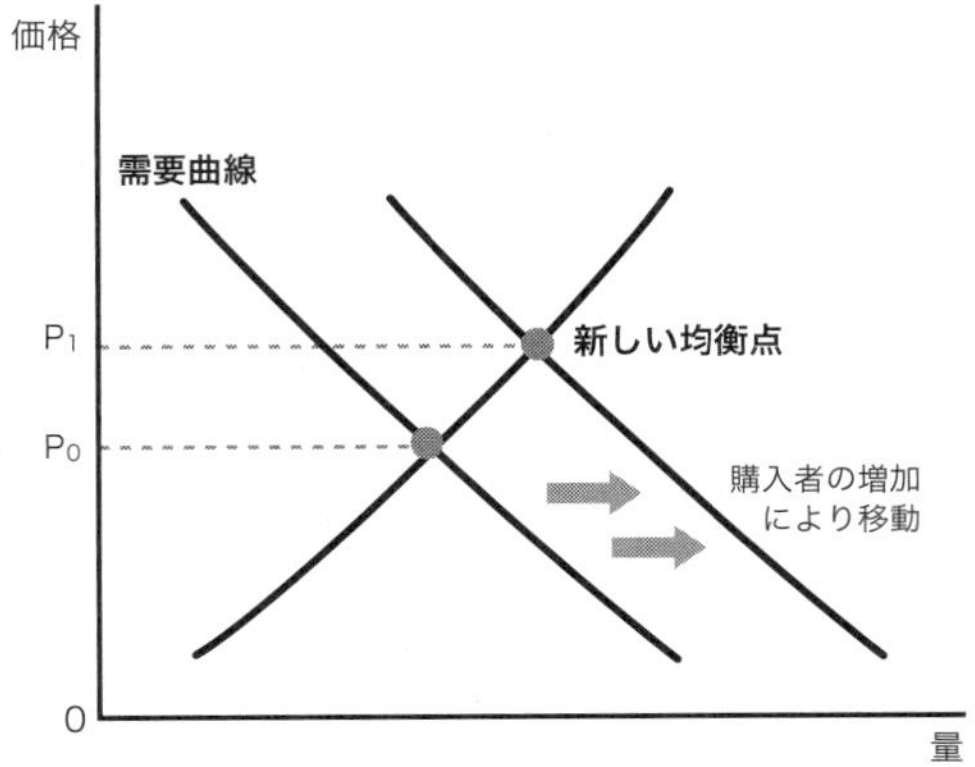

図2-5　需要曲線の移動

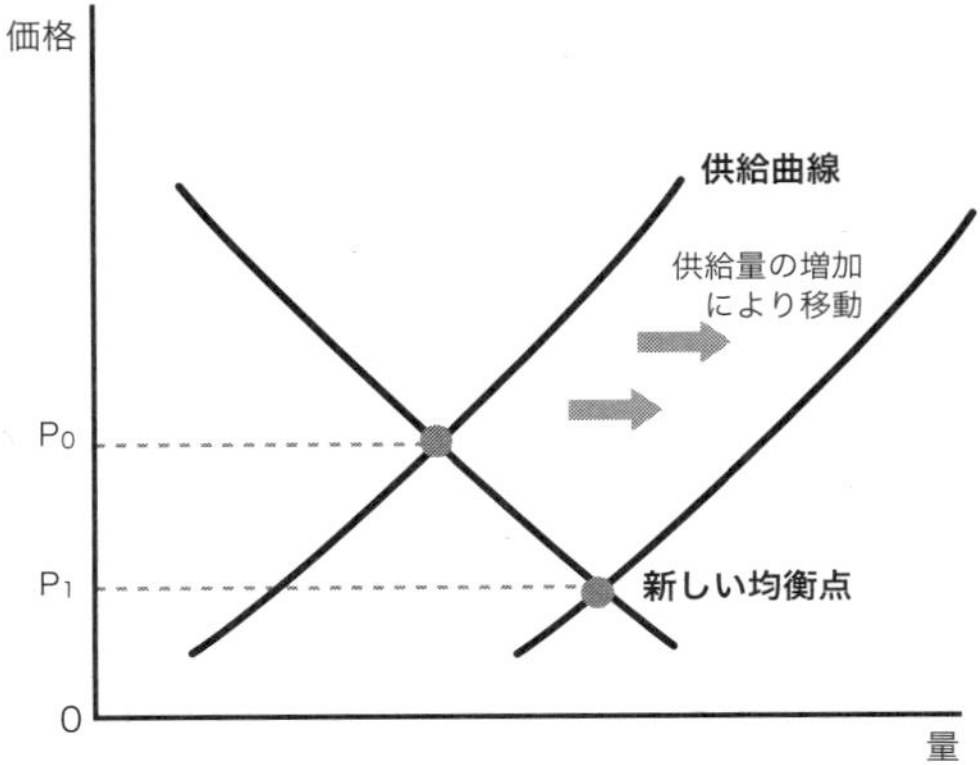

図2-6　供給曲線の移動

問題

①夕張の初出荷のメロンはなぜ1玉100万円もするのか。また、スイカの出始めは価格が高いが、たくさん出回るようになると、なぜ価格は下がるのか。
②石油ショックによって、なぜ原油価格は上昇したのか。
③中国経済の成長率が鈍化すると、なぜ原油価格は低下するのか。
④東京オリンピックが開かれると、なぜ建設資材は高騰するのか。
⑤かつてバブル期に4000万円もしたリゾートマンションが、なぜ400万円に値下がりしたのか。

こうした問題を考える際のポイントは次の2点です。

> ●需要曲線が移動するのか、供給曲線が移動するのか。
> ●右に移動するのか、左に移動するのか。

答え

①初出荷の夕張メロンが1玉100万円もするのは、供給量が少ないことに加えて、それだけのお金を出しても欲しいと思う人（＝需要者）がいるから。また、スイ

カが大量に出回るようになると価格が下がるのは、供給曲線が右に移動するから。
②石油の供給曲線が左に移動したから。
③中国経済の減速によって、原油に対する需要曲線が左に移動したから。
④建設資材に対する需要が増え、需要曲線が右に移動したから。
⑤リゾートマンションに対する需要曲線が左に移動したから。

市場の種類

市場にはこれまで説明してきた財市場のほかに、金融市場・労働市場・外国為替市場と全部で4種類あり、それぞれの市場で価格・利子率・賃金・為替レートが決定されます。市場のはたらきは、自由主義経済の根幹をなすものであり、非常に大切です。

(1) 財市場

生産者と購入者の両者が出会う場が市場《しじょう》です。市場といっても、魚市場や青果市場のように、取引がなされる特定の場所があるわけではありません。あくまで抽象的な概念です。

(2) 金融市場

家計部門で余ったお金は、銀行や証券市場を通して企業に貸し付けられます。その仲立ちをするのが金融市場です。資金に対する需要と供給は金利（＝利子率）によって調整されます。お金を借りたい人が多ければ金利は高くなり、反対に資金需要が少ないときは、金利は低くなります（図2－7）。かつて、日本が高度経済成長をしていた頃は、企業の資金需要が旺盛で、私たち預金者が受け取る金利が7～8％もあった時代がありました。しかし、現在は不景気の状態が続いているため、企業の資金需要が減少し（D→D'）、金利は低下し（i_0→i_1）、私たちが受け取る預金金利も「スズメの涙」程度になっています。

金利はお金に対する需要曲線と供給曲線で決定されます。どうしてもお金を必要としている人が銀行から借りることができない場合、最後に駆け込むのが、消費者金融や街の闇金融です。その場合は、年利20％とか、ときにはトイチ（10日で1割の金利）などと呼ばれる違法な高金利を取られることもあります。

（3）労働市場

労働力を提供したいと思っている6700万人の人々と、これを雇い入れる企業が出会う場が労働市場です。不況になると企業はあまり人を雇わないようになるため、労働需要が落ち込み賃金が下がります。逆に景気が良くなると労働需要が高まり賃金

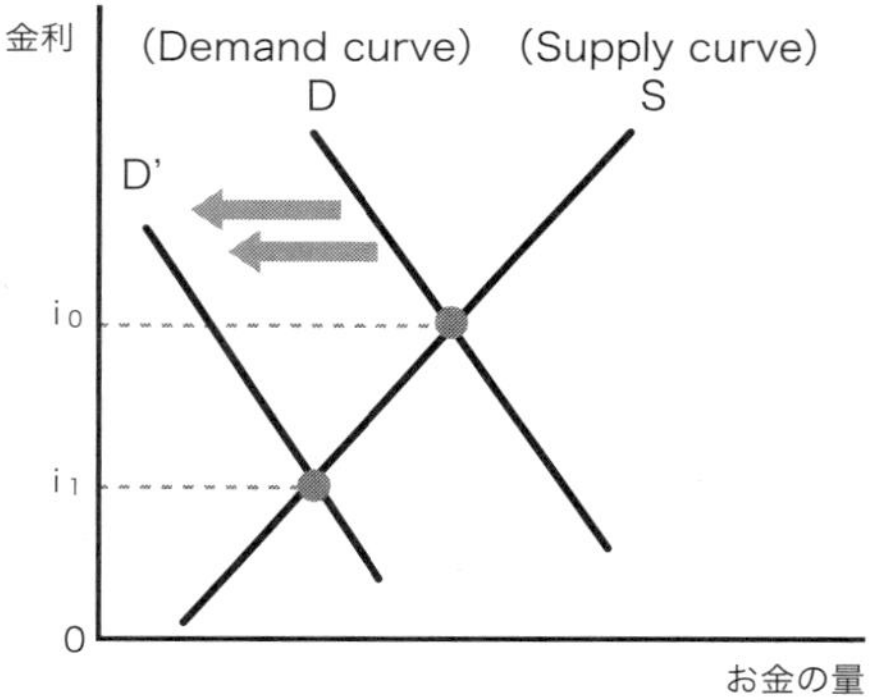

図2-7　金融市場における金利の決まり方

は上昇します。賃金は最終的には労働市場における需要と供給によって決まります。以下に挙げた例に見られるように、労働市場は単一のものではなく、それぞれの職種で市場があり、それら全体が労働市場を形成しています。

問1　弁護士の増加は、弁護士の収入にどのような影響を与えているか。

答え　司法試験制度が変わり、弁護士の数が以前より増加しました。業界全体の需要量(＝訴訟数)が変わらないのに、弁護士の数が増えたため、弁護士の収入は以前より減少したといわれます。これは供給曲線が右へ移動し、報酬が低下したためと説明できます(図2-8)。

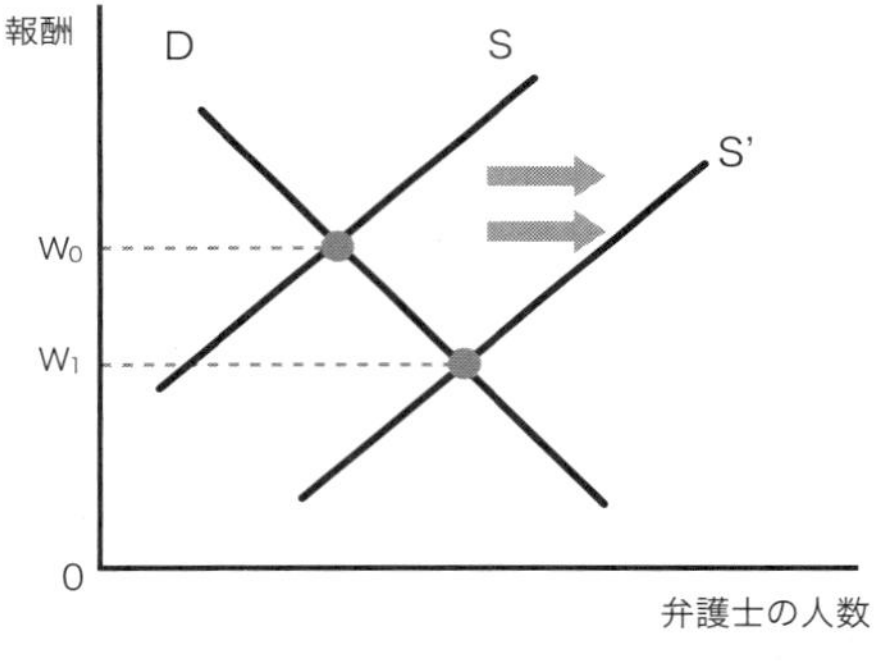

図2-8　弁護士の増加で報酬が低下

問2　タクシードライバーは、なぜ高齢者が多いのか。

答え　これも需要要因と供給要因に分けて考えることができます。まず、供給側（ドライバーを希望する側）の要因について考えます。２００２年、タクシーの登録が認可制から届け出制に改められ、タクシーの台数が急速に増えました。地域によっては数倍に増えたところもあります。そのため、客の奪い合いが起きてタクシー1台あたりの水揚げが落ちています。タクシードライバーの給料は基本的に歩合制をとるところが多く、子育て真っ最中の30代、40代の若い人は食べていけないといわれています。そのため、タクシードライバーを希望するのは、子育てが一段落した50代以降になるケースが多いのです。また、40代以降に一般企業に再就職するのは極端に難しくなるといわれますが、タクシー業界では基本的に年齢は関係ありません。また、定年もありません。そうしたことも高齢者が集まってくる要因となっています。一方、需要側（タクシー会社側）にとっても、高齢者を雇えば国から会社に助成金が出るため、メリットがあります。こうしたことから、タクシードライバーには高齢者が多いと考えられます。

問3　最低賃金制度は是か非か。

答え　日本では、**最低賃金法**という法律があって、地域ごとに最低賃金が定められています。これは労働者を守るためです。しかし、この法律があることでかえって失業が増えてしまうという指摘もあります。図2-9において、均衡点より高いW_1に最低賃金が決められると、失業者が発生することを確認してください。

（4）外国為替市場

輸出によって得たドルを円に交換したり、輸入代金を支払うためのドルを買ったりする場が外国為替市場（略して外為《がいため》市場）です。外為市場とは、日本の通貨「円」と外国の通貨の両替をするところとイメージすればわかりやすいかもしれません。為替レートは通貨に対する需要と供給によって決まります。円が買われれば円高、円が売

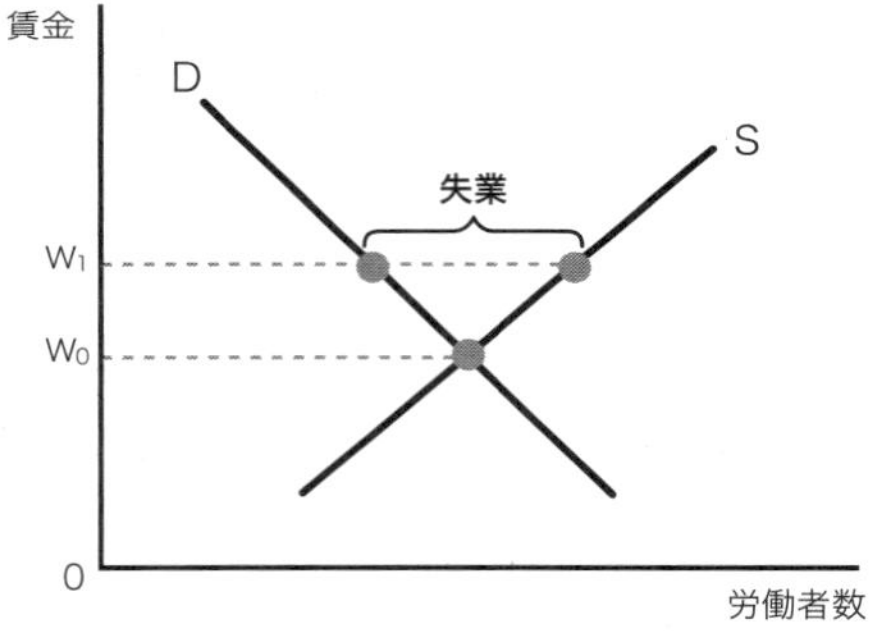

図2-9　最低賃金法

られれば円安になります。最近は、貿易にともなう取引ばかりではなく、投資や投機を目的とした為替取引も多く、取引はすべて電話やインターネットで行なわれます。ブローカーを経由するもののほか、近年では銀行間で直接取引をする場合も多くなっています。

経済政策への応用

需要曲線、供給曲線の形状や移動についての理解が深まると、これらの性質を経済政策に応用できることがわかります。典型的な例を二つ紹介します。

例1　コメの価格支持政策

供給曲線が移動した場合、需要曲線がどのような形をしているかは、政府の経済政策に大きな影響を及ぼします。たとえば、先にコメの需要曲線がタテ型であることを示しましたが、これはコメの価格が上下に激しく変動する可能性があることを意味します。図2-10において、コメが不作で生産量が減った場合、コメの供給曲線はSからS'に移動し、それに合わせて価格もP_0からP_1へと大きく値上がりします。反対に、コメがとれすぎるとコメの価格は大暴落します。

このように生活必需品のコメの価格が大きく変動すると、国民もコメを作っている農家も困ります。そこで、政府は第二次世界大戦後、コメの価格を政府が決めるという**価格支持制度**によって、コメの価格の安定化を図ってきました。政府が長いあいだコメを農家から買い付けてきた政策的根拠は、需要曲線の形状にあったわけです。もちろん、価格支持政策によって選挙時の農家の票を取り込もうとする意図があったことはいうまでもありません。稲作が盛んな地方ほど自民党支持者が多く保守的な傾向があるのは、こうした理由からです。

例2　炭素税の導入

地球温暖化は21世紀の最大の課題の一つといわれています。地球温暖化を防止するには、どうしたらいいのでしょうか。各国が話し合って条約を結び、温暖化の原因とされる二酸化炭素の排出量を抑制する数値目標を取り決めるのも一つの方法です。京都議定書（1997年）やパリ協定（2015年）はこうした目的で結ばれました。

一方、これとは別に、経済学的手法を用いる方法もあります。それは二酸化炭素を排出する企業に**炭素税**という税金をかける方法です。排出量1トンにつきいくら、という形で税金をかけるのです。企業は税金の分だけコストが上昇し、それが供給曲線を上方に移動させます（図2-11）。その結果、二酸化炭素を排出する製品に対する需要がQ_0からQ_1へ減少し、二酸化炭素の排出量を削減できるというわけです。消費税を引き上げると、価格が高くなって買う人が少なくなるのと同じ原理です。炭素税は、すでにオランダ、ドイツ、スウェーデンなどで導入されており、日本でも**地球温暖化対策税**の名前で2012年から導入されています。

一般に、生産量を減らしたい場合は生産者に税金をかけ、反対に生産量を増やしたい場合は生産者に**補助金**を出します。ゴミの排出量を抑制するためにゴミの有料化が行なわれたり、太陽光発電を増やすために企業に補助金を出したりしているのはそうした効果を狙ったものです。

消費税を負担しているのは誰か？

いま、消費税がゼロの社会において10％の消費税が新たに導入されたとします。このとき、消費税を払うのは誰でしょう？「そんなの消費者に決まっているだろう」と思うかもしれませんが、実はそうではないのです。消費税を引き上げると価格が上

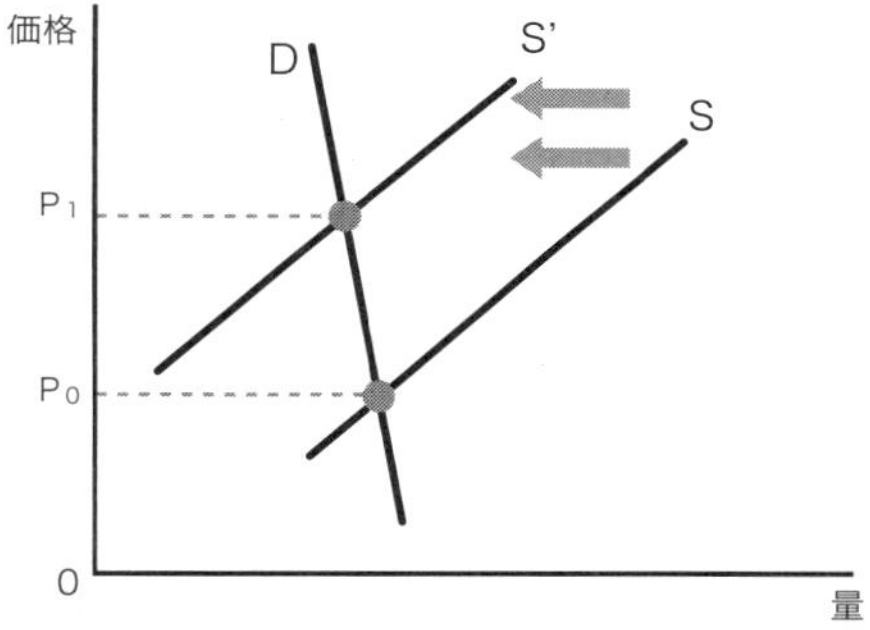

図2-10　コメの需要曲線

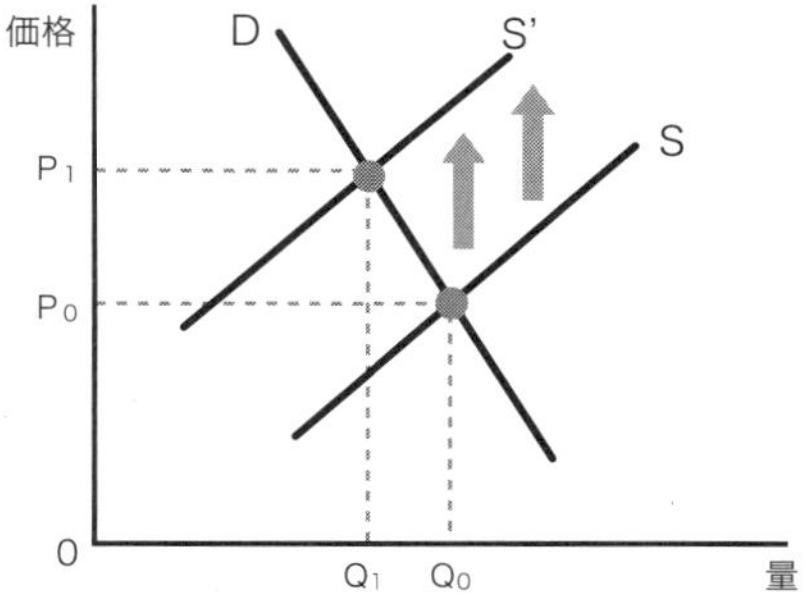

図2-11　炭素税導入による地球温暖化防止

がりますが、小売店は消費税の引き上げ分全部を価格に転嫁できません。もちろん消費者がどうしても手に入れたい財や独占企業の場合は、そうしたことが可能かもしれません。しかし、一般的には小売店はいくらか自分も負担せざるを得なくなります。このことを、図2-12を使って説明しましょう。

いま、生産者（=販売者）に10%の消費税を課税するとします。図2-12において、S曲線は消費税がないときの供給曲線を、また、S'曲線は消費税が10%のときの供給曲線をあらわすとします。S'曲線の傾きがS曲線の傾きより急なのは、10%の消費税を課すと課税前の金額が高いほど税額が高くなるためです。ここで、消費税を10%にすると、新しい均衡点はE_1となり、価格はP_0からP_1に上昇します。すなわち、消費者が負担する価格は（P_1-P_0）であり、その総額は長方形$P_1P_0FE_1$で示される①の部分となります。一方、小売店の負担する価格は（P_0-P_2）で、その総額は長方形$P_0P_2E_2F$で示される②の部分となります。その結果、政府には①+②、すなわち$P_1P_2E_2E_1$の長方形で示される部分の消費税収入が入ります。ちなみに、（Q_0-Q_1）は、価格が上昇したために消費者離れが起きたことをあらわしています。

このように、消費税の引き上げは消費者だけに負担がかかるのではなく、小売店にも負担がかかっているのです。一般に生活必需品は需要曲線がタテ型に近くなるため、消費者の負担が大きくなります。このことは図を描けば容易に理解できます。

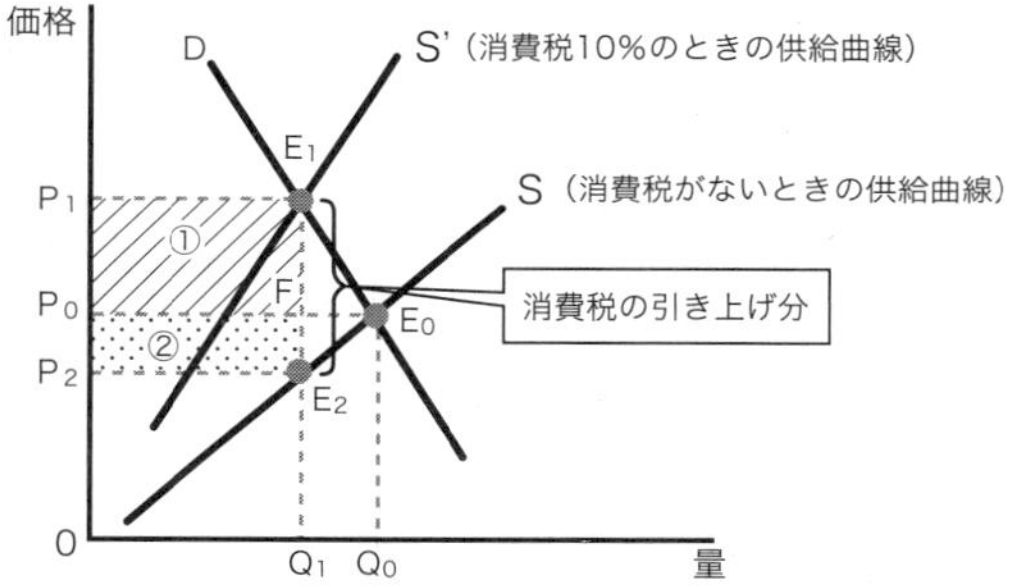

図2-12　消費税を負担しているのは誰か？

消費者余剰と生産者余剰

均衡価格は需要と供給が一致したときの価格であり、必ずしも自分が買ってもいいと思った価格ではありません。たとえば、図2-13で価格A～価格Bにおいては、買い手は「自分が思っている価格より安く買うことができてラッキー」と思っているはずです。ですから、三角形ABEの面積は「得をした」という気分の総額をあらわしますので**消費者余剰**と呼びます。生産者についても同様のことがいえます。三角形BCEで囲まれる面積を**生産者余剰**と呼びます。自分が思っている価格より高く売ることができたからです。消費者余剰と生産者余剰の合計は**社会的余剰**と呼ばれます。

社会的余剰の概念を用いると、外国との自由貿易がなぜ不可欠なのかを説明することができます。図2-14は、ある財の需要と供給の関係をあらわしています。いま、貿易が行なわれていないときの国内価格をP_0とします。消費者余剰は①であり、一方、国際価格はそれよりも安いP_1とします。もし、貿易がない場合、生産者余剰は②＋③になります。したがって、社会的余剰は①＋②＋③となります。

ここで、もし自由貿易が行なわれれば、国内価格はP_1まで下落し、均衡点はE_0からE_1へシフトします。この結果、価格が安くなり消費者に「お得感」が発生し、消費者余剰は①＋②＋④となります。一方、値下げを強いられたため、生産者余剰は②だけ減少し、③のみとなります。その結果、自由貿易が行なわれていなかった場合と比較すると、社会的余剰は①＋②＋③＋④となりますから、④の部分だけ増加したことになります。これが自由貿易による利益です。生産者は損失を被っていますが、それを上回る消費者の利益があるため、社会的余剰はプラスになるのです。

一般均衡

これまで一つひとつの財・サービスについての市場を見てきました。一つの市場で需要と供給が一致している状態を「**部分均衡**」といいます。もし、一つの財・サービスについて需要と供給が一致し部分均衡が成立する保証があるならば、たとえそういう市場が無限にあったとしても、すべての市場で需要と供給が一致するはずです。このようにすべての市場で需要と供給が一致している状態を「**一般均衡**」と呼びます。

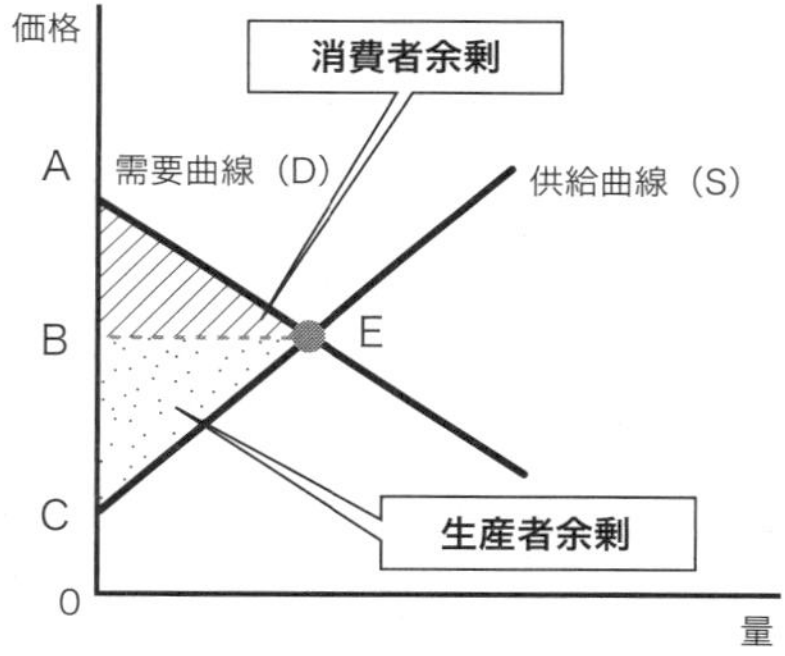

図2-13　消費者余剰と生産者余剰

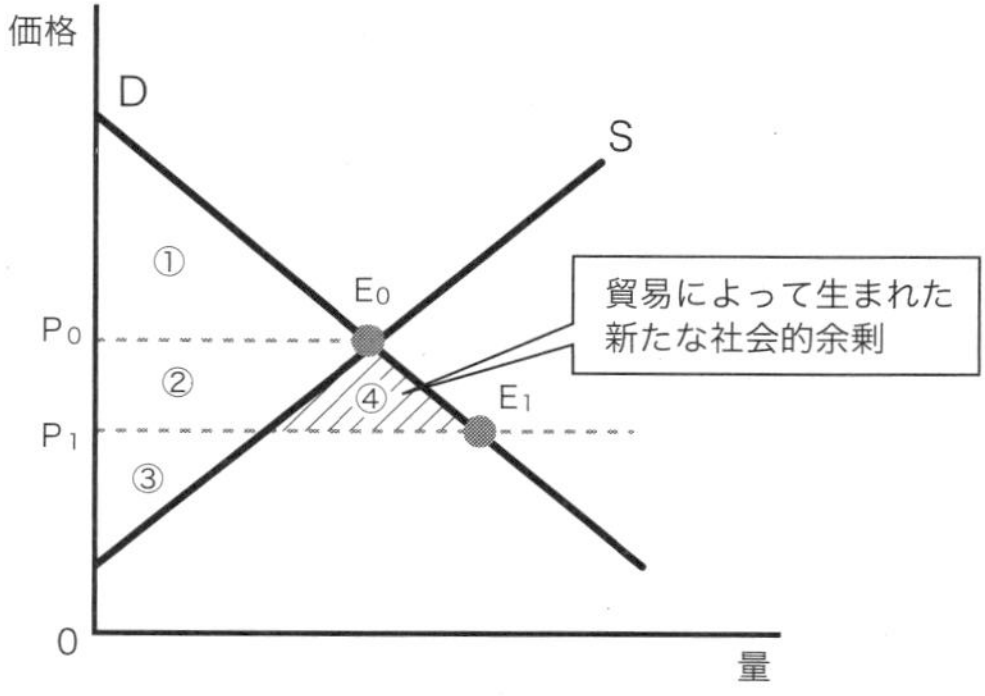

図2-14　貿易の利益

市場には、「見えざる手」によって、一般均衡へと向かうすぐれた特性が備わっていると考えられています。消費者も生産者もみんなが勝手気ままに行動しながら、それでいて一定の秩序が保たれるというのは、考えてみれば実に不思議なことです。

消費者主権

ワープロの出現によりタイプライター産業は消滅しました。そのワープロ産業もパソコンが普及すると生産停止に追い込まれました。これらはすべて、消費者の動向を反映した結果です。一見すると、「何を」「どれだけ」作るかは企業が決定しているように思えますが、企業が生産しても、売れなければ生産停止に追い込まれるだけです。したがって「何を」「どれだけ」作るかを最終的に決定しているのは、実は消費者なのです。このような考え方を政治の投票にたとえて**消費者主権**といいます。私たちが何かモノを買うということは、企業に「もっと作れ」という命令をしているのと同じです。何千万人、何億人もの消費者の動向は市場を通して生産者に伝えられます。市場は消費者と生産者をつなぐ役割を果たしており、企業が消費者のニーズを知るには、市場の動きを注意深く観察していればいいのです。消費者がたくさん購入してくれれば品薄になり、価格が上昇するはずです。反対に、消費者がそっぽを向けば売れ残って価格が下落するはずです。企業は、市場の価格動向を見ているだけで、消費者のニーズを知ることができるのです。

資源の最適配分

消費者主権の考え方に立てば、社会全体の資源配分のあり方も最終的には消費者が決定することになります。つまり、**生産の三要素**（土地、労働、資本）を企業がどの分野の生産に投入するかについても、最終的には消費者が決定しているのです。消費者の購入行動の結果、タイプライター産業に従事していた人は、ほかの産業への移動を余儀なくさせられました。ワープロ生産に従事していた人もパソコンの登場によって、ほかの分野に移動させられました。こうした生産要素の移動によって、結果的に消費者が欲しいものを欲しいだけ手に入れることができる社会が実現されるのです。こうした望ましい状態を**資源の最適配分**といいます。市場は消費者の情報を生産者に伝え、生産者の素早い対応を引き出し、資源の最適配分をもたらすすぐれた力を持っています。その意味で市場の情報処理能力はどんなコンピュータにも勝るといえるでしょう。まさに市場は「人類の最大の発明」（中谷巌）といっても過言ではありません。

社会主義下の旧東独で、ある人がお金を持って車を買おうと販売店に行ったところ、10年待ってほしいといわれました。政府が計画経済で、車の生産を抑制していたからです。東独といえば社会主義の優等生でした。その優等生の東独にしてこの有様です。計画経済の下で国民のニーズを生産に反映させることがいかに難しいかがおわかりいただけると思います。市場の存在を否定した社会主義経済がうまくいかなかったのは、当然の結果だったのかもしれません。

5　市場の失敗

市場は万能ではない

これまで市場の持つ素晴らしさについて説明してきました。しかし、市場は万能ではないことが19世紀から20世紀にかけて明らかになってきました。いわゆる「市場の失敗」と呼ばれるケースです。市場の失敗の典型的なものとしては、**独占・寡占市場、公共財の供給、外部経済・外部不経済、情報の非対称性**などがあります。

(1)　独占・寡占市場

市場の失敗の第一の例は、価格が伸縮的にはたらかないケースです。典型的な例として独占市場を挙げることができます。一般に、市場の形態は競争の状態によって大きく四つに分類されます。競争の激しい順に、完全競争、独占的競争、寡占、独占の四つです。

資本主義では、競争は基本的に善とされます。なぜなら、競争によって価格が下がり、品質が向上するからです。しかし、価格が下がると利潤率も低下するのが普通です。そこで企業の経営者は、価格競争を避けて、他社にはない独自の特色を打ち出して製品の差別化を図り、競争に打ち勝とうとします。こうして生まれるのが**独占的競争**と呼ばれる市場形態です。これには、書籍や新聞などのほか、グッチやルイ・ヴィトンのように高級ブランドを確立している企業まで、さまざまな形態があります。

一方、寡占は独占的競争よりもう少し独占に近い市場形態になります。ここでは数社でほとんどの製品が作られます。自動車、ビール、携帯電話などが代表例です。一般に、寡占市場の価格は市場の需要と供給によって決まるのではなく、企業が生産費に一定の利潤を上乗せして決められることが多いため、価格が伸縮的に動かない場合が少なくありません。また、企業間の暗黙の協調によって**カルテル**が形成されることもあります。すなわち、商品の価格について協定を結んだり、商品の生産量を制限したりして、高い価格を維持しようとする寡占企業間の談合が行なわれるのです。もし、カルテルが形成されれば、寡占企業全体が単一の独占企業として行動するのと同じく独占利潤を得ることができます。その結果、消費者は割高な商品を買わされることになり、市場の失敗が起きます。寡占化が進む現代においては、こうした市場の失敗を是正するために、**独占禁止法**が制定され、企業間で適切な競争が行なわれるように**公正取引委員会**が目を光らせています。

露骨なカルテル形成はもちろん違法です。しかし、たとえば、次のようなケースは違法といえるでしょうか。かつて典型的な寡占市場であったビール業界では、業界の有力企業が**プライス・リーダー**（価格先導者）となり価格を設定し、ほかの企業がそれに追随するという**管理価格**が見られました。このような市場では、生産費が低下しても価格は下がらず（**価格の下方硬直性**）、価格競争ではなく宣伝などによる**非価格競争**が展開されます。その結果、価格が伸縮的に動かず、市場の失敗が起きます。こうした行為は独禁法制定の精神からすれば、限りなくクロに近い行為です。しかし、明確な証拠を残さないことが多く、摘発しにくいのが現状です。

一方、電力やガスなどの公益事業と呼ばれる産業については、初期費用が莫大なものとなるため、たとえば関西地区に電力会社が二つも三つもできる余地がなく、いわゆる**自然独占**になります。このような産業においては、価格は政府の規制下に置かれ、法外な**独占価格**が設定されるのを防いでいます。政府によって規制される価格は、生産にかかった費用に一定の利益を上乗せして決定されます。こうした価格決定方式は一見合理的に見えますが、確実に利益が保証されるため、コスト削減のインセンティブがはたらかないという欠点があります。「独占のいいところは、心穏やかなことだ」とイギリスの経済学者ヒックスが述べています。公益事業や公務員の就職人気が高いのは、こうした「心穏やかなこと」に関連があるのかもしれません。しかし、従来自然独占とされてきた電気事業においても、２０１６年から電力自由化が始まり、電気料金の引き下げや資源配分の効率化を進めることが本格化しています。公益事業もだんだん心穏やかではなくなりつつあります。

（2）公共財の供給

一般に、私的財と呼ばれる財・サービスは、料金を支払った人だけが独占的に利用できます。これに対し、道路、橋、警察、国防などの**公共財**（公共サービス）には、費用を払わない人（**フリーライダー**）を排除できないという性質があります。したがって、市場にまかせておいても民間企業では利益を上げることが難しく、供給されません。その結果、市場の失敗が起きてしまいます。そこで、公共財については、国民から税金を徴収し、政府が供給することが必要になります。アダム・スミスも、公共財の供給は政府の最低限の仕事であるとして、政府が供給するべきだと説いています。

（３）外部経済・外部不経済

市場が失敗する第三の例は、外部経済・外部不経済が発生するケースです。たとえば、ＡさんがＢさんの家の横に豪華な庭をつくったとします。おかげでＢさんは料金を支払うことなく無料でＡさんの庭の景色を楽しむことができるようになりました。Ａさんの行為がＢさんに無料でプラスの影響を与えたわけです。このように、市場を通じることなく、ほかの経済主体に利益を与えることを**外部経済**といいます。近くに駅ができて便利になった、コンビニができて便利になった等々、これらはみな外部経済の例です。一般に外部経済は社会的に問題になることはありません。

問題になるのは**外部不経済**のほうです。たとえばＡさんがＢさんの家の隣に工場を建てたとします。そして朝から晩まで騒音をまき散らし、煙突からは黒い煙を吐き出し、おまけに廃水を川に流し川には悪臭が漂っているとします。ＢさんはＡさんの行為によって多大な迷惑を被ったわけです。このように、市場を通じることなく、ほかの経済主体に不利益を与えることを外部不経済といいます。公害や環境破壊といった問題は典型的な外部不経済の例です。外部不経済は市場にまかせておいては解決できない市場の失敗の例です。外部不経済を防止するために、大気汚染防止法や水質汚濁防止法などの法律が制定されています。

（4）情報の非対称性

売り手と買い手の持っている情報に格差がある場合を情報の非対称性といいます。そして、情報の非対称性がある場合も市場の失敗が起きます。たとえば、ここに1台の中古車があるとします。売り手はこれが事故車であるかどうかを知っています。しかし、買い手はこれが事故車であるかどうかわかりません。買い手は不良品をつかまされることを恐れて、中古車を買うことをためらうかもしれません。その結果、中古車市場全体が小さくなったり、場合によっては市場自体が成立しなくなったり、市場が十分に機能しなくなります。つまり、情報に非対称性がある場合、市場の失敗が起きてしまうのです。

情報の非対称性が最も大きな問題になるのは医療保険です。医療保険は健康な人が病気の人を支えるシステムです。したがって病気のリスクが高い人ほど医療保険に入りたがり、健康な人ほど保険から離れていく傾向があります。その結果、保険に加入するのは病気のリスクの高い人ばかりになります。これでは保険市場が成立しません。すなわち、市場は失敗してしまいます。こうした問題が起きるのを防ぐため、事前に健康診断を受けさせたり、公的医療保険制度を整備したりしているのです。

一般の市場では、買い手が選択することによって粗悪品が追放され、良いものだけが残ります。しかし、情報の非対称性がある場合、良いものが流通しなくなり、悪いものだけが流通するということが起きてしまいます。これを逆選択の問題といいます。「悪貨が良貨を駆逐する」という現象も情報の非対称性による逆選択の問題です。市場がうまく機能するためには正しい情報が完全に行き渡ることが大切です。もし、正しくない情報が発信されると、相手方は適切に選択することができません。これはたとえば、異性と交際する場合でも同じです。結婚してから「本当は……」などといわれても後の祭りです（笑）。

政府の役割の増大

現代では、市場の失敗を解決するために政府が積極的に経済活動に介入することが広く認められています。市場の失敗をことさら大きく取り上げ、資本主義はダメだという人がいますが、この態度は間違っています。どんな社会だって、パーフェクトではあり得ません。市場メカニズムがある社会と、市場メカニズムがまったくない社会を比較した場合、市場メカニズムがある社会のほうが好ましいことは旧ソ連や、改革開放政策以前の中国を見れば明らかです。市場は競争を要求します。競争はつらいことです。しかし、そのつらさ以上に市場は良い点を持っています。無駄を省き、資源の効率的利用を可能にしてくれるのです。市場の失敗を政府による適切な法整備などで克服し、市場の持つ良さを生かしていくことが重要です。

重要ポイント

①経済現象の分析の仕方には、大きくミクロ経済学とマクロ経済学がある。
②ミクロ経済学は、個別の経済主体の行動や市場のはたらきなどを分析する。
③市場には、財市場、金融市場、労働市場、外国為替市場があり、それぞれの市場で価格、利子率、賃金、為替レートが決まる。
④資本主義において競争は基本的に善である。競争によって資源の有効活用がなされ、資源の効率的利用が可能になる。
⑤ただし、市場は万能ではない。市場にまかせておくと望ましくない状態が生じる場合がある。これを市場の失敗という。代表的な例として、独占・寡占、公共財の供給、外部経済・外部不経済、情報の非対称性などがある。

第3章　マクロ経済学

1　国内総生産（ＧＤＰ）とは何か

国内総生産（ＧＤＰ）の求め方

マクロ経済学はケインズによって確立されました。第3章では、なぜ不景気が起き、失業が発生するのかということについて、ケインズの考え方を中心に見ていきます。

マクロ分析の一番基礎にある統計は**国内総生産（ＧＤＰ）**です。ＧＤＰは各企業の1年間の**付加価値**を合計することによって求められます。付加価値とは企業が新たに生み出した価値、すなわち、「売上高から中間生産物（簡単にいうと原材料費）を差し引いた金額」のことをいいます。

たとえば、次のような生産活動が行なわれたとします。まず、鉱山会社が1年間で50億円の鉄鉱石を産出しました。それを製鉄会社に販売し、製鉄会社は１００億円の鉄に加工して自動車会社に売りました。自動車会社はこの鉄を使って車を生産し、２００億円で自動車販売会社に売りました。そして最終的に自動車販売会社はこれらの自動車を２３０億円で全部売り切りました。では、このときのＧＤＰはいくらになる

会社	原材料費	売上高	付加価値
鉱山会社	0	50 億円	50 億円
製鉄会社	50 億円	100 億円	50 億円
自動車会社	100 億円	200 億円	100 億円
自動車販売会社	200 億円	**230 億円**	30 億円
合計	350 億円	580 億円	**230 億円**

表3-1　GDPの求め方

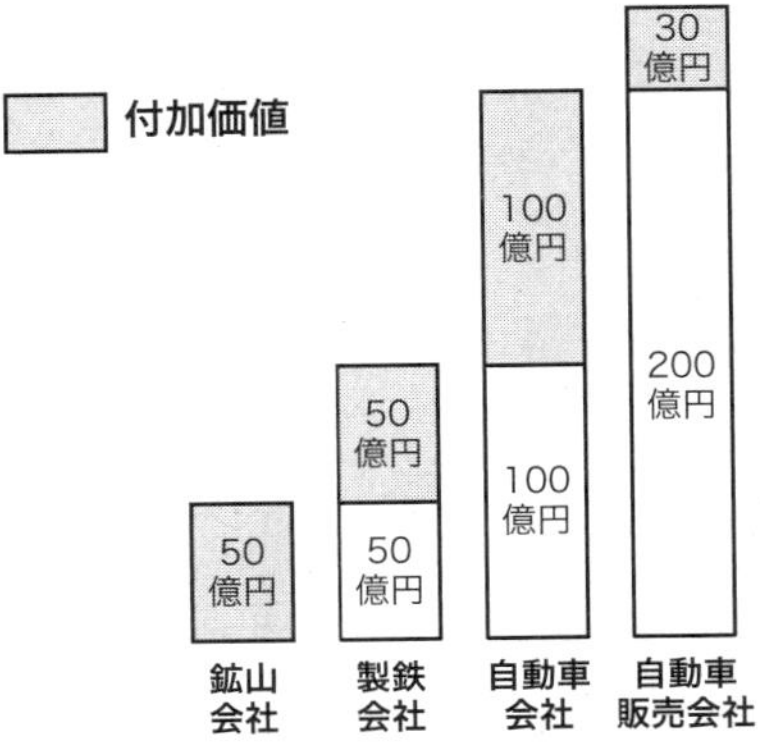

図3-1　付加価値

でしょうか。整理すると表３－１のようになります。

売上高から仕入れた原材料費を引いたものが付加価値です。付加価値を全部合計すると２３０億円になります（＝50億円＋50億円＋１００億円＋30億円）。したがって、ＧＤＰは２３０億円と求めることができます。この金額は最終生産物である自動車販売会社の売上高に一致します。

一般にマクロ経済学では、ＧＤＰの大きさは次の式であらわされます。

ＧＤＰ（付加価値の合計）＝　総売上高　－　中間生産物（原材料費）
【２３０億円】　＝【５８０億円】－　【３５０億円】

なお、付加価値のなかには、賃金、利潤、利子、地代、家賃などが含まれます。２０２３年度の実際の日本のＧＤＰは５９７兆円（名目値）でした。

ＧＤＰに類似した指標

一国の経済力を計る物差しとして一般的に使われるのはＧＤＰですが、経済指標としてＧＤＰ以外の指標が使われることもあります。以下、定義をめぐる議論が続きますが、面倒だと思われる方は読み飛ばしてもらっても結構です。この部分がよくわからなくても、経済学を理解することは十分可能です。

（1）国民総生産（GNP）または国民総所得（GNI）

GDP（国内総生産）には、日本企業であろうと外資系企業であろうと、日本国内で生産された付加価値の合計がすべて含まれます。これに対して、GNPは「国民総生産」と訳されるとおり、外資系企業が日本国内で生産した付加価値を含みません。その代わり、日本企業が海外で生産した付加価値を含みます。ここで「国民」であるかどうかは、国籍ではなく国内居住者であるかどうかで判断されます（居住者主義）。日本国籍を有していても、外国に2年以上滞在している海外居住者（たとえばイチロー元選手）の所得は、アメリカのGDPには含まれても日本のGNPを構成しません。

以前のように、日本企業があまり海外に進出せず、また、外国企業もあまり日本に進出していなかった時代はGNPで問題なかったのですが、現在のように製造業の7割が海外に生産拠点を持つ時代になると、日本国内の経済水準を計る指標としてGNPは適さなくなりました。そこで1993年からGNPに代わってGDPが重視されるようになったというわけです。

一般に、GNPは、GDPと「海外からの純所得」（海外から送金されてきた収益から、海外に送金した収益を引いた額）の合計として定義されます。2022年度のデータは次のとおりでした。

国民総生産（GNP）＝　GDP　＋　海外からの純所得
【600兆円】　【566兆円】　【34兆円】

海外への投資活動が活発な日本では、GNP＞GDPです。また、外国に働きに出る人が多いフィリピンでも、GNP＞GDPとなっています。反対に、外国から働きに来る人が多いルクセンブルクでは、GNP＜GDPとなっています。

なお、2000年に国民経済計算の体系が改定されたことによりGNPの概念はなくなり、同様の概念として国民総所得（GNI）が新たに登場しました。名目のGNIとGNPは金額的にはまったく同じです（実質値に直すときに若干の差が出ます）。

（2）国民純生産（NNP）

GNPには、生産するために使った機械の減価償却分（＝資本減耗）も含まれています。たとえば、1億円の機械を買って生産を開始し、使っているうちにその機械がだんだん擦り減って、10年で価値がゼロになるとします。その擦り減っていく部分を資本減耗といいます。1年間の純粋な生産額を知るためには、GNPから資本減耗を差し引く必要があり、こうして求められた値が国民純生産（NNP）です。2022年度の資本減耗額は146兆円でした。したがって、国民純生産はGNPから146

兆円を引いた454兆円となります。

国民純生産（NNP）＝　GNP　－　資本減耗
【454兆円】　【600兆円】【146兆円】

（3）国民所得（NI）

しかし、NNPにもまだ余分なものが含まれています。NNPは市場価格で表示されているため、消費税などの間接税の分だけ高く表示され、政府の補助金の分だけ安く表示されています。そこでNNPから（間接税－補助金）を引き、これを国民所得（NI）と呼びます。2022年度の間接税は53兆円、補助金は7兆円でした。その結果、国民所得は約408兆円と求められます。

国民所得（NI）＝　NNP　－　（間接税－補助金）
【408兆円】　【454兆円】　【53兆円】【7兆円】

国民所得（NI）はGDPの約4分の3程度の大きさです。
以上の指標をもう一度整理してまとめると、次のようになります。

国内総生産（GDP）＝総売上高－中間生産物（原材料費）
国民総生産（GNP）＝GDP＋海外からの純所得
国民純生産（NNP）＝GNP－資本減耗
国民所得（NI）＝NNP－（間接税－補助金）

GDP、GNP、NNP、NIなど、さまざまな指標がありますが、これらはGDPとほぼ同じような動きをするので、一般的にはGDPさえ理解していれば十分だと思います。

豊かさの指標

一国の経済力は、1年間でどれだけの財・サービスを生産したかで計ることができます。しかし、それは国民一人ひとりの生活水準を示すものではありません。中国のGDPが日本より大きくなったとはいっても、中国の人口は日本の10倍もいるのですから、GDPが日本より大きくなるのはある意味当たり前です。国民の平均的な暮らしぶりは、人口の違いを考慮した「**一人あたりGDP**」で比較しなければなりません。

現在、日本の一人あたりGDPは約3万3900ドル（2023年度）です。これに対して、中国の一人あたりGDPは約1万2600ドルにすぎません。一般に、一人あたりGDPが3500ドルを超えると自動車がよく売れるようになり、1万ドルを超えるとおおむね先進国といわれます。

ただし、どんな指標にも欠点はあります。GDP統計を利用するには次のような点に注意することが大切です。第一に、所有権が移転するだけの取引はGDPには加算されません。土地を買った。中古車を買った。中古のマンションを買った。株式を買った。これらはすべて所有者が変わるだけで、新しいものを生産していません。したがって、その売り上げはGDPには含まれません（もちろん、販売業者の仲介手数料は正当な労働報酬ですからGDPに含まれます）。第二に、市場で売買されないものもGDPに含まれません。たとえば主婦の家事労働です。ハウスキーパーを頼めばGDPは増えますが、主婦が家事をいくら一生懸命やってもGDPは増えません。同様に、公害や交通渋滞、社会的な治安の状態もGDPには反映されません。それどころか、公害がひどくなって公害を防止するための産業が発展すればGDPは増えてしまいます。また、交通渋滞がひどくなって無駄なガソリンが使われれば、ガソリンの売り上げが増加しGDPは増えてしまいます。

GDPにはこうした欠点があるため、1970年代の公害がひどかった頃、『くたばれGNP』（当時はGDPではなくGNPが一般的に使われていた）というタイトルの本が出版されたこともありました。もちろん、こうした欠点を取り除いた新たな指標を作ろうという試みもなされています。しかし、現在のところGDPよりすぐれた経済指標はありません。GDPを利用するときは、そうした欠点を知ったうえで活用することが大切です。

三面等価の原則

国内総生産（GDP）は一次・二次・三次産業の付加価値の合計として求められます。GDPはその後、労働者の賃金、株主への配当、地代、家賃、企業の所得などに分配され、誰かの所得となっていきます。これを**国内総所得**といいます。さらにこれらの所得は消費されたり、投資されたり、外国製品を買ったりして支出されます。これを**国内総支出**といいます。生産されたものが所得として分配され、やがて支出されるという「生産→分配→支出」という一連のお金の流れは、1本の川の流れの水量と同じで、どの局面で見ても金額的には必ず等しくなります。すなわち、国内総生産、国内総所得、国内総支出の金額は必ず等しくなるのです。これを**三面等価の原則**と呼んでいます（図3-2）。

図3-2　三面等価の原則

2　不景気はなぜ起きる

総需要の構成要素

三面等価の原則は、生産した金額（売る側）と、支出した金額（買う側）とが等しくなることを示しています。コインの表裏の関係と同じです。これを式で表すと、

GDP＝総需要

となります。GDPが生産額（＝総供給）で、総需要が購入される金額です。三面等価の原則から、両者は一致します。ここで、総需要がどのような要素から構成されるかを考えてみましょう。すなわち、生産したものを誰が購入しているかという

問題です。

最初に思いつくのは私たち消費者です。実は統計を取ってみると、生産した財・サービスの半分以上は消費者が購入しており、経済学ではこれを「**消費**」と呼びます。また、企業もさまざまなものを購入しています。企業が購入する代表的なものは、工場建設や機械設備の導入などです。これを「**投資**」といいます。一方、政府も公務員の人件費を払うほか、橋を造ったり道路を造ったりさまざまなものを購入しています。これを「**政府支出**」といいます。さらに外国も日本の財・サービスを買ってくれます。ただし、厳密にいえば、「**輸出－輸入**」の差額分だけ日本製品が余分に購入されます。

以上のことから、総需要は全部で四つの要素から構成されていることがわかります。すなわち、**消費**、**投資**、*** 政府支出**、**輸出－輸入**の四つです。ここでGDP＝Yとし、GDPと総需要の関係をあらためて書き直しますと、以下のようになります。

Y＝消費＋投資＋政府支出＋（輸出－輸入）…①

式①のYは総生産（総供給）をあらわし、イコール以下は総需要をあらわします。このように書くと、賢明な読者からすぐ反論が出てきそうです。生産しても、現実には売れ残りが出るのではないか、売りに出された金額と買われた金額とは一致しない

のではないか、三面等価の原則はおかしいのではないかという反論です。そのとおりです。そこで、マクロ経済学では、両者は必ず等しくなるような仕掛けをします。つまり、生産物が売れ残った場合、売れ残りを「**意図せざる在庫投資**」としての投資に含めてしまうのです。統計上は、生産者が「購入したもの」とみなすのです。これは、GDPの目的の一つが生産された価値を計ることにあり、在庫といえども生産された一部に変わりがないからです。こうすれば、生産額と需要額は事後的に必ず一致します。

式①はマクロ経済学の一番基本となる式です。この式一つで、経済学が非常によくわかるようになります。逆にいえば、この式が頭に入っていないと、経済学はまったくチンプンカンプンということになります。式①はそれほど重要な式であると認識してください。

＊GDP統計では、投資という用語はふだん私たちが使う意味とは異なっていることに注意してください。私たちの日常生活のなかでは、株式投資、債券投資、投資信託、土地への投資などという言い方をしますが、GDP統計でいう投資にはこうしたものは含まれず、建造物（工場や住宅など）、機械設備、在庫などを購入すること（＝実物投資）をいいます。

不景気の原因

一般に、不景気というのは「モノが売れない」状態のことをいいます。モノが売れないことが原因となってさまざまな連鎖反応が起きます。経済は連想ゲームです。モノが売れないことによって、どんなことが起きるか考えてみましょう。

まず、会社は売れ残りが出ないように生産調整をします。そして給料の引き下げをしたり、余剰となった従業員をリストラしたりします。不景気が深刻になると、倒産に追い込まれる会社も出てきます。その結果、失業が発生し、物価水準も下落します。

資本主義は19世紀以降、何度も恐慌を経験してきました。20世紀に入ってその恐慌に敢然と立ち向かったのがケインズでした。ケインズ以前の経済学は、恐慌についてどのように考えていたのでしょうか？

実は、ケインズ以前の経済学では、モノが売れなくて不景気になることは理論的にはあり得ないとされていました。なぜなら、第2章で学んだように、モノが売れない状況というのは、価格が需要曲線と供給曲線の均衡点より高いP_1にあることをいいます（図3-3）。したがって、時間がたてばやがて価格はP_0に下落し、総需要と総供給は一致するはずだと考えられていたからです。

また、失業が発生することも理論的にはあり得ないと考えられていました。なぜなら、失業が生まれるということは、賃金が均衡点より高いW_1にあるから発生するので

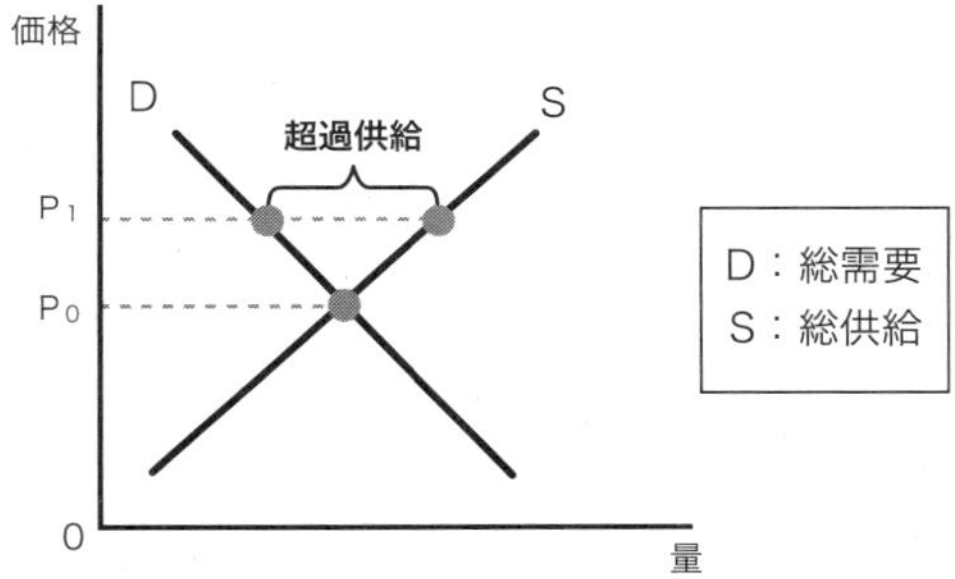

図3-3　総需要と総供給

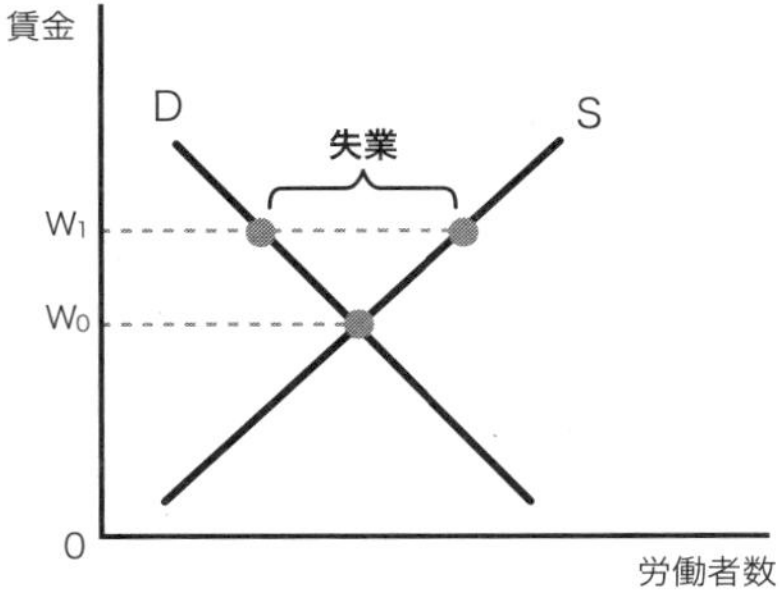

図3-4　労働市場

あり（図3-4）、いずれ賃金がW_0まで下落することによって、失業は解消すると考えられていたからです。

だから、たとえ恐慌になったとしても政府は何もする必要がなく、じっと恐慌という嵐が過ぎ去るのを待っていれば、そのうち価格の自動調節機能がはたらき、超過供給も失業も自然に解消されるはずだと考えられていたのです。これが当時の経済学の常識でした。

有効需要の原理

たしかに、ケインズ以前の経済理論は、理論的には一応整合性が保たれています。しかし、ケインズはそうした伝統的な考え方に疑問を持ちました。もし、価格の調整スピードが非常に遅いとしたらどうなるのでしょうか。現実には、売れ残りが出た場合、企業は価格を引き下げるのではなく、生産量を減らすことによって需給を一致させているのではないでしょうか。実際、世界恐慌のときに企業がとった行動は、工場を閉鎖し、生産量を削減するというものでした。需給の調整は価格ではなく、数量でなされていたのです。その結果、均衡点はE_0からE_1に移動してしまったのです（図3-5）。

「市場における需要と供給の調整は、短期的には価格調整ではなく数量調整によってなされる」

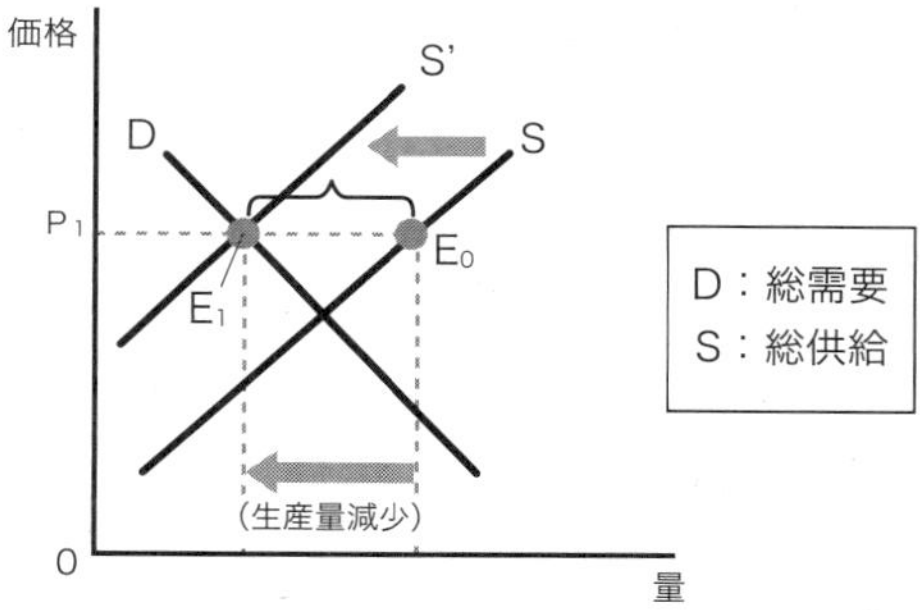

図3-5　総需要と総供給（数量調整による場合）

まさに、この考え方がケインズ経済学の革新性なのです。企業は不況になると生産量を縮小し、需要に見合った分しか生産しなくなります。つまり、売れる分しか作らなくなるのです。このように「生産量は需要量に規定される」ということをケインズは**「有効需要の原理」**と名付けました。生産量が縮小すると、社会全体として労働力が余ってきます。労働力が余れば、本来ならば賃金が下がり、労働市場での均衡が回復し、失業は発生しないはずです。しかし、ここでも不均衡（失業）は、賃金ではなく「数量」によって調整されます。すなわち労働者の一部は解雇されて失業者が発生してしまうのです。

現実は最良の教科書です。世界恐慌という現実を素直に観察した結果、ケインズはそれまでの経済学とはまったく異なった新しい経済学を打ち立てたのです。それは有効需要の原理に基づく「国民所得の決定理論」といわれるものでした。それにより、不況はなぜ起きるのか、失業はなぜ発生するのかといったことを解明する「マクロ経済学」が樹立されたのです。

ここで、国民所得の決定理論についてもう少し詳しく説明します。

いま、先に挙げた式①を総供給＝Y、消費＝C、投資＝I、政府支出＝G、輸出＝X、輸入＝Mとして記号であらわすと次のようになります。

$$Y = C + I + G + (X - M) \quad \cdots ①$$

式①のYは社会全体の生産額（＝GDP）、すなわち総供給をあらわし、C＋I＋G＋（X－M）は社会全体の総需要、すなわち**有効需要**をあらわします。式①は常に成り立つ恒等式です。何度もいいますが、式①はたいへん重要な式です。「Yイコール、CプラスIプラスGプラスXマイナスM」と100回ほど念仏のように唱えて、「完璧に」頭に叩き込んでください。この式を覚えないで経済学の勉強をしようとするのは、アルファベットを覚えないで英語の勉強をするようなものです。

不景気の原因

では、式①を使ってなぜ不景気になるのかを考えてみましょう。ここで、失業者が

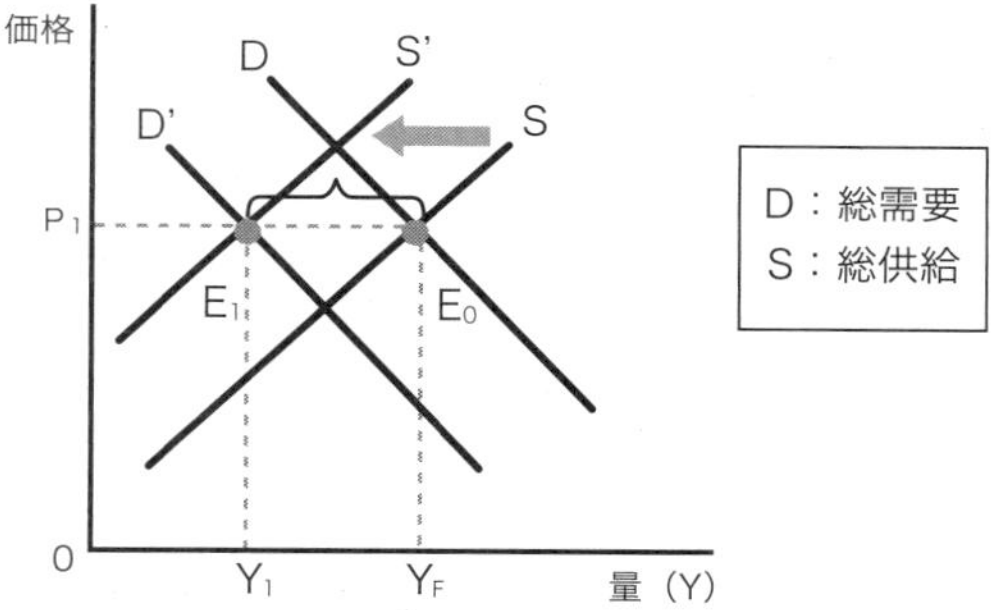

図3-6　総需要と総供給（数量調整による場合）その2

一人もいない理想的な経済状態（完全雇用）における総供給をY_Fとし、そのときの均衡点をE_0とあらわします（図3-6）。これを式であらわすと、

$$Y_F = C + I + G + (X - M) \cdots ②$$

となります。式②は完全雇用の理想状態をあらわします。

ここで、何らかの理由によって、有効需要が減少し、総需要曲線が左に移動したとします。これは図3-6において、DがD'へと移動することを意味します。

ケインズによれば、このとき価格調整ではなく数量調整が行なわれますから、供給曲線はSからS'に移動し、新たな均衡点はE_1になります。生産量はY_1に減少し、社会全体としてY_Fの生産能力がありながら、実際にはY_1しか生産されなくなります。したがって、$Y_F - Y_1$の分だけ生産設備が遊んでしまい、不景気の状態になってしまいます。すなわち、**現実のGDPであるY₁が潜在GDPのY**Fより小さくなってしまうのです。

YF ＞ Y1

YF ＞ 消費＋投資＋政府支出＋（輸出－輸入）…③

つまり、不景気とは、②の状態から、何らかの理由によって有効需要が減少し、③の状態になってしまうことをいうのです。

不景気を引き起こす犯人

では、現実に有効需要の減少を突然引き起こし、不景気を生み出す「犯人」は四つのうちのどれでしょうか？

数学的には消費、投資、政府支出、（輸出－輸入）のどれが減少しても不景気になります。しかし、実際にデータで検証してみますと、不景気の犯人をほぼ一つに絞り込むことができるのです。一般に、政府は不景気を治療する側であって、不景気を生み出す側ではありません。また、（輸出－輸入）は外生変数ですので、これも考察の対象外です。そうすると、不景気の犯人は消費か投資に絞られてきます。ここで、データで検証してみることにします。

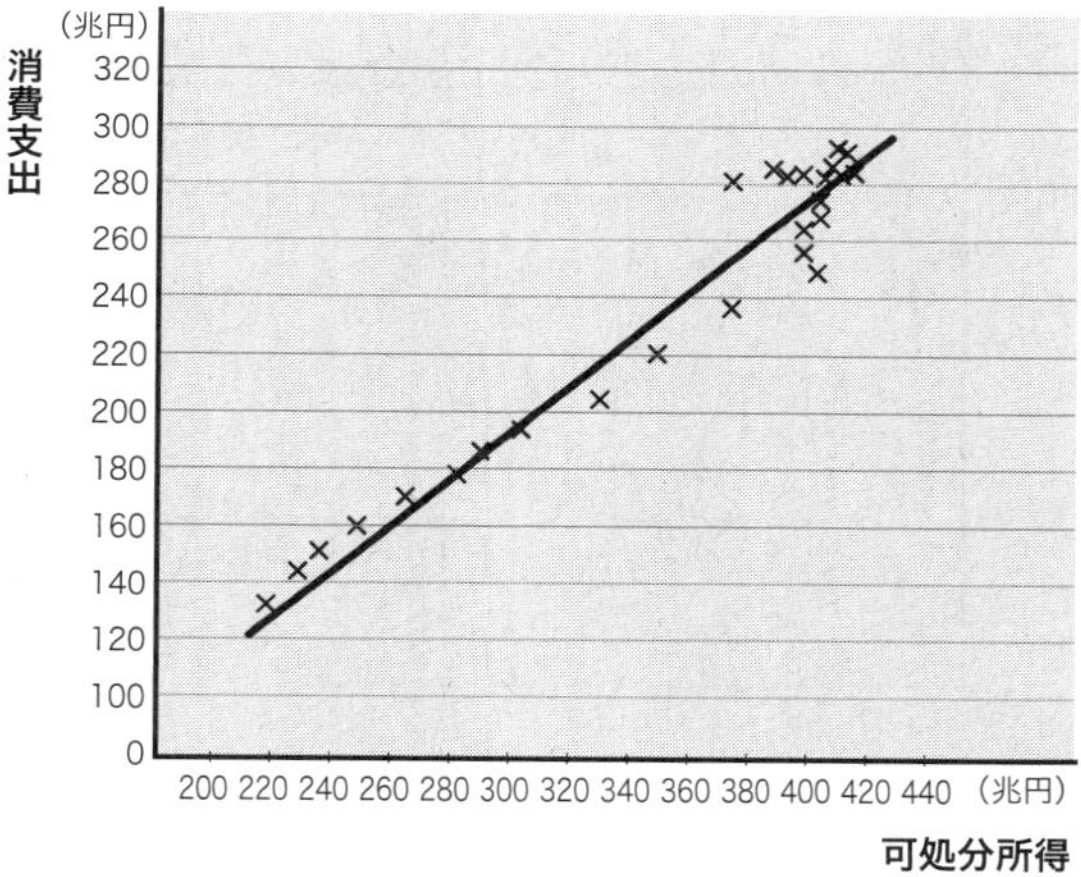

図3-7　可処分所得と消費支出
（資料：内閣府 国民経済計算 1980～2009年度）

図3-7は、1980年度から2009年度までの**可処分所得**（所得から税金や社会保険料などを引き、社会保障給付費を足した所得）と消費支出の関係をグラフにあらわしたものです。

これを見ると明らかなように、消費は可処分所得にほぼ比例して増加しています。すなわち、消費は、可処分所得（Y－T）の一次関数、

C＝a＋b（Y－T）

※Tは税金など

と、近似できます。

この式を**消費関数**といいます。

消費は所得の6割近くを占めますが、実はあまり大きく変動するこ

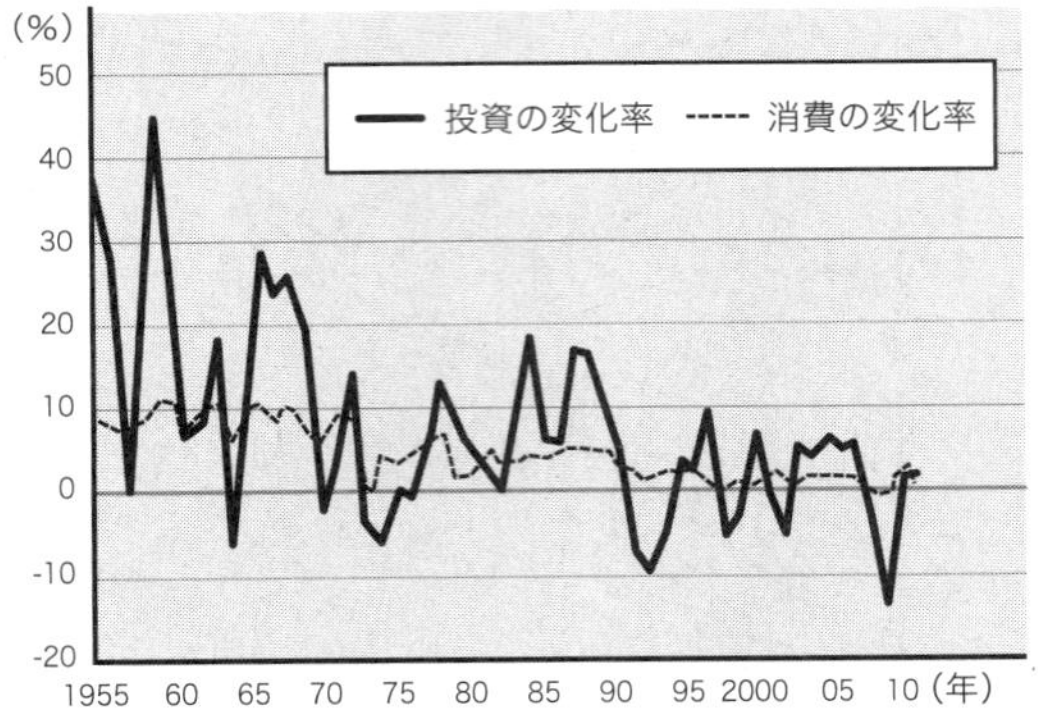

図3-8　消費と投資の対前年度変化率（資料：内閣府GDP統計）

とはなく、したがって不景気を生み出す犯人ではないことがわかります。

さて、そうなると残りは一つ、投資（I）しかありません。次に投資の動きを検討してみます。図3-8は1955年以降の投資および消費の対前年度変化率をグラフにしたものです。これを見れば投資の変動は非常に大きいことがわかります。これより、不景気が投資（I）の変動によって引き起こされているのではないかと推定できます。すなわち、**投資が増えれば景気は良くなり、投資が減少すれば景気が悪く**なると考えられます。

景気循環の四つのパターン

では、投資の変化はどのような要因によって引き起こされるのでしょうか。これまでの研究で、投資の変動は次の四つの要因によって引き起こされることがわかっています。

第一は、**在庫投資**の変動によるものです。景気が大底を打って回復期になると、商品が売れ出します。もし、在庫が不足すればお客様を待たせることになります。そこで企業は原材料や製品の在庫の積み増しを行なうようになります。そのため生産が活発になり景気が良くなります。一方、景気がピークアウトすると、企業は在庫を減らしはじめるので、生産活動は低下し不景気に向かいます。このように、在庫調整によって引き起こされる景気循環は発見者の名前にちなんで**キチンの波**と呼ばれ、その周期は約40カ月といわれています。景気が3年から4年周期で良くなったり悪くなったりするのは、このキチンの波によると考えられます。

第二は、**設備投資**の変動による景気循環です。企業が最新式の設備を導入しても、10年もすれば古くなるので新しく買い替えなければなりません。この設備投資の更新に合わせて景気が良くなったり悪くなったりするのです。こうした景気循環は発見者の名前をとって**ジュグラーの波**と呼ばれ、周期は約10年といわれます。

第三は、**建設投資**によるものです。一度建てられた建物も、20年もすれば建て替えられます。それが有効需要に影響を与え景気循環を引き起こす要因となります。こうした景気変動はクズネッツによって発見されたので**クズネッツの波**と呼ばれ、その周期は約20年といわれます。

　第四は、蒸気機関の発明のような大きな技術革新があると、それがきっかけで新しい産業が生まれ、投資が活発になることがあります。こうした技術革新によって引き起こされる景気循環はこれも発見者の名前から**コンドラチェフの波**と呼ばれ、周期は約60年といわれています。

3　有効需要管理政策

デフレギャップ

　ここまでの説明で、不景気の原因は投資が急激に減少し、有効需要が不足するからであることがわかりました。すなわち、$Y_F > C + I + G + (X - M)$ となった状態が不景気です。

　ここで実際のデータをあてはめてみます。

　表3-2から、2022年度の日本全体の有効需要総額は約566兆円（$= Y_1$）で、それに見合ったGDPが生産されたことがわかります。

	支出額	構成比
消費	316 兆円	56%
投資	151 兆円	27%
政府支出	122 兆円	21%
輸出	123 兆円	22%
輸入	146 兆円	−26%
国内総支出	566 兆円	100%

表3-2　有効需要の構成（資料：内閣府GDP統計2022年度）

（注）**投資**＝民間企業設備投資＋民間住宅投資＋民間在庫品投資
政府支出＝政府最終消費支出＋公的固定資本形成＋公的在庫品

（注）の説明
民間企業設備投資：民間企業が工場などを作ったり、そこに備える機械や器具などを購入したりすること。
民間住宅投資：民間人が居住用の住宅を新築すること。
民間在庫品投資：民間企業が原材料や製品在庫を購入または積み増しすること。
政府最終消費支出：防衛、警察、教育といった公共サービスの合計。市場取引を通じて提供されないため、それに要した費用（公務員の人件費を含む）を計上する。
公的固定資本形成：道路、橋などの公共投資や公社・公団が行なう設備投資・住宅投資など。
公的在庫品：国の原油備蓄、食糧管理特別会計のコメなど。

問題は、この５６６兆円というＧＤＰが完全雇用に見合った生産水準に達していないため、不景気の状態にあることです。もし、日本経済に必要な完全雇用の総供給（Y_F）が５８０兆円だったと仮定すれば、５８０兆円－５６６兆円＝14兆円分の有効需要が不足していることになります。この不足分を**デフレギャップ**といいます。

Y_F（５８０兆円）＞**有効需要**（５６６兆円）

デフレギャップが存在する状態では、生産設備の一部は使われず、労働者も一部は失業してしまい、不景気に陥ります。

景気を良くする方法

では、景気を良くするにはどうしたらよいでしょうか。答えは簡単です。有効需要（買ってくれる人）を増やすことです。消費、投資、政府支出、輸出のうちのどの項目でもよいから増やしてやることです。そうすればデフレギャップは解消し、景気は回復します。一般に、財政政策や金融政策によって総需要を増減させる政策を**有効需要管理政策**といいます。代表的な財政・金融政策として、次の（１）～（４）のようなものがあります。

（1）政府支出Gを増やす方法（財政政策）

有効需要の不足を解消する一番手っ取り早い方法は、公共事業を中心に財政支出を拡大することです。財政政策は必ず効きます。たとえば、政府が1兆円の公共事業を行なうと、まず、それを受注した企業が儲かります。さらに、原材料を納入した下請けが儲かり、関連企業も儲かります。失業していた人は賃金を得て新たにモノを買うようになります。こうして次々に派生所得が生み出され、結果的には最初に投入した金額の数倍の所得が形成されます。これを**乗数効果**といいます。このような政策の典型例が**ニューディール政策***です。

ただし、こうした政策はカンフル剤のようなもので、効力は一時的です。極端なことをいえば、穴を掘ってまた埋めるという公共事業をやっても、それなりの景気回復効果があらわれます。しかし、これでは生産力を高めることにつながりませんから、公共事業をやめた途端にまた不景気になります。かつて日本が高度経済成長をしていた頃、生産力を高める魅力的な公共事業がたくさんありました。しかし、現在はそうした投資の場は少なくなり、そのうえ巨額の累積債務残高を抱えていて、政府支出を増やすことによって景気回復を図ることが非常に困難になっています。

＊ニューディール政策　1933年からF・ローズベルト大統領により展開された政策で、TVA

（テネシー川流域開発公社）などによって公共事業が行なわれました。しかし、これは確信を持ってケインズ政策を応用したものではなかったといわれます。基本的に均衡予算主義者だったローズベルトは、1937年に景気が回復の兆しを見せると、ただちに財政支出を大幅に削減してしまい、その結果、アメリカ経済は再び不況に陥ってしまいました。アメリカ経済の本格的な立ち直りは、第二次世界大戦の特需を待たねばなりませんでした。

(2) 消費Cを増やす方法（財政政策）

消費はGDPの約6割を占めます。消費を確実に増やす方法は、政府が**減税**を行なうことです。減税によって税金が戻ってくると、消費者はそれでさまざまな品物を買い、その結果、有効需要が増大します。ただし、日本の場合、所得税は源泉徴収が一般的なため、そもそもいくら納税しているか知らない人もおり、日本の減税効果は、確定申告が一般的なアメリカほどには大きくないともいわれます。

一方、外国人旅行者が日本で「爆買い」した場合も消費は増えます。日本を訪れる外国人旅行者は年間2500万人（2023年）にのぼりますが、この人たちが一人あたり15万円購入すれば、1年間で4兆円近い消費需要が生まれます。もし、外国人観光客をさらに増やすことができれば、消費需要もそれに合わせて増加します。観光業を盛んにする努力も消費を増やす政策の一つといえます。

（3）投資Iを増やす方法（金融政策）

図3-8で明らかにしたように、不景気はおもに民間の投資が減少することによって引き起こされます。そこで、減少した投資を増やすことを考えるのは、最も自然な景気回復策です。そのための政策が金融政策であり、具体的には次の二つの方法があります。

第一の方法は、**公開市場操作（オープン・マーケット・オペレーション）**を行なうことです。これは、都市銀行などが保有する国債や手形などを日本銀行が売買する政策です。日銀が国債を買う政策を**買いオペレーション**（買いオペ）、売る政策を**売りオペレーション**（売りオペ）といいます。不況期に買いオペをやれば、日本全体に流通する通貨量が増大し、それが**コール市場**（→224ページ参照）の金利を引き下げ、その結果、企業への貸し出しが増え、投資が増加し、景気が良くなります。この政策はダイレクトに通貨量をコントロールできるため、非常に強力な政策とされ、日常的に頻繁に行なわれています。

第二の方法は、**預金準備率**（＝支払準備率）**の変更**です。しかし、預金準備率の変更は1991年に1・75％から1・2％（預金額2兆5000億円超）に引き下げられたのを最後に、その後変更されていません。現在の金融政策は公開市場操作が主流となっています。金融政策の詳細は第6章で説明します。

（4）輸出Xを増やす方法（為替レートを切り下げる）

本来、輸出や輸入は政策的に操作できない変数です。いや、正しくは「操作してはいけない」変数というべきかもしれません。たしかに、為替レートを切り下げれば、輸出が伸び景気は回復します。しかし、この政策は相手国の報復を招きかねず、絶対にとるべきではない禁じ手とされています。１９３０年代の為替切り下げ競争が相手国の報復を呼び、結果的に貿易の縮小を招いて第二次世界大戦の原因の一つになってしまったという苦い経験を忘れるべきではありません。

以上述べたような財政・金融政策によって、第二次世界大戦後は、有効需要を適切に管理し、不景気が深刻になるのを防ぐことができるようになりました。

もし、有効需要を作りすぎたら……

いま、$Y_F > C + I + G + (X - M)$の不景気の状態にあるとします。そして、財政・金融政策の実施によって、有効需要が創出され、$Y_F = C + I + G + (X - M)$という完全雇用が達成されたとします。ところが、有効需要の創出効果が効きすぎて、完全雇用点の生産水準Y_Fを飛び越えてしまった場合どうなるでしょうか。つまり、

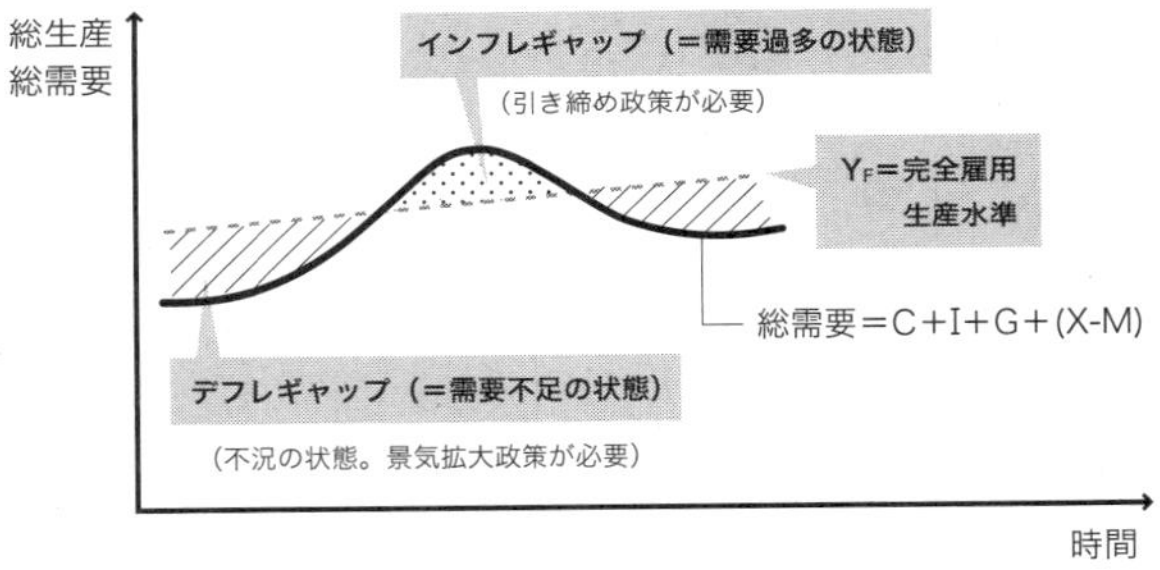

図3-9　インフレギャップとデフレギャップ

$$Y_F < C + I + G + (X - M) \quad \cdots ④$$

となってしまったとします。このとき、Y_FとC＋I＋G＋（X－M）との差を**インフレギャップ**といいます（図3-9）。Y_Fは最大供給可能量であり、社会全体としてY_Fを超えて生産することはできません。したがってY_Fより総需要が多いと、生産量は増えず、物価だけが上昇していきます。インフレギャップがあるとき、日本経済には**インフレーション**が発生するのです。超過需要が土地や株式の購入に流れると、**バブル**が発生します。

政府の経済政策

もし有効需要が不足すれば**デフレギャップ**が発生し、不景気から脱出できません。しかし、有効需要が多すぎるとインフレになります。有効需要の大きさを完全雇用水準に保つという資本主義経済の運営は、まさに切り立った山の尾根を歩くようなものです（図3-10）。左を見ればば不景気の谷、右を見ればインフレの谷。政府の経済政策には、どっちの谷にも落ちないように有効需要を管理することが求められています。

GDPギャップ

インフレギャップまたはデフレギャップがGDPの何%にあたるかをGDPギャップといいます。

GDPギャップ＝（総需要－完全雇用生産水準の総供給）÷GDP×100

GDPギャップは0%が一番望ましく、プラスのときはインフレが発生し、マイナスのときは不況に陥ります。GDPギャップの大きさは内閣府および日銀で推計されています。

以上のことを、45度線を使った図で説明します。多くの専門家の頭の中には、図3-11がインプットされています。私も学生時代はもっぱらこの45度線を使った図で有効需要の原理を理解していました。

図3-11を見てください。いま、縦軸に総需要D＝C＋I＋G＋（X－M）、横軸に総供給Yをとります。これに45度の補助線を引きます。45度線はその性質から、縦軸

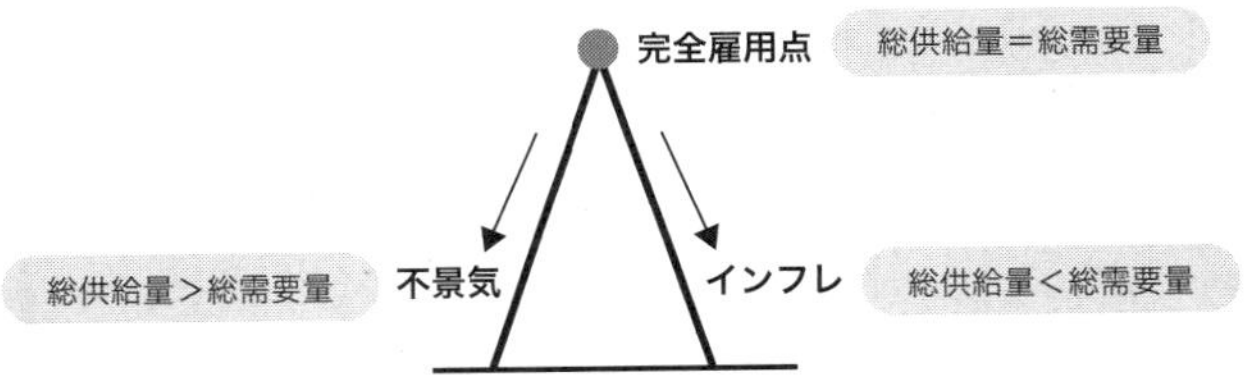

図3-10　インフレと不景気

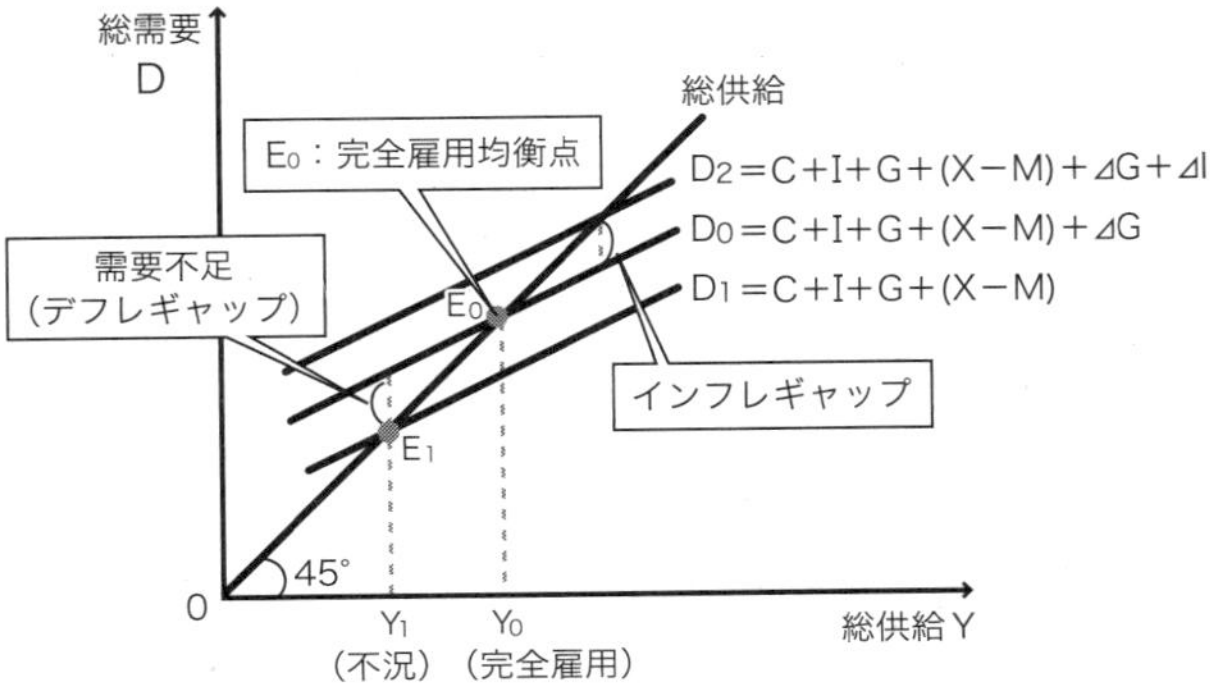

図3-11　有効需要管理政策

と横軸の長さが等しくなります。つまり、縦軸の長さ（総需要）が、総供給Yの大きさをあらわすことになります。

これに総需要曲線を書き込みます。たとえば、総需要がD_1＝C＋I＋G＋（X－M）であった場合、均衡点はE_1となります。ここで完全雇用の均衡点がE_0であったとすれば、これは需要不足の状態（デフレギャップが存在する状態）をあらわします。（Y_0－Y_1）にあたる部分の生産設備が遊んでいる不景気の状態です。

そこで、たとえば政府支出を⊿G（デルタG）だけ増加し、有効需要をD_0まで増加させてやります。すると、総需要曲線は上方にシフトし、新しい均衡点はE_0となり、完全雇用が達成されます。

ここで、もし投資が⊿Iだけさらに増加し、有効需要が完全雇用生産水準を超えて創出されると、総需要はD_2まで上昇し、今度はインフレギャップが発生し、インフレに襲われます。このように総需要曲線「C＋I＋G＋（X－M）」を上げたり下げたりする政策、これが有効需要管理政策なのです。どうです、簡単でしょう。

コラム　政治的景気循環

アメリカでは大統領選挙は4年に一度行なわれます。大統領選挙に勝つには、選挙直前に景気を良くしておく必要があります。そのために、選挙前は、財政赤字を拡大させ、金利を引き下げ、拡張的な経済政策をとる傾向があります。しかし、選挙が終わればその反動が来ます。財政赤字を削減し、金利を引き上げます。そうして次の選挙が近づくと再び拡張的な政策をとります。こうして、選挙をはさんで景気が良くなったり悪くなったりする政治的な景気循環が生まれます。

日本の場合、衆議院に解散がありますから、いつ選挙が行なわれるかわかりません。したがって、常に拡張的な経済政策が優先されます。日本の財政赤字の拡大は、あるいはそんなことも関係しているのかもしれません。

4　経済成長

経済成長率の求め方

ＧＤＰの大きさから一国の経済力がわかります。しかし、ＧＤＰの大きさだけでは、その国の景気の良し悪しまではわかりません。そこで、景気の良し悪しを判断するための指標として用いられるのが**経済成長率**です。経済成長率はＧＤＰが前の年に比べて何%伸びたかで計られます。

経済成長率 ＝（G_1－G_0）／G_0×100

G_0＝前年のGDP、G_1＝今年のGDPです。経済成長率は、景気の状態を測るモノサシ・体温計であり、経済成長率が大きければ景気が良く、小さければ景気が悪いと判断されます。

ところで、右の式で求められた数値は**名目経済成長率**と呼ばれ、ここからさらに物価上昇率を除去した値を**実質経済成長率**と呼びます。経済学で大切なのは、もちろん実質経済成長率です。物価上昇率を除去し実質経済成長率を求めるためには、**GDPデフレーター**という物価水準をあらわす指数を使います。

実質経済成長率 ＝ 名目経済成長率／GDPデフレーター

一般に、実質経済成長率を求めるより簡便な方法として、次のように「引き算」をして近似的に求めても差し支えありません。私たちの普段の感覚では引き算で十分だと思います。

実質経済成長率 ＝ 名目経済成長率－物価上昇率

（演習）ある年の名目GDP480・1兆円が翌年487・9兆円に増加したとします。この間にGDPデフレーターは100から102・5に変化しました。このとき、

問1　名目経済成長率を求めてください。

問2　実質経済成長率を求めてください。

（解答）

問1　（487・9兆円－480・1兆円）／480・1兆円×100＝1・6
名目経済成長率は1・6％

問2　1・6％－2・5％＝マイナス0・9
実質経済成長率はマイナス0・9％

名目値と実質値

経済学では**名目値**と**実質値**を区別することは重要です。両者の差は物価上昇率をあらわします。名目GDPと実質GDPのほかに、**名目賃金**と**実質賃金**、名目金利と実質金利などの例があります。

経済成長率はどれくらいがよいか

経済成長率は、いわば日本経済の体温計ということができます。私たちが自分の平熱を知っているのと同じように、日本経済の実質経済成長率にも平熱があり、これを知っておくとニュースがよくわかるようになります。かつての高度経済成長期の実質経済成長率の平熱は、約10%という驚異的な高さでした。しかし、その後次第に低くなり、現在の日本経済の平熱、すなわち潜在成長率は約2%程度と考えられます。したがって、2%よりも実質経済成長率が高ければ景気が良く、それよりも低ければ景気は悪いと判断できます。

高度経済成長期の10%に比べると、2%という数字はいかにも低いように思われます。しかし、けっしてそんなことはありません。もし、経済成長率が毎年2%であるとすると、約35年で給料が倍になります。仮に1世代を30年とすれば、これはほぼ1世代で生活水準が2倍になることを意味します。これはかなり大きな数字といってもいいのではないでしょうか。

簡単なマクロモデルによるシミュレーション

日本経済の景気を有効需要管理政策によって操作できることを、簡単なマクロモデルを使って体験してみることにしましょう。簡略化のために外国貿易はないものとし、変数名を次のように定義します。

Y＝国内総生産　C＝消費　I＝投資　G＝政府支出

ここで、次のようなマクロモデルを考えます。

$$\begin{cases} Y = C + I + G \\ C = 10 + 0.6Y \\ I = 80 \\ G = 110 \end{cases}$$

この連立方程式を解くと、Y＝500兆円となります。

もし、ここで財政支出を10兆円増やすとどうなるでしょうか。上の連立方程式で、110が120になります。すなわち、

$$\begin{cases} Y = C + I + G \\ C = 10 + 0.6Y \\ I = 80 \\ G = 120 \end{cases}$$

となります。これを解いて、Y＝525兆円を得ます。このときの経済成長率は、

（525－500）／500×100＝5（％）

と求められ、5％の経済成長率を達成できたことがわかります。

次に、このマクロモデルを使って、景気変動がどのように生じるかをシミュレーションしてみます。簡略化のために政府支出は変化しないものとします。表3－3は投資の変化によって、国内総生産Yや経済成長率がどのように変化するかをまとめたものです。なおtは時系列であることを示します。

こうして得られた経済成長率の変化をグラフに描いたものが図3－12です。投資が変化することによって景気循環が起きている様子がよくわかります。

もちろん、現実のモデルはこんな簡単なものではありません。実際の経済予測には150本を超える連立方程式が使われていると聞いたことがあります。有効需要を操作することによって、政府はあたかもパイロットが飛行機を操縦するかのように、経済を自在にコントロールすることができるのではないか。そんな夢みたいなことが考えられた時代もありました。しかし、実際の経済の動きは複雑で、思ったようにコントロールできないのが現状です。

（単位　兆円）

	t_0	t_1	t_2	t_3	t_4	t_5	t_6	t_7	t_8	t_9
投資 I	80	81	86	85	75	70	73	75	82	79
政府支出 G	110	110	110	110	110	110	110	110	110	110
国内総生産 Y	500	502.5	515	512.5	487.5	475	482.5	487.5	505	497.5
経済成長率 %	—	0.5	2.5	−0.5	−4.9	−2.6	1.6	1.0	3.6	−1.5

表3-3　景気変動のシミュレーション

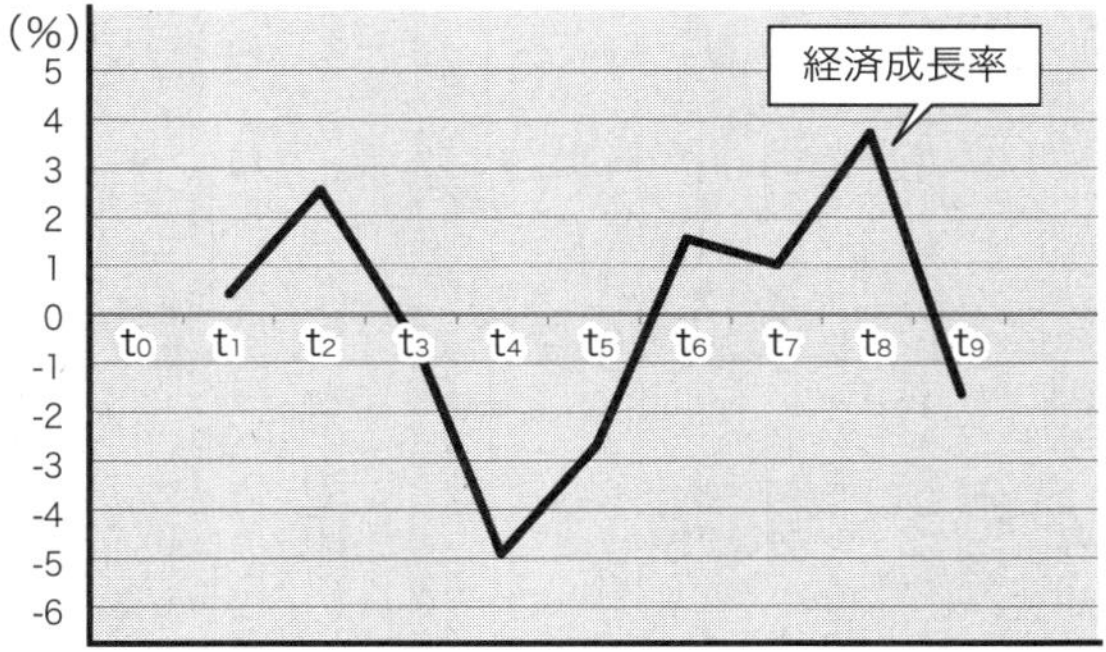

図3-12　景気変動のシミュレーション

長期的な経済成長率の決定要因

有効需要管理政策によって短期的な景気調整はできます。しかし、長期的な経済成長率（＝潜在成長力）の大きさを決めるのは、実は有効需要管理政策ではありません。長期的な経済成長率を決めるのは、**物的資本、人的資本、技術革新、資源**の四つであるといわれます。いま一国の生産力をYであらわすとすると、Yはこれら四つの要素の関数としてあらわすことができ、この関数を**生産関数**と呼んでいます。すなわち、

Y＝F（物的資本、人的資本、技術革新、資源）

となります。

ここで、物的資本（＝資本）とは、生産に必要な工場や設備をいいます。大規模な工場や生産設備があれば、大量に生産できます。また、人的資本とは人口、教育水準、人々の健康状態などをいいます。人口が多く、教育水準も高く、また働く人が健康であれば、たくさん生産できます。さらに、技術革新や資源の量も生産力を決定する重要な要素です。産業革命で生産力が飛躍的に増大した理由の一つは技術革新でした。そのほか、先進国では当たり前とされている治安の良さや、政治的安定も一国の生産力に大きな影響を与えます。発展途上国が貧困からなかなか抜け出せない背景には、政治的安定や治安に問題があることが少なくありません。

では、このような分析道具を使って、戦後の日本経済の発展と現在日本が置かれている状況について考えてみましょう。

5　戦後日本の経済発展

戦後日本経済の変遷

第二次世界大戦後、焼け野原から日本を立ち直らせるために最初に行なわれたのがＧＨＱ（連合国軍総司令部）の指令に基づく**経済民主化政策**でした。これは、**財閥解体**、**農地改革**、**労働運動の公認**の三つをいいます。これらの政策は、いずれも日本の軍国主義復活を阻止する狙いがありました。財閥は不況を乗り越えるために大陸侵略をはたらきかけた黒幕であるとされ、解散を命じられました。また、農地改革や労働運動には、農民および労働者の所得を引き上げることによって国内需要を高め、海外への進出を必要としない経済体質に日本をつくり変えるという狙いがありました。こうした改革によって、その後の日本経済の発展の基礎がつくられたのです。

図３‐13は、第二次世界大戦後の日本の実質経済成長率をグラフにしたものです。

いくつもの山や谷が見られます。山は好景気、谷は不景気をあらわします。幸いなことに、ケインズ政策のおかげで、世界恐慌のような深刻な不景気は起きなくなりました。

戦後復興後の日本経済は、大きく3つの時期に分けることができます。

第一期は、**高度経済成長期**（1955～1973年）です。1960年に**国民所得倍増計画**が発表され、年平均約10％の実質経済成長率を実現し、日本が先進国の仲間入りをした時期です。高度経済成長以前の日本はまだ貧乏で、家には「三種の神器」といわれた洗濯機も冷蔵庫も白黒テレビもありませんでした。しかし、高度経済成長とともにこうした製品は瞬く間に普及し、その後、カラーテレビ、クーラー、車（カー）の3Cが「新三種の神器」とされ、これも短期間に日本中に普及していきました。

高度成長を可能にした要因としては、企業の設備投資が活発であったこと、国民の高い貯蓄率があったこと、豊富で質の良い労働力が農村部から供給されたこと、などを挙げることができます。物的資本、人的資本がうまい具合に経済成長に結びついたといえます。図3-13から、この時期の景気変動に周期40カ月といわれる「キチンの波」らしきものがあるのを確認してください。

しかし、高度経済成長はいつまでも続きませんでした。1973年の**石油ショック**によって原油価格が4倍になったことをきっかけに高度成長は終わり、第二期の**安定**

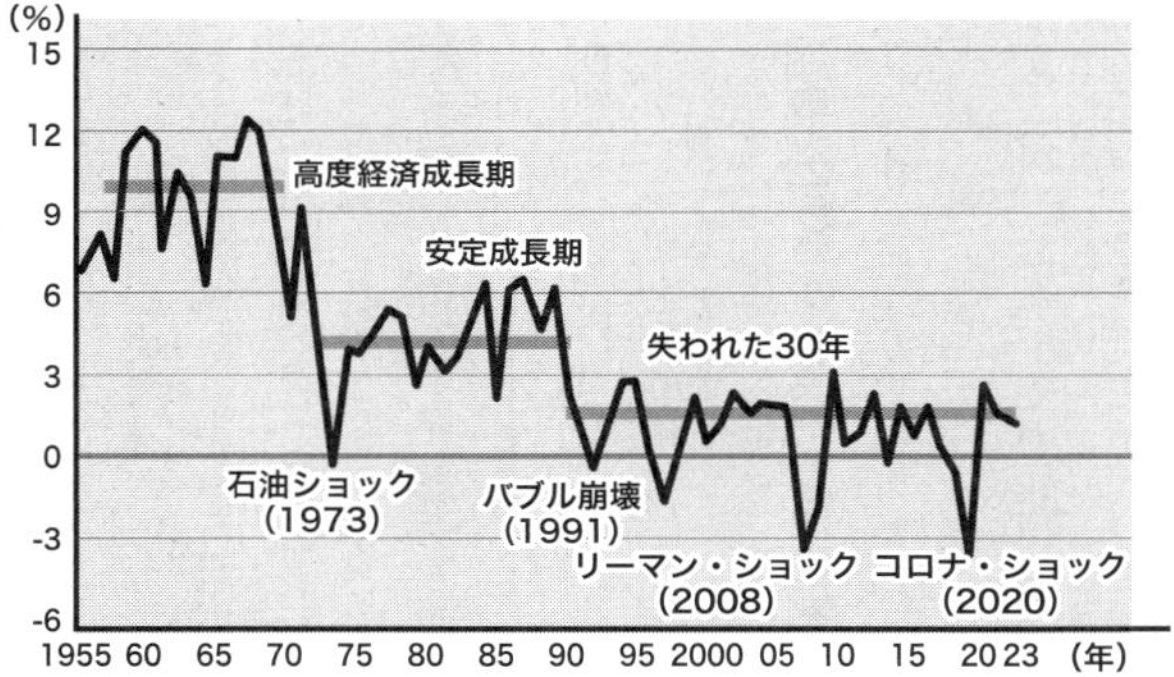

図3-13　戦後日本の実質経済成長率（資料：内閣府GDP統計）

成長期（1973〜1990年）に入ります。この時期の年平均実質経済成長率は約4％です。1980年代の後半には**バブル**（1986〜1991年）が発生し、日本の土地や株式が実体以上の高値で取引されました。とくに土地の値上がりはすさまじく、日本列島を一つ売ればアメリカが4個買えるまでに地価が上がりました。いまから思えば異常な現象でしたが、新聞をはじめ多くの識者は、これは日本人が過労死するほど働いてきた結果であり、日本の実力であると論じていました。バブルかどうかを判断することは難しいものです。バブルがはじけたときに初めて、「あー、あれはバブルだったのだ」と事後的にしかわかりません。

1991年にバブルが崩壊したあと、日本は「**失われた30年**」といわれる第三の時期を迎えます。実質経済成長率は1%台に落ち込み、長い不景気のトンネルに突入しました。いまから思えば、1991年は、日本の政治・経済のターニングポイントとなった年だったといえます。バブルが崩壊しただけではありません。政治的には社会主義国家**ソ連が崩壊**し、さらに**湾岸戦争**が起きて、それまで「専守防衛」を国是としていた日本に「国際貢献をしろ」という外圧が加わるようになり、自衛隊の海外派遣が始まったのもこの1991年という年でした。長期不況への突入、社会主義国家の消滅、国際貢献の要請という三つの要素があいまって、このあと、日本は急速に保守化・右傾化の道を歩み始めます。

図3-13を見ながら戦後70年を振り返ってみますと、日本の経済成長率が「ドン、ドン、ドン」と階段状に低下しているのがわかります。

失業率統計から見た戦後日本経済

失業率は経済状態を知る最も重要な統計の一つです。失業率に対する感覚を身につけておくと、ニュースで失業率の大きさを聞いたとき、いま日本経済がどういう状態にあるか、おおよその見当をつけることができます。数値に対するセンスを磨くことは、経済に親しむ第一歩といえます。

では、ここで問題です。現在、日本の失業率はどれくらいでしょうか。次の中から

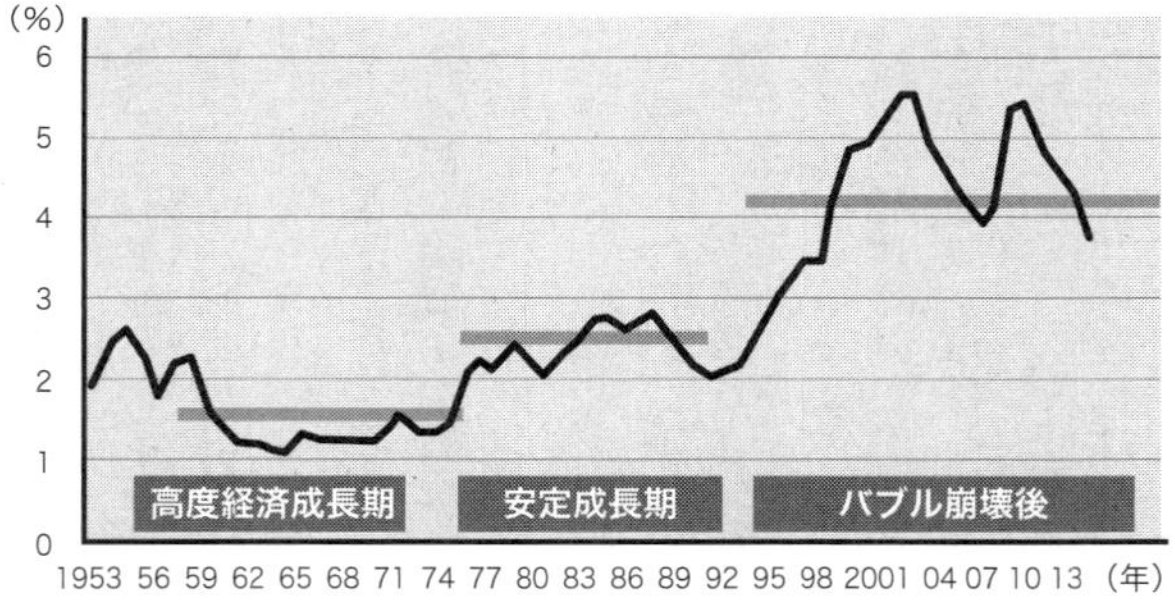

図3-14　戦後日本の失業率の推移（資料：総務省）

一番近いものを選んでください。

①1・3%　②2・6%　③10%　④25%

正解は、②約2・6%です。人数でいうと約185万人です。1・3%は日本が高度経済成長期だった頃の数値であり、25%は世界恐慌のときのアメリカの失業率です。

図3-14は、日本の失業率をグラフにしたものです。景気の良し悪しは、失業率統計にもあらわれます。高度経済成長期に1%台だった失業率は、安定成長期には2%台に上昇し、さらに、バブルが崩壊した1991年以降は急速に悪化し、一時は5%を上回りました。5%というのは20人に1人ですから、たいへん大きな数字といえます。

日本はなぜ長期不況から脱出できないのか？

バブル崩壊後、すでに30年以上が過ぎました。

なぜ不況が長引いているのでしょうか。有効需要管理政策の面からは次のような説明ができます。

第一に、Y＝C＋I＋G＋（X－M）のうち、**消費C**が増えません。若者は非正規雇用でお金がなく、高齢者は将来の生活不安からお金を使いません。そのうえ生産年齢人口は1995年をピークに次第に減少しています。人口が減少すれば、生活必需品も家電製品も自動車も売れません。したがって、消費Cが増えないのです。

第二に、**投資I**も増えません。なぜなら、消費が増えないため日本国内に有力な投資先が見つからないからです。また、グローバル化が進み、新興国との競争が激しくなるなかで、日本企業は賃金の安い海外に工場を建てるからです。さらに、日本の人口が減少しはじめ、国内の住宅投資も増えません。

第三に、**政府支出G**も増やす余地がほとんどありません。なぜなら、巨額の財政赤字を抱えているからです。また、公共事業を行なっても、それが**呼び水**となって民間投資を誘発する効果が小さく、政府支出を拡大してもあまり効き目がありません。高速道路を建設するにしても、東京―大阪間のような経済効果が大きいところはほとんど残っておらず、いま造られている高速道路は車のあまり通らない地方ばかりです。さらに、公共事業には以前ほどの雇用効果も期待できません。昔はスコップやツルハシでたくさんの労働力を必要としていた建設作業も、いまは大型機械と数人の労働者がいれば十分です。

消費も投資も財政支出もみんなダメ。結局、有効需要管理政策では潜在的な生産能力を高めることは困難であるといわざるを得ません。そもそも長期的な生産力を決定する要因は、物的資本、人的資本、技術進歩、資源の四つです。日本が高度経済成長を実現できた最大の理由は、物的資本、技術進歩がうまく嚙《か》み合って労働生産性が上昇したからでした。当時の日本は先進国アメリカから最先端の技術を導入することができました。最新鋭の工場を建設したり最先端の技術を導入したりするための資金は、国民の高い貯蓄率によって賄われ、それによって日本の労働生産性は大いに高まりました。これが経済成長率を押し上げる要因の一つになったのです。

高度成長を実現できたもう一つの理由は**人口ボーナス**です。団塊の世代と呼ばれる豊富な労働力が農村部から供給され、彼らはやがて結婚し、住宅を建て、電化製品や車などを次々に購入しました。これが消費や投資をけん引し、日本経済を好循環に導いたのです。

しかし、こうした好条件がなくなると、経済成長率は低下せざるを得ません。先進国から最新技術を導入するというメリットは、日本が先進国アメリカに追いついた時点で消滅しました。また、少子化によって日本の人口増加率はマイナスに転じています。労働生産性の上昇と人口増加という成長率を決める二つの要因がいずれも失われ、日本の経済成長率が右肩下がりに低下していったのは、ある意味で必然であったといえます。

もしこの二つを回復させることができれば、日本を再び復活させることができるかもしれません。しかし、日本の生産年齢人口は２０５０年には現在の約6割に減少すると予測されています。人口が4割も減るという**人口オーナス**が確実ななかで、よほどの技術革新でもない限り、人口減少を上回る労働生産性の上昇を実現するのは容易ではありません。

時代は保護から競争へ

こうした苦境からいかに脱出するか。２０００年代に入って日本がとってきた戦略は、一言でいうと「**保護から競争へ**」というものでした。グローバリゼーションに打ち勝つためには競争力をつけなければならないとして、あらゆる分野で**規制緩和**と**市場原理重視**の政策が展開されました。いわば、**アダム・スミスへの先祖返り政策**で、こうした政策は**新自由主義**と呼ばれます（→１４４ページ参照）。銀行も競争、労働者も競争、教育も競争、農業も競争、タクシー業界も競争、通信業界も競争、航空業界も競争。まさに競争のオンパレードです。その目的とするところは、競争によって人間の能力を限界まで引き出し、労働生産性を高めることです。

そうしたなかで2012年に成立した安倍内閣は、いわゆるアベノミクスと呼ばれる経済政策を打ち出しました。その柱は「量的緩和」と呼ばれる大胆な金融緩和政策（→228ページ参照）です。一般に、金融政策には次のような効果が期待されます。

金融緩和
↘投資の増加→景気の回復
↙株価・地価・物価の上昇→消費・投資の増加→景気の回復

しかし、実体経済は期待されたような動きをしてくれませんでした。金融政策は引き締めのときは必ず効果がありますが、企業が投資に消極的な場合、金融緩和は効果がありません。また、より根本的な原因として、政府が潜在的成長力を高めるための有効な成長戦略を打ち出せなかった点も指摘できます。

巨額に膨らんだ財政赤字、非正規雇用の増加、人口減少社会への突入、高齢者の増加など、日本経済はまさに世界の経済「問題」の先頭を走っています。これをどのように克服していくのか。答えはまだ見つかっていません。世界中が日本に注目しています。

重要ポイント

①マクロ経済学はJ・M・ケインズによって確立された。マクロ経済学のおもな課題は、不況、失業、国民所得の決定、経済成長、物価変動などのメカニズムを明らかにすることである。

②総供給＝消費＋投資＋政府支出＋（輸出－輸入）は、マクロ経済学を理解するための一番基本となる式である。総需要の大きさは財政政策や金融政策によって操作され、この操作を有効需要管理政策という。

③第二次世界大戦後の日本経済は、大きく高度経済成長期、安定成長期、バブル崩壊後の三つに分けることができる。

④一国の潜在的な生産力は、Y＝F（物的資本、人的資本、技術革新、資源）とあらわすことができる。バブル崩壊後の日本が長期不況から脱出できない理由は、人口、消費、技術革新、設備投資など、かつて高度経済成長をけん引した要因が失われているからである。

第4章　所得格差の経済学

1　資本主義と所得格差

貧富の差との闘い

貧富の差の拡大は、恐慌や失業と並んで、資本主義の三大害悪の一つに数えられます。産業革命によって社会全体の生産力は数千倍にも数万倍にもなったはずなのに、労働者の生活は一向に改善されませんでした。その結果、裕福な資本家階級と大多数の貧しい労働者階級という二つの階級に分化し、貧富の差が拡大しました。第3章では、恐慌・失業・経済成長といった問題を扱いましたが、これはいわば全体のパイを増やすにはどうしたらいいかという問題です。一方、この第4章では貧富の差の問題にメスを入れます。これはパイをどのように分け合うかという**分配**の問題です。

この問題と最初に正面から取り組んだのは、**社会主義思想**でした。19世紀の代表的な社会主義思想家として、サン・シモン、フーリエ、ロバート・オーエン、マルクス、エンゲルスらを挙げることができます。彼らは労働者階級の生活改善を求める労働運動を展開し、20世紀の社会主義国家樹立の基礎を築きました。

一方、社会主義国家という強力なライバルがあらわれることにより、資本主義も変質していきました。恐慌、失業、貧富の差といった問題を取り除く努力がなされ、**修正資本主義**と呼ばれる社会に変わっていったのです。そして、20世紀は資本主義対社会主義という二つの**イデオロギー**の対決の世紀となり、米ソを中心とする冷戦が展開されたのでした。

所得格差が生まれる原因

所得格差はさまざまな要因によって生まれます。まず、生まれつきの能力差（素質）の問題があります。もって生まれた素質の違いが、その後の人生の所得に大きな影響を与えることを私たちは経験的に知っています。さらに、育った環境の差も所得に大きな影響を与えます。たとえば、親の所得が高い場合、小さいときから家庭教師を付けるなど十分な教育環境を整えることができます。それによって高等教育を受けさせることが可能となり、高所得に結びつきやすくなります。そのほか、人生には運不運が付きものであり、運によっても所得は大きく左右されます。

もちろん、本人にいくら素質があっても、努力しなければ実を結びません。また、生まれた環境に恵まれていなくても、人一倍の努力をすることによって成功し、高所得を得ることができる場合もあります。所得格差が生まれる原因はさまざまであり、単純ではありません。ただ一ついえることは、本来、資本主義経済の下では所得の平等化を達成するメカニズムは存在しないということです。それどころか、もし何の対策もとらなければ、不平等はますます激しくなる恐れすらあります。

労働所得と資本所得

所得には賃金、利子、配当、地代などさまざまな種類があります。これらは大きく二つに分類できます。**労働所得と資本所得**です。労働所得とは文字どおり働いて得ることができる所得のことをいいます。一方、資本所得とは土地や資本を所有することによって生まれる配当、利子、地代、家賃などの所得をいいます。

一般に、労働所得（＝賃金）は労働市場における需要と供給で決まります。もし労働者が高い技能や資格を持ち、希少性がある場合、所得は高くなります。医師、弁護士、公認会計士、ＩＴ産業の最先端の技能を持つ人などは、そうした事例です。一方、誰でもできる単純労働の労働所得は低くなります。現在のようにグローバル化が進むと、単純労働は世界の最も低い賃金と競合し、賃金はますます引き下げ圧力にさらされることになります。しかし、労働所得が生み出す所得格差は、まだ、大したことはありません。年収が２００万円の人と年収２０００万円の人とでは、たしかに格差は存在しますが、まだ10倍程度にすぎません。

一方、資本所得が生み出す格差はケタ違いに大きくなります。会社を設立して成功した場合、創業者利得は何百億円、何千億円、時には何兆円にもなることがあります。また、株式を所有し、配当を得ることもできます（↓44ページ参照）。一方、都市部で土地を所有していると、地代や家賃収入など多額の不動産収入を得ることができます。こうして、資産を「持てる者」と「持たざる者」のあいだの格差は、想像を絶するほど大きなものになっていきます。

T・ピケティの長期分析

T・ピケティは『21世紀の資本』のなかで興味深い分析を行なっています。彼は一般的な歴史的事実として、

r（資本収益率）＞g（経済成長率）

という法則があると主張しています。

ピケティは、古代から2100年までの世界を分析し、年間の資本収益率は4～5％であったのに対して、経済成長率は1～1・5％であったと結論づけています。すなわち、資本を持っている富裕層の収益は年率4～5％の割合で増えたのに対して、労働所得は1～1・5％という経済成長率の範囲内でしか増えなかったことを明らか

にしたのです。富裕層はますます富み、労働者との所得格差が拡大したことがわかります。

所得格差がいけない理由

ところで、所得格差があることはなぜいけないのでしょうか。もし、その格差が本人の努力の差だけによるものであるならば、何の問題もありません。むしろ、努力した者が報われることは正義にかなっているとさえいえます。

一般的に、所得格差がいけないとされる第一の理由は、それが極端な貧困をともなう場合、人道的に許されないからです。日本国憲法は「健康で文化的な最低限度の生活」（第25条）を保障していますが、現実にはその水準以下で生活している人がたくさんいます。また、所得格差が限度を超えると国民の不公平感が募り社会の不安定化を招き、時にはそれが暴動に発展することもあります。

第二の理由は、親が貧困な場合、子どもに十分な教育を受けさせることができず、子どもの才能の芽を摘んでしまう恐れがあるからです。教育の機会均等が保障されない社会は不公平であり、好ましくありません。しかも、貧困は子どもの学力だけではなく、健康、虐待、非行などとも深いかかわりを持っています。

第三の理由は、資産相続によって所得格差が固定化するからです。所得格差が固定化すると、親から子、子から孫へと貧困の連鎖が生じます。しかも、一度貧困の連鎖に入り込むと、そこから抜け出すのは容易ではありません。

このように、行きすぎた所得格差は、社会の不安定化を招き、教育機会の不平等を生み、格差を固定化させるといった弊害があり、これらの理由から、所得格差が行きすぎることは好ましくないと考えられているのです。しかし、これも国によって考え方は大きく異なります。たとえばアメリカでは、所得格差は本人の努力の差であり、貧困なのは本人が怠惰であるからだとする傾向があります。したがって、**機会の平等**（スタートラインの平等）が確保されているなら、結果の不平等、つまり貧富の差が出るのは仕方がないと考える人が少なくありません。これとは反対に、スウェーデンなどの北欧諸国では**結果の平等**を重視する傾向があり、政府による手厚い社会保障が当然と考えられています。

累進課税導入の背景

貧富の差の拡大問題を解決するために、今日、多くの資本主義国では所得税や相続税などに**累進課税**を導入しています。また、社会保障を充実させることによって、低所得者の生活を支援しています。

最初の累進課税は19世紀末から20世紀初頭にかけて導入されました。たとえば、デンマーク1870年、日本1887年、プロイセン1891年、スウェーデン1903年、イギリス1909年、アメリカ1913年などとなっています。累進課税を導入するに至った理由として、大きく次の二つのことが指摘されています。

第一の理由は、大衆の政治参加です。それまで累進課税は富裕層に忌み嫌われていたため、比例税率が一般的でした。しかし、民主主義および**普通選挙**が普及すると、大衆の意向が政治に反映されるようになり、次第に累進課税が採用されるようになったのです。

第二の理由は**戦費捻出**のためでした。図4-1から、第一次世界大戦の開戦前に、多くの国で累進税率が急速に引き上げられたことがわかります。第一次世界大戦は従来のような職業軍人だけが戦う戦争ではなく、国民も戦争に貢献することが求められた**総力戦**でした。当時は、戦争によって資産階級は私腹を肥やすと思われていた時代です。血を流す立場にある労働者階級に戦争協力させるためには、金持ちも相応の負担をしなければ国民は納得しません。かくして、戦費調達という財政ニーズを満たすために、累進課税が導入されたのです。累進課税は、所得税だけではなく相続税にも適用されました。

第一次世界大戦後、最高税率はいったん緩和されたものの、第二次世界大戦ではさらに最高税率が引き上げられ、その動きは1980年頃まで続きました。しかし、1

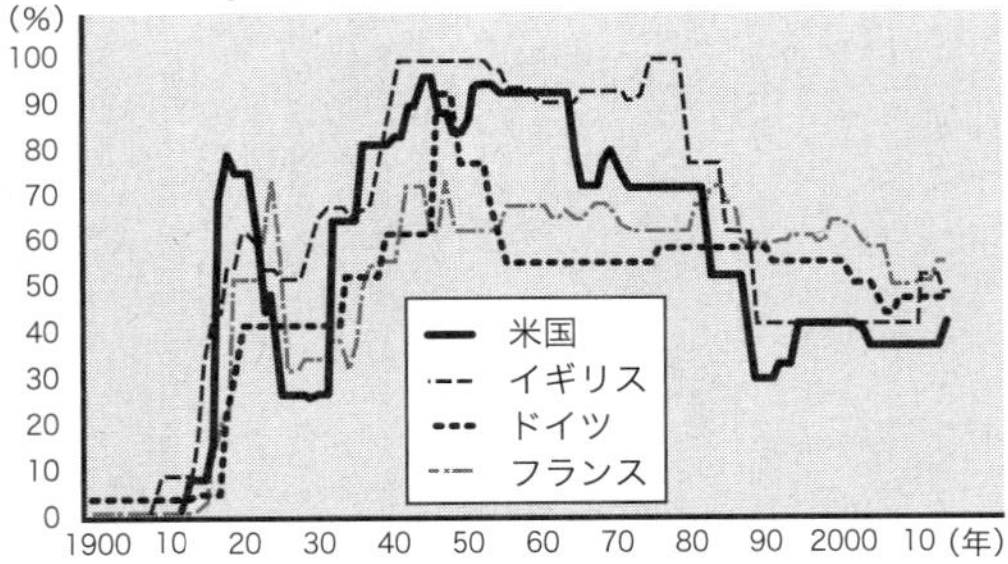

図4-1　最高所得税率の国際比較　1900～2013年
(T・ピケティ『21世紀の資本』みすず書房より)

980年代に入ると**新自由主義**が擡頭《たいとう》するようになり、最高税率は再び引き下げられました。ピケティは、所得格差は21世紀に再び拡大する恐れがあると予測しています。

2　所得格差の計測

一般に、所得格差を測る物差しとして、**ローレンツ曲線**や**ジニ係数**が使われます。ローレンツ曲線とは、所得の低い世帯から高い世帯順に並べた場合の所得の累積比率を示しています。たとえば、所得の低い50%の人が社会全体の50%の所得を占めていれば、ローレンツ曲線は45度線上に位置します。したがって、45度線上は社会が完全平等であることをあらわし、45度線から右下に離れるほど不平等になります。そして、一人の人が全所得を持っている場合は右下の三角形の横軸と縦軸に一致します。ローレンツ曲線を描くと、一国の不平等度を視覚的にとらえることができます（図4-2）。

一方、ローレンツ曲線をもとに、不平等度を数値化したのがジニ係数です。ジニ係数は、図4-2の45度線とローレンツ曲線で囲まれた斜線部分の面積を、右下の三角形の面積で割って求めます。すなわち、図4-3におけるB／Aの面積比がジニ係数です。

図からもわかるように、完全平等の場合Bの面積はゼロですから、ジニ係数は0になります。そして不平等度が高まるにつれて大きくなり、完全不平等になると1となります。すなわち、ジニ係数は0から1のあいだの値をとります。一般的に、ジニ係数が0・4より大きくなると、不平等に対する国民の不満が強くなり、社会が不安定化するといわれます。

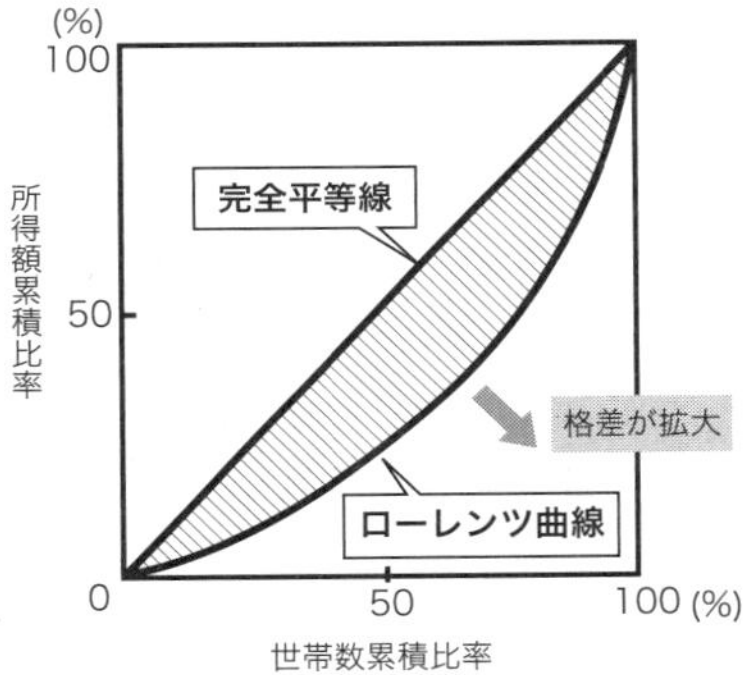

図4-2　ローレンツ曲線

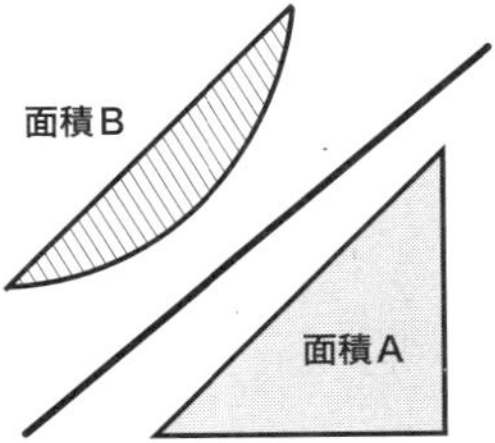

図4-3　ジニ係数の求め方

３　新自由主義の擡頭

新しいステージに入った格差問題

図４−１からわかるように、累進課税の最高税率は１９８０年代から大幅に引き下げられています。これは新自由主義と呼ばれる新たな保守勢力が擡頭してきたためです。この思想の旗手となったのはシカゴ学派のＭ・フリードマンです。彼は思想的にはアダム・スミスに近く、市場原理を重視する経済学者です。そして、ケインズの大きな政府に反対し、小さな政府の実現を主張しました。政府の役割が大きくなって手厚い社会保障をすれば人間は怠惰になる。だから社会保障はなるべくすべきではない。また、税金が高すぎると人間は勤労意欲を失う。だから、税金は安いほうがよい。要するに、政府による人為的な介入は最低限に抑え、市場における自由競争にまかせよ、と主張したのです。当然、福祉団体からは猛反発を受けました。しかし、こうした新自由主義の考えは、アメリカのレーガン大統領の政策（レーガノミクス）やイギリスのサッチャー首相の政策（サッチャリズム）のなかに採り入れられ、累進課税の最高税率

の引き下げへとつながっていきました。1980年代以降、格差問題は新たなステージに入っていきます。

日本の所得格差

第二次世界大戦後、日本の所得格差は大幅に改善されました。その理由は、第一に、農地改革によってそれまで小作だった人々が自作農となったこと、第二に、高度経済成長期に労働市場がひっ迫し、労働者の賃金が押し上げられたこと、第三に、**年功序列型賃金制度**や社会保障制度が導入されたこと、などを挙げることができます。そのほか、労働運動が合法化され、活発な労働組合運動によって賃金の引き上げが行なわれたことも見逃せません。こうして、1970年代末には分厚い中間層が形成され「**一億総中流**」と呼ばれるようになりました。

しかし、1990年代以降、日本の所得格差は再び拡大し、一億総中流社会は崩壊していきます。表4-1は、2011年までの日本のジニ係数を示しています。1999年の「当初所得」のジニ係数は0・4720でした。ここで当初所得とは、年金などの社会保障給付金や課税による再分配がなされる前の所得をいいます。したがって、高齢者の所得が低くなるなど、当初所得で測ったジニ係数は大きくなります。表4-1を見ると、1999年以降ジニ係数は次第に大きくなり、2011年には0・

5536まで上昇し、10年余りのあいだに、日本の所得格差が著しく拡大していることがわかります。

一方、図4-4は、家計の所得格差をジニ係数で国際比較したものです。再分配後の日本のジニ係数はOECD加盟国の平均より高く、日本が不平等国であることがわかります。

所得格差が広がった理由

1990年代以降、日本の所得格差はなぜ拡大したのでしょうか。その理由は大きく三つあると考えられます。

第一に、アメリカ流の**新自由主義**の考え方が日本にも導入され、市場における競争原理が重視されるようになったからです。バブル崩壊後の日本経済を立て直し、グローバル競争に打ち勝つためには徹底した競争が必要であるとする考えから、さまざまな分野で**規制緩和**が実行されました。とくに2001年に誕生した小泉純一郎内閣は、「改革なくして成長なし」のスローガンを掲げ、市場原理を重視し、小さな政府への回帰を目指す構造改革を進めました。市場原理を重視した結果、年功序列型賃金に代わって**成果主義**が導入され、終身雇用に代わって**非正規雇用**が急速に増えました。そうしたことが一方で「勝ち組」を、他方で「負け組」を生み出し、所得格差を拡大す

調査年	ジニ係数				ジニ係数の改善度		
	当初所得	社会保障給付金－社会保険料	可処分所得	再分配所得	再分配による改善度	社会保障による改善度	税による改善度
1999	0.4720	0.4001	0.3884	0.3814	19.2%	16.8%	2.9%
2002	0.4983	0.3989	0.3854	0.3812	23.5%	20.8%	3.4%
2005	0.5263	0.4059	0.3930	0.3873	26.4%	24.0%	3.2%
2008	0.5318	0.4023	0.3874	0.3758	29.3%	26.6%	3.7%
2011	0.5536	0.4067	0.3885	0.3791	31.5%	28.3%	4.5%

表4-1　日本のジニ係数の推移
（資料：厚生労働省 所得再分配調査2011年度）

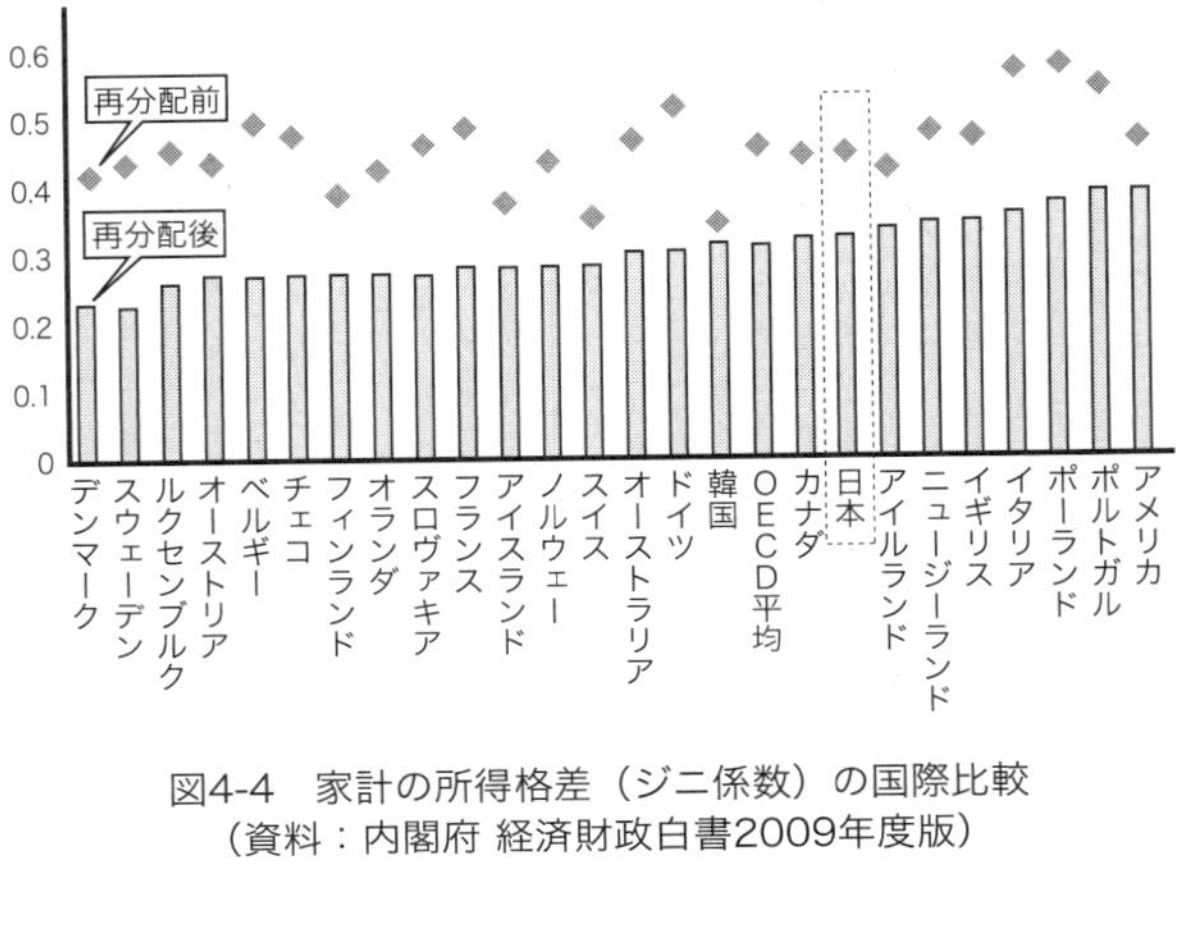

図4-4　家計の所得格差（ジニ係数）の国際比較
（資料：内閣府 経済財政白書2009年度版）

る一因となりました。とくに、非正規雇用増加問題は次第に深刻になりつつあります。現在、働いている人の4割近くが非正規雇用です（2014年）。パート労働者、契約社員、派遣労働者、フリーター、ニートなど、非正規雇用の人数を合計すると約2000万人に及びます（図4-5）。パート労働者はいまやスーパー、コンビニ、外食産業などの主要な担い手となっています。企業のなかには、従業員の3分の2以上、時には9割以上が非正規雇用で賄われている例もあります。公務員の世界も例外ではありません。地方公共団体の非正規職員は60万人から70万人にのぼり、3人に1人が非正規職員との推計もあります。非正規雇用の人々は労働組合から排除され、正規雇用の人と同じ仕事をしていても半分程度の賃金しか支払われないことが多く、**ワーキングプア**と呼ばれたりしています。とくに1990年代前半～2000年代前半の就職氷河期といわれたときに非正規雇用となった人々の多くは、いまも非正規のままです。彼らの多くはもうすぐ50代に差し掛かろうとしています。いまは親と同居するなど、問題が表面化していませんが、親が亡くなったあと、社会の大きな負担になることが予想されます。非正規雇用の問題は放置すればするほど、解決が困難になっていきます。

所得格差が拡大した第二の理由として、**高齢化**が進展したからだという指摘もあります。一般に、サラリーマンの所得は若いときにはあまり大きな格差は生じません。

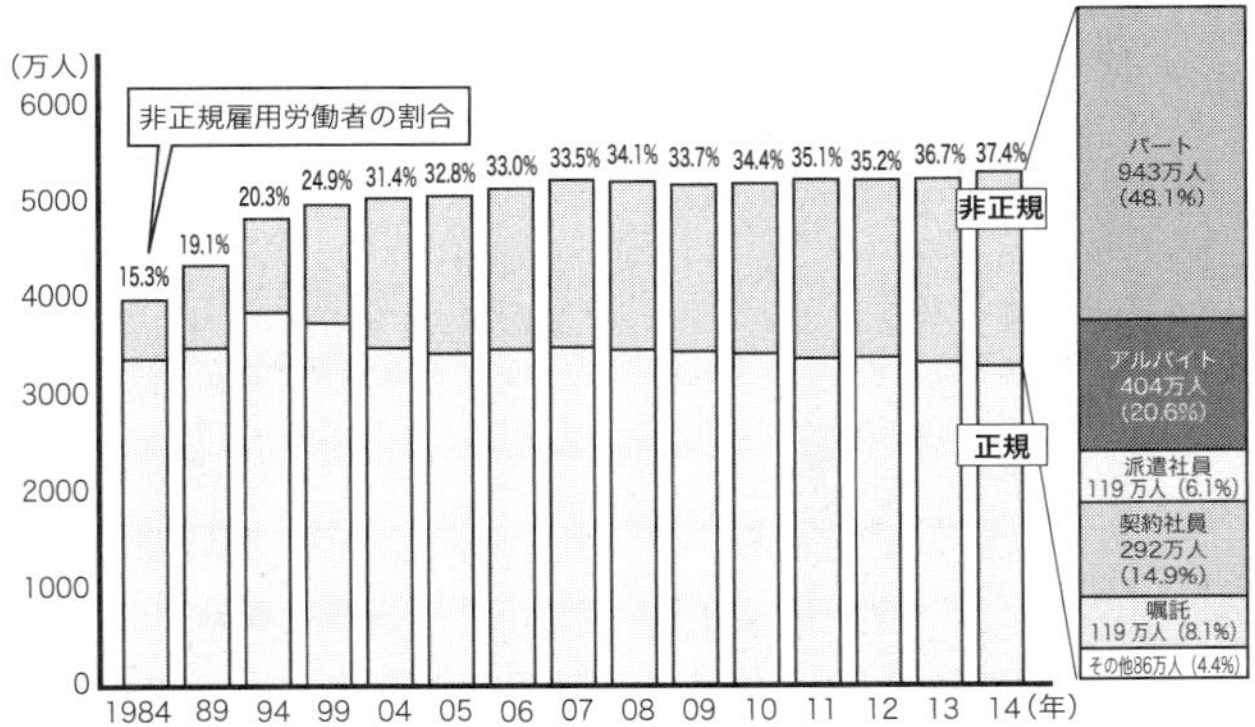

図4-5　非正規雇用労働者の推移（資料：総務省）

しかし、40歳を過ぎた頃から出世競争の結果が出はじめ、次第に所得格差が大きくなっていきます。現在、日本の高齢者の割合が増えています。その結果、所得格差が広がっているというのです。

金持ち優遇税制

所得格差が拡大した第三の理由として、「勝ち組」と呼ばれる富裕層がますます所得を増やしたからだということも忘れてはなりません。図４-６は日本の所得税最高税率の変遷を示しています。日本の所得税の最高税率は１９８３年までは75%でした。住民税18%と合わせると実に93%が税金でした。しかし、１９８０年代から始まった世界的な新自由主義の擡頭によって、日本の所得税の最高税率はその後37%まで引き

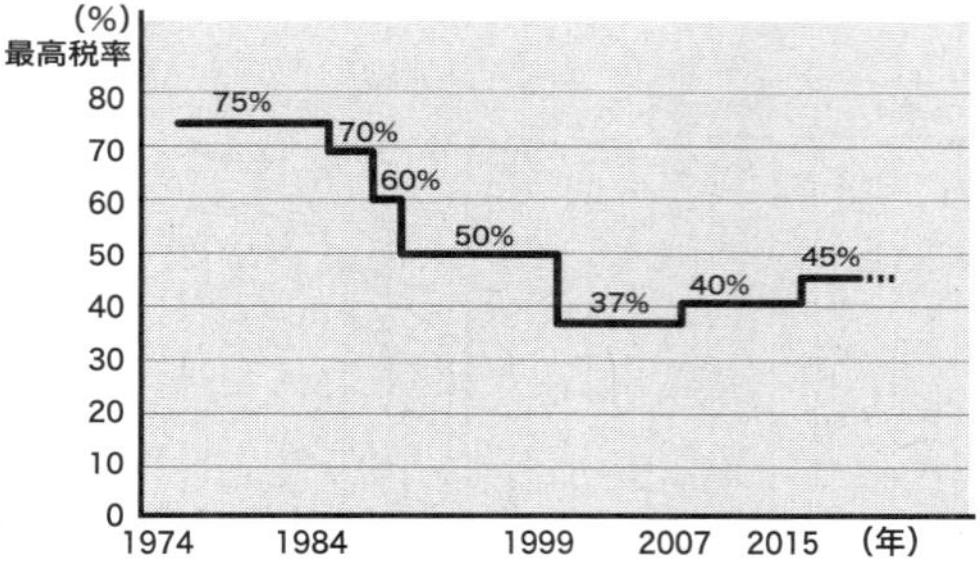

	所得税	住民税	所得税＋住民税
1974～83	75%	18%	93%
84	70%	18%	88%
87	60%	18%	78%
89	50%	15%	65%
99	37%	13%	50%
2007	40%	10%	50%
2015	45%	10%	55%

図4-6　日本の所得税最高税率の変遷（資料：財務省）

下げられ、住民税も13％まで引き下げられました。一方、相続税も同様に70％（1988年）から50％（2003年）に引き下げられています。この20年間、所得税や相続税の最高税率が引き下げられ、それに代わって大多数の国民に課せられる消費税や社会保険料などが増額され続けてきました。これも所得格差を拡大させた大きな要因の一つになっています。

一方、課税方式には**総合課税**と**分離課税**の二つの方式がありますが、分離課税という課税方式が富裕層に有利に作用した点も見逃せません。総合課税とは、1年間の所得を、所得の種類に関係なくす

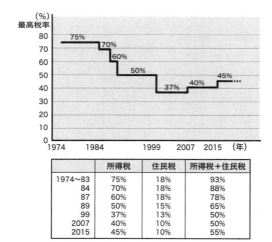

べてを合計して総所得金額を求め、これに課税する方式をいいます。これに対して分離課税とは、特定の取引で得た所得をほかの所得と合算せずに、別途課税する方式をいいます。不動産を売却して得た所得や株式などの譲渡所得、配当などで得た所得は分離課税の対象となります。分離課税の制度を設けているのは、たとえば、不動産の売却などで一時的に得た所得が多い場合、総合課税にすると所得全体に累進税率が適用され、課税額が大きくなるためです。また、株式取引が分離課税になっているのは、日本人の資産選択が預貯金に集中しすぎており、株式投資をもっと増やして資本市場を育成したいという狙いがあるからだとされています。なお、総合課税か分離課税かは、あらかじめ決められており、選択できません。

図4-7は、所得金額に対する実際の所得税の負担率が何%であるかをグラフ化したものです。この図から、所得が1億円を超えると所得税の負担率はかえって低くなっていることがわかります。その理由は、1億円を超える高所得者は、株式の配当や株式の譲渡益などの所得が多いからです。こうした金融所得に対する課税は分離課税であるため累進課税は適用されず、所得税15%と住民税5%の合計20%しか課税されません。その結果、1億円を超える高所得者の税負担率がかえって低くなるという現象が起きているのです。しかも、このグラフは正しく申告した納税者をもとに作成された図であり、**タックス・ヘイブン**（租税回避）や脱税の実態を考慮すると、高額所

得者の負担率はさらに低いと考えられます。

一方、図4-8からは、日本の税による所得再分配効果は、国際的に見ても非常に小さいことがわかります。実は、先に示した表4-1を見ていただければわかるとおり、日本の再分配政策は主として年金などの社会保障によるものなのです。

4　豊かさのなかの貧困

増加する貧困家庭

日本が豊かな国かどうかと聞かれたら、間違いなく世界有数の豊かな国です。GDPは世界第4位です。一人あたりGDPは3万3900ドルあります。あふれるばかりの家電製品に囲まれ、タンスに入りきらないほどの衣類を持ち、多くの人がカーライフを満喫しています。高校進学率は98・7％、大学進学率は57・7％（2023年度文部科学省学校基本調査）に達しています。世界には、水も電気もないところに住んでいる人が大勢いるのです。そんなことを思えば、日本を豊かな国であるといわずして、ほかにどこに豊かな国があるというのでしょう。

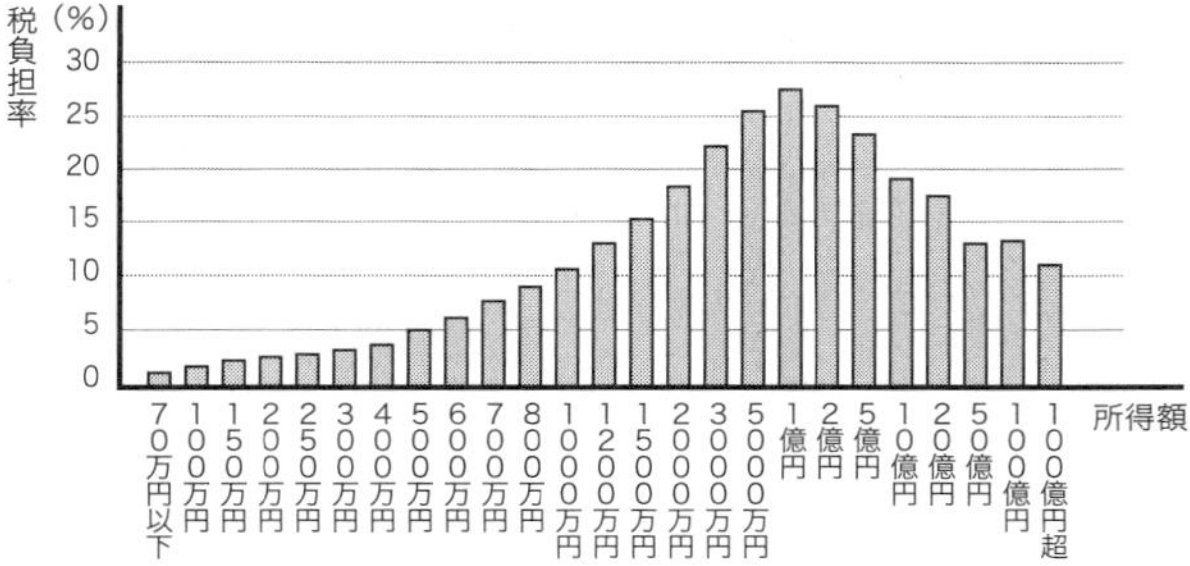

図4-7　所得税の負担率は1億円を超えると低くなる
（資料：朝日新聞2015年3月26日）

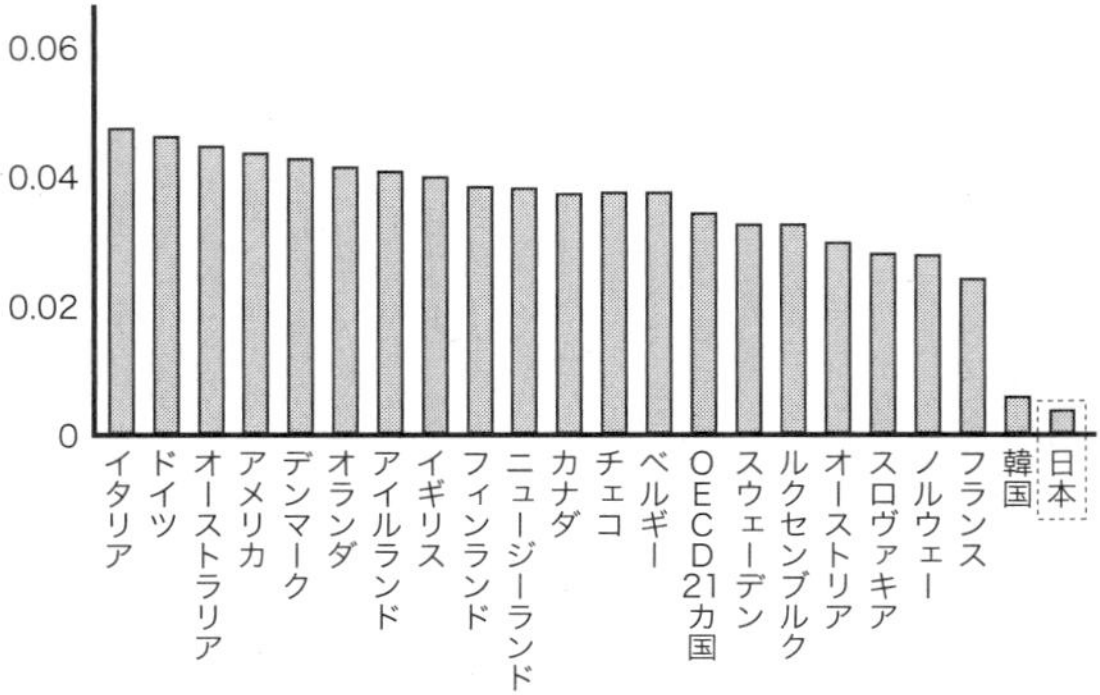

図4-8　税による再分配効果
（資料：内閣府 経済財政白書2009年度版）

しかし、このように豊かさを謳歌《おうか》する日本にあって、なお社会の底辺に取り残されたままになっている人々が大勢いることを忘れてはなりません。現在の日本で所得格差が拡大していることは、たとえば**相対的貧困率**のデータにもあらわれています。相対的貧困とは、「社会の標準的な手取り所得（＝全人口の中央値）の50％未満の所得しかない世帯」と定義されます。厚生労働省の調査によれば、日本の相対的貧困率は1980年代以降徐々に大きくなり、2012年には16・1％に達しました（図4-9）。2012年の標準的な所得は244万円とされていますから、年間所得が122万円未満の人が実に6人に1人いるということになります。これは、月約10万円以下で暮らす日本人が2000万人近くいるということを意味します。

OECD加盟国34カ国で相対的貧困率を国際比較してみますと（図4-10）、日本の16・1％という値は、OECD中第29位であり日本より相対的貧困率が高いのはイスラエル、メキシコ、トルコ、チリ、アメリカの5カ国しかありません。私たちは、こうした日本の状況をしっかり認識しておく必要があります。

子どもの貧困

一方、子どもがいる世帯の貧困問題も深刻です。少々古いですが次のような新聞記事がありました。

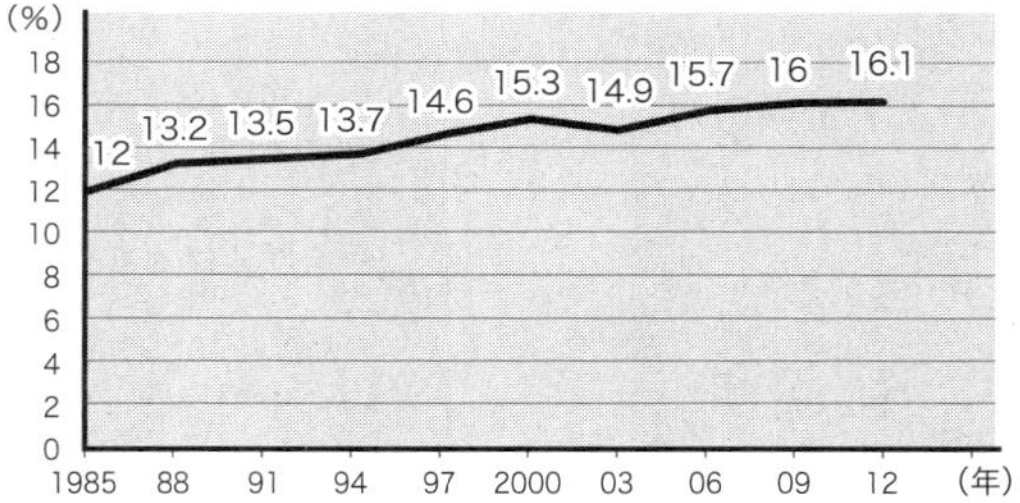

図4-9　日本の相対的貧困率（資料：厚生労働省）

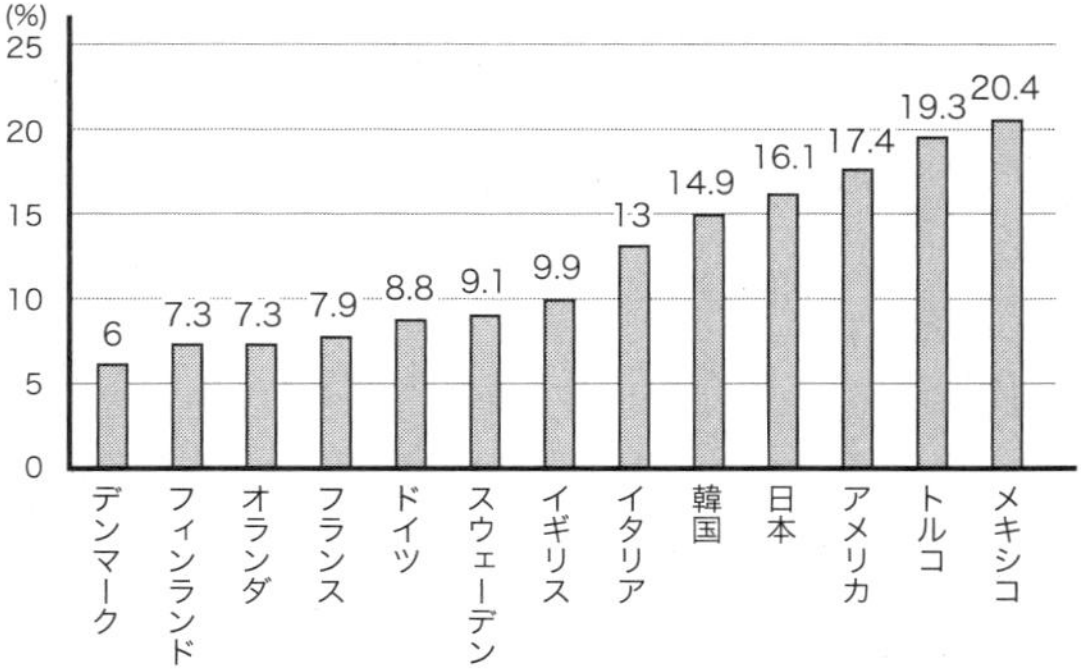

図4-10　相対的貧困率の国際比較（資料：内閣府2010年）

3年前の春、九州北部のある公立中学校。入学式に新入生の陽介（仮名、12）の姿はなかった。2日目も、3日目も。母親は電話で「体調が悪いから」と説明するばかり。ぴんときた担任教諭は学校指定の制服業者に電話した。「ああ、その子、受け取りに来てませんよ」。採寸して注文はしたが、約3万5千円のお金がなくて取りに行けず、登校させられなかった。母親は、そう打ち明けた。校長が立て替え、制服を陽介の家に届けた。担任の勧めで母親は就学援助を申請し、校長に少しずつ返済すると約束した。4日目、陽介は真新しい制服に身を包み、ようやく校門をくぐった。

（西日本新聞２０１７年2月17日）

制服だけではありません。指定カバン、体操服、副教材費、クラブ活動に必要なお金、修学旅行の費用など、収入のある家庭には何でもないことも、毎月10万円程度の所得しかない家庭にとっては大きな負担となります。政府によれば、**子どもの貧困率**（17歳以下の子どもがいる世帯に占める貧困世帯の割合）は11・5％でした（２０２２年）。これは貧困家庭の子どもがクラスに4～5人いる計算になります。日本における格差問題は待ったなしの状況といえます。

それにもかかわらず、貧困問題についての認識が国民のあいだに浸透しているようには見えません。なぜでしょうか。世の中には、名前が付けられて初めて問題の所在が認識されることがあります。「ワーキングプア」「子どもの貧困」「ブラック企業」などはそうした事例です。しかし、これとは反対に、過去に付けられたネーミングのために、正しい認識が遅れることもあります。その一つが「一億総中流」です。1970年代に流布されたこの概念は、すっかり過去のものであるにもかかわらず、多くの人は、いまなお「一億総中流」という刷り込みを払しょくできずにいます。そのため、日本の貧困問題を認識できないでいるのです。

競争、成長、分配のバランスある社会を求めて

一般に、経済効率と平等化政策は**トレード・オフ**の関係にあるといわれます。すなわち、自由競争を制限し平等化を追求すれば経済効率は低下し、反対に、自由競争を重視し経済効率を追求すれば不平等が生じるのです。戦後追求されてきた平等化政策は、1980年代以降の新自由主義の擡頭によってかき消され、経済効率を求める声が世界の主流になっていきました。一度始まった競争は、次第に激しさを増していきます。その結果、強いものがさらに強くなり、その一方で、**自己責任**という名の下で多くの人が社会の底辺に追いやられてしまいました。日本もその例外ではあり得ません。その日の食事に事欠く人、電気代やガス代が払えず、電気もガスも止められてし

まった人、国民健康保険や国民年金の保険料を払うゆとりすらない人、ブルーテントで寝る人など、経済大国とは思えない状況が見られます。

現在日本では、まず経済成長を実現し、そののち成長の果実を分配に回すという経済政策がとられています。しかし、経済成長が実現しても、その果実がすべての人に行き渡るかどうかは別問題です。たしかに、経済成長によって株価が上がり、会社の利益が株主に分配され、富裕層は真っ先にその恩恵を受けます。しかし、富裕層が豊かになっても、その富が貧困層に回ってくる保証はありません。たとえ富裕層の所得が増えて高級車を買ったとしても、それによって貧困世帯がただちに恩恵を受けるわけではないのです。富める者が富めば、貧しい者にもその富が自然に滴り落ちることを**トリクルダウン**といいます。トリクルダウンとは、いわば「おこぼれ」です。しかし、アメリカでは富裕層が豊かになってもトリクルダウンは起きませんでした。

競争は必要です。競争を否定するつもりは毛頭ありません。しかし、行き過ぎた競争は社会を疲弊させ、不幸な人々をつくり出します。現在必要とされる政策は、競争、成長、分配という三つのベクトルのバランスをとることです。そのためには、まず分配問題の解決が必要です。成長もしないのにどうやって分配に回すお金が出てくるのかという反論があるかもしれませんが、日本がこれまで蓄積してきたストックは莫大な金額にのぼります。対外純資産は世界一です。個人金融資産残高は世界第2位です。

これだけの豊かさを誇る日本が、分配に回すお金がないという理屈は通りません。
経済学の目的は、多くの人に幸せな人生を送ってもらえるようにすることです。成長戦略もそのための手段にすぎません。しかし、現状では成長戦略そのものが目的になっています。成長戦略優先の経済政策ではなく、もう少し分配政策にも力を注ぐべきです。累進課税の税率変更、公的扶助、児童手当、社会保険料の減免、授業料の減免、医療保険の補てんなど、さまざまな方法があります。アメリカ型の自己責任重視の社会をつくるのか、それとも北欧型の福祉国家を目指すのか。そのことがいま問われています。

重要ポイント

①所得は大きく労働所得と資本所得に分けられ、所得格差はおもに資本所得によって生まれる。
②所得格差を測る物差しとして、ローレンツ曲線やジニ係数がある。ジニ係数は1に近いほど不平等で、一般的に0・4を超えると社会が不安定になるといわれる。
③所得格差を緩和するため、所得税や相続税には累進課税制度が設けられている。しかし、配当などの資本所得には所得税と住民税を合わせても一律20％しか課税され

ないため、富裕層の所得税の実質的な負担率はかえって低くなっている。
④日本の再分配政策は税ではなく、おもに社会保障によって行なわれている。

第5章 財政

1　財政のはたらき

もし税金がなかったら？

現在、日本には国税と地方税合わせて48種類の税金があります。毎月の給料には所得税や住民税、買い物をすると消費税、ビールを飲むと酒税、車にガソリンを入れると揮発油税など、まさに、私たちの周りは税金だらけです。税金がない国があったらいいなあ、なんてつい不謹慎なことを考えてしまいます。

しかし、もし、税金がなければどうなるでしょうか。道路も橋も図書館も学校もつくることができません。ゴミ収集車が来ないので、街はゴミだらけになります。事件が起きても警察は来てくれません。救急車も消防もありません。日本では水も安全もタダだと考えられがちですが、タダのサービス（＝フリーランチ）は存在しません。そう考えると、「やっぱり税金は必要だ」と納得できます。道路、信号、ゴミの回収、義務教育、消防、警察、治水、国防など、これらはすべて税金によって提供されています。税金はいわば日本という国に住むための「会費」のようなものといえます。

財政の三つの機能

財政とは、簡単にいえば「税金を集め」「それを使う」政府の活動です。国に支払う「会費」は安いほうがいいのか、それとも、高くてもいいからサービスが充実しているほうがいいのか。なるべく安いほうがいいと考える人もいるでしょうし、反対に、少々高くてもいいから充実したサービスを望む人もいると思います。これについてはさまざまな考え方があり、正解はありません。現在、日本の1年間の財政規模は約100兆円（GDPの約20％）ですが、これらのお金は、次の三つのことを目的として使われています。

(1) 資源配分

第一は、**資源配分機能**です。道路、警察、消防、国防などの公共財（公共サービス）には、いわゆるフリーライダー（費用を支払わずにただ乗りする人）を排除できないという特性があり、民間企業では十分に供給されません。そこで、公共財の供給はアダム・スミス以来、政府がやるべき最低限の仕事とされ、財政の最も基本的な役割とされてきました。また、地球温暖化を防止するために課税したり、農業を守るために農家に補助金を出したり、資源配分を政策的に誘導することも財政の重要な役割と考えられています。

（2）所得の再分配

第二は、**所得の再分配機能**です。資本主義経済を市場にまかせておくと必然的に貧富の差が生じます。そこで、所得税や相続税に累進課税制度を導入したり、社会保障などを通して生活が苦しい人を支援したりすることによって、貧富の差の緩和を図っています。このように**所得の再分配**を行なうことも財政の重要な役割となっています。

（3）景気調整

第三は、**景気調整機能**です。今日の資本主義では、財政制度のなかに景気をある程度自動的に調整するしくみが内蔵されています。これを「**ビルト・イン・スタビライザー**」（**自動安定装置**）といいます（図5-1）。たとえば、景気が悪くなって所得が減少すると、累進課税の税率が一段階下がる人が出るため、減税と同じ効果がはたらきます。また、景気が悪くなれば、失業して雇用保険を受ける人が増え消費が刺激されます。こうして、不景気のときには景気の落ち込みをある程度緩和するはたらきが自動的に生じます。一方、景気が良いときにはこの反対のはたらきが生まれ、景気の過熱を抑えてくれます。

ただし、ビルト・イン・スタビライザーの効果は、実際にはあまり大きくはありません。そこで、世界恐慌をきっかけに財政政策による景気調整機能が重視されるよう

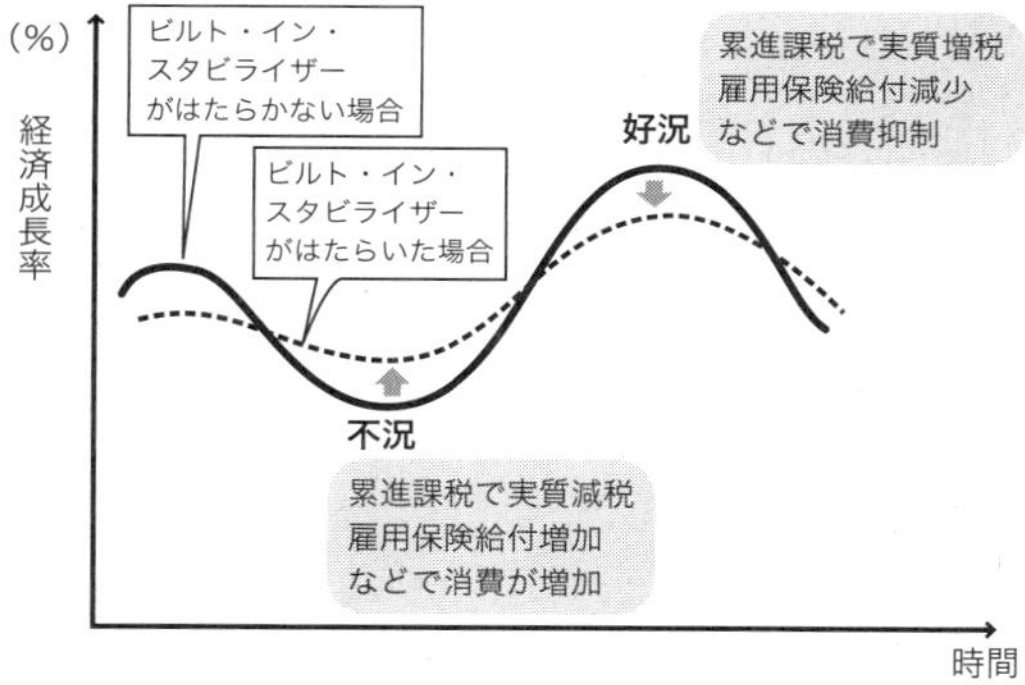

図5-1　ビルト・イン・スタビライザーのはたらき

になりました。ケインズが提唱した有効需要管理政策を行なうことによって、失業やインフレーションが起きないようにするのです。こうした裁量的な財政政策は「**フィスカル・ポリシー**」と呼ばれ、第二次世界大戦後、主要国の重要な財政政策の一つに数えられるようになりました。

小さな政府から大きな政府へ

18世紀のアダム・スミスの時代は、政府はなるべく民間の経済活動には介入せず、民間企業では供給が困難な資源配分だけを行ない、あとは市場にまかせておくことが最良だとされました（**小さな政府**）。ところが資本主義は、スミスがいうように放っておいたのではうまく行かないことが次第に明らかになります。経済の運営を市場機構だけに委ねた結果、所得分配の不平等、恐慌、独占、公害や環境破壊、などといった「市場の失敗」と呼ばれるさまざまな問題が起きてしまったのです。とくに1930年代の世界恐慌に際してケインズは、不況期には政府による拡張的な財政政策が不可欠であることを理論的に明らかにし、公共事業を中心とする政府の役割の重要性を説きました。

こうして20世紀の後半以降、それまでの資源配分機能に加えて、所得の再分配機能や、景気の安定化も政府の重要な役割と考えられるようになり、政府の役割が大きくなっていきました（**大きな政府**）。

2 歳 入

日本の財政収入

現在の財政収入は、所得税、法人税、消費税の3本を柱に、その他の収入を加えたものとなっています。しかし、これだけでは1年間に必要とされる予算には足りません。そこで政府は税収の不足を、国債を発行し借金をすることにより補っています。

2024年度の一般会計予算は図5-2のとおりです。必要な予算112兆円に対

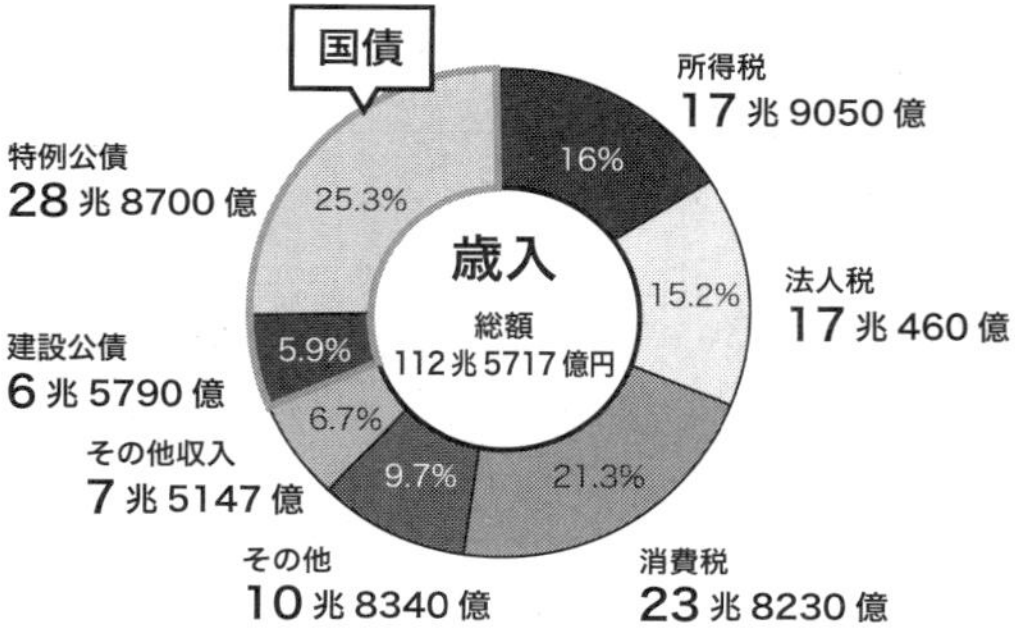

※数値は四捨五入しているため端数の合計が合致しない場合もある

図5-2　一般会計歳入（2024年度）（資料：財務省）

して、租税およびその他の収入は77兆円で、不足分の35兆円は国債の発行で賄われました。歳入総額に占める借金の割合（国債依存率）は31%でした。1年間に35兆円の借金をするというのは、1日に換算すると、35兆円÷365日≒959億円となります。つまり、日本の借金は毎日1000億円近いスピードで増え続けているのです。インターネットで「日本の借金時計」という言葉で検索すると、1秒間にいくらの借金が増えているかをシミュレーションしているサイトがあります。一度ご覧になるとおもしろいです。

図5-3は1986年以降の日本の税収構造の推移を示したものです。これを見ると、バブル経済が崩壊した1991年以降、所得税および法人税収入が大幅に減少していることがわかります。代わって1997年に消費

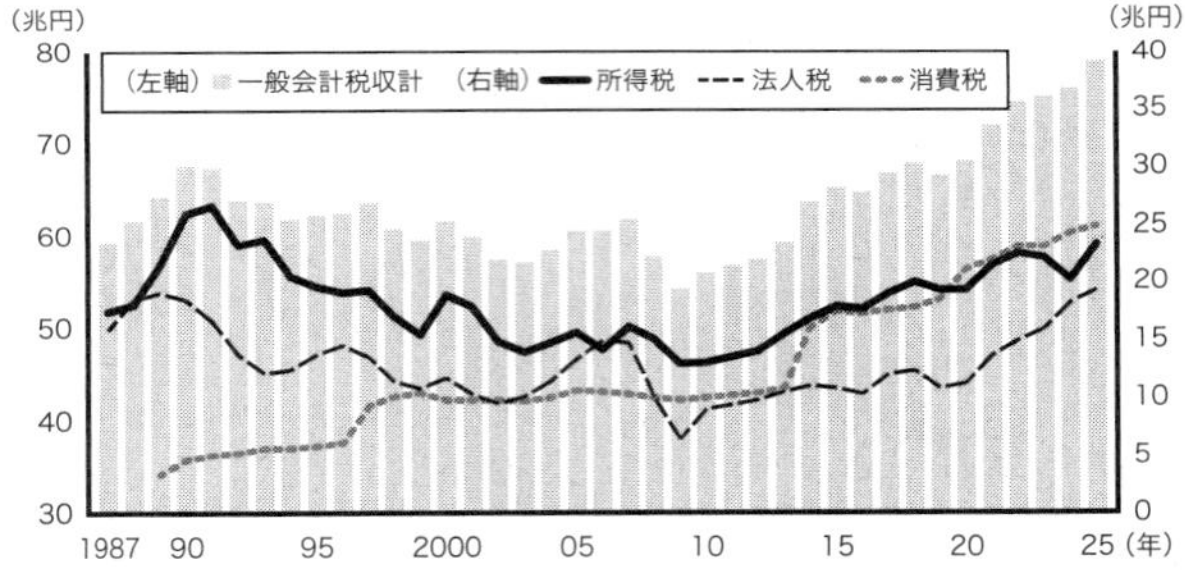

(注) 23年度以前は決算額、24年度は補正後予算額、25年度は予算額(案)である。
(出典) 財務省

図5-3　日本の税収の推移(資料:財務省)

税が３％から５％に引き上げられ、その後２０１４年に８％、２０１９年には10％に引き上げられました。財政収入に占める消費税の割合が次第に高まっています。消費税は所得税や法人税と違って景気の影響を受けにくく、安定した税収を確保できるという特徴があります。

租税法律主義

税金の取り方に不公平があると、国民の怒りを買います。18世紀のフランスでは、絶対王政の下で国民が重税に耐えきれなくなり、革命にまで発展しました。また、同じく18世紀に、イギリスの植民地であったアメリカがイギリスに独立戦争を起こした原因も、税の取り方に問題があったからでした。このような歴史的背景から、現代では、税金は国民を代表する国会が法律をつくって課税することになっています。新たな租税を設けたり、あるいは税率を変更したりするには、必ず法律に基づかなければなりません。これを**租税法律主義**といいます。

一般に税金の課税対象となるのは、所得、消費、資産の三つです。日本の代表的な税金を課税対象別に分類すると次のようになります。

所得課税

国　税：所得税、法人税
地方税：住民税、事業税

消費課税

国　税：消費税、酒税、たばこ税、揮発油税、関税
地方税：地方消費税、地方たばこ税、自動車税、軽自動車税、入湯税

資産課税

国　税：相続税、贈与税

地方税：固定資産税、都市計画税、不動産取得税

税の公平性を期し、納税者の理解を得るためには、課税対象である所得、消費、資産にバランスよく課税することが必要です。

二つの課税原則

ところで、税金は、「誰から」「どれだけ」「どんな原理に基づいて」徴収するのがいいのでしょうか。租税は「公平」であり、国民が納得することが何より大切です。しかし、何が公平であるかを決めるのは難しい問題です。私的財の場合、恩恵を受ける人が対価を払い、お金を出した人だけが独占的な使用権を得ます。これと同じように考えて、恩恵を受ける人が税金を負担すべきだとする考え方があり、これを**受益者負担の原則（応益説）**といいます。都市計画税、入湯税、揮発油税はこうした考え方に基づき導入された税金です。

しかし、道路や警察のように共同消費される公共財・サービスについては、誰がどれだけの恩恵を受けているかを特定することは困難です。そこで、多くの税金は応益説ではなく、納税者の支払い能力に応じて課税する**応能説**に基づいて課税されることが一般的になっています。わかりやすくいうと「取れるところから取る」という原則

です。もちろん、その場合も、公平に関する配慮は必要です。たとえば、**水平的公平**（同じ所得の人は同じ金額の税金を負担すること）や、**垂直的公平**（所得の大きさに応じて租税を負担すること）です。今日では、高所得者に高い税率を課す累進課税の制度が導入されていますが、これは垂直的公平の観点から「公平」だと考えられています。

直接税と間接税

一方、誰が税金を納めるかに注目して、**直接税**（税金を負担する人が直接納付する税金）と、**間接税**（税金を負担する人と納付する人が異なる税金）に分けることができます。たとえば、所得税は直接税であり、消費税は間接税です。税収全体に占める直接税と間接税の割合を**直間比率**といいます。日本の国税における直間比率は約6対4で、日本では**直接税中心主義**がとられています。ちなみに、地方税も含めると直間比率は約7対3になります。これに対してフランスなどでは直接税は「個人のフトコロに政府がいきなり手を突っ込んで税金を持っていく印象を与える」ということから嫌われ、伝統的に間接税中心主義（直間比率は4対6）がとられています。

直接税と間接税のどちらが望ましいかというのは難しい問題です。どちらも欠点を持っているからです。たとえば、直接税は「痛税感」があるため、脱税という不正が起こりやすいという欠点を持っています。実際の所得の何％を税務当局が捕捉しているかを**捕捉率**といいますが、働く人の約8割を占めるサラリーマンの捕捉率はほぼ100％に近いといわれています。これに対して自営業者の捕捉率は5〜6割といわれ、農家にいたっては3〜4割程度といわれます。このことから税の不公平は象徴的に「**クロヨン**」とか「**トーゴーサン**」と呼ばれます。

一方、間接税（消費税など）には、「痛税感」はあまりないとはいえ、低所得者層の負担感が大きくなる「**逆進性**」という欠点があります。たとえば、年収200万円の人が払う消費税の1万円と、年収1000万円の人が払う消費税の1万円を比較すれば、低所得者ほど消費税に対する負担感が大きくなります。また、低所得者は生活のために所得の大半を消費するのに、高所得者はその所得の一部しか消費しません。この意味でも、間接税は不公平な税だといえます。北欧などでは消費税率が25％と非常に高い国がありますが、食料品などの生活必需品に対して消費税率を低くする**軽減税率**を適用するなど、不公平感の緩和に努めている国もあります。

捕捉率の差はなぜ生まれる？

捕捉率に大きな差が生じるのはなぜでしょうか。所得税は収入から経費を引いた所得（＝課税所得）に対して課されます。すなわち、

所得＝収入－経費（さまざまな控除）

です。ここで、所得と収入は違うものであることに注意してください。自営業の場合、所得を低く見せかけるために、収入額をごまかしたり経費を水増ししたりすることが、「やろうと思えば可能」です。たとえば、自営業の人が家族連れで料亭に行って使ったお金を「これはお客さんを接待するために使ったお金です」と税務署に申告すれば、必要経費として認められます。領収書には家族連れで行ったなどということは書いてないからです。また、自営業の人が高級車を買っても、「これは仕事上、必要な車です」といえば経費として認められます。その結果、課税所得を低く見せかけることができます。

一方、サラリーマンがレストランで食事をしても、車を買っても必要経費とは認められません。* しかも、サラリーマンの所得税は源泉徴収ですから、ごまかしようがありません。こうしたことから、職業によって捕捉率に大きな差が生じるのです。

*ただし、サラリーマンも背広を買ったり靴を買ったり、仕事上必要なさまざまなものを買いますので、「給与所得控除」という制度が導入されています。給与所得控除は収入の大きさに応じて計算式が決められています。たとえば年収８００万円の人なら課税所得は６００万円（＝８００万

円×0・9－120万円）と計算され、200万円が控除されます。実際には、この600万円からさらに医療費控除・社会保険料控除・扶養控除・基礎控除などが差し引かれ、それに累進課税の税率が適用されます。

土地の評価額と固定資産税

一般に、一つの商品の値段は一つであることが原則です。これを「一物一価」の原則といいます。ところが、土地には実勢地価、公示地価、路線価、固定資産税評価額という4種類の価格が存在しています。不動産業界ではこれを「一物四価」と呼んでいます。

実勢地価　実際の不動産取引で売買される価格。

公示地価　一般の土地取引価格の指標としたり、公共事業の補償金の算出の基礎としたりするための価格。国土交通省が毎年1月1日を基準にして公表しており、路線価、固定資産税評価額の基準ともなる。

路線価　相続税、贈与税の算定基準となる価格で、国税庁が毎年1月1日を基準に公表する。所有地に接している道路の価格に、土地の面積を掛けて、納税額が決定される。公示価格のおおむね80％の評価といわれる。

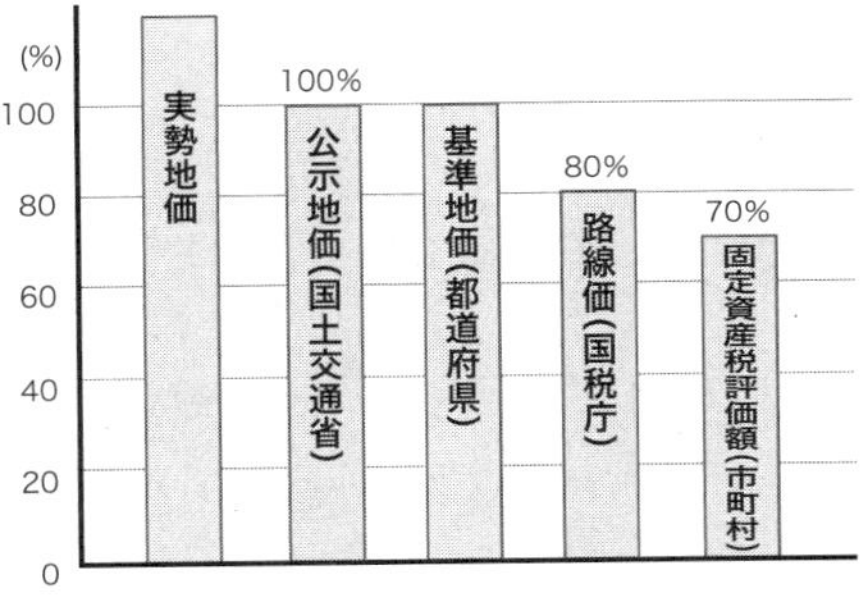

図5-4　一物四価

固定資産税評価額　固定資産税等の算定基準となる価格で、各市町村（23区は東京都）が3年ごとに公表する。公示価格のおおむね70％の評価といわれている。

この四つの地価のうち、**公示地価**から不動産価格の動向を知ることができます。これは実勢地価よりいくぶん安めに評価されているといわれます。一方、路線価、固定資産税評価額は、それぞれ公示地価の80％、70％程度とされています。これは、両者とも簡便法による大ざっぱな評価であることから、納税者に不利益にならないように配慮しているためです。とくに固定資産税評価額は3年に1回しか改定されませんので、その3年のあいだに土地の値段が変化することを見越して、実際の30％引きにしているといわれています。固定資産税は住民税と並んで各市町村の重要な財源となっています。

コラム 納税、節税、脱税

子どもが成長して給料をもらうようになったのを見た親が、「税金を払うようになって、お前もようやく一人前になったな」と、喜んだという話を聞いたことがあります。企業人のなかでも、たとえば、任天堂の元社長山内溥《ひろし》氏（1927〜2013年没）は、「企業は税金をたくさん払うことこそ社会貢献」と公言してはばかりませんでした。しかし、こうした考え方をする人は、社会全体から見れば例外かもしれません。一般的には、「税金は安いほどいい」と本音では思っています。節税をするため多くの人は、確定申告で医療費控除を申請したり、生命保険や生前贈与、不動産投資を利用したり、さまざまな節税対策を講じています。もちろん、節税が法に触れない限り問題にはなりません。しかし、節税と脱税の境界は実は紙一重であり、たいへんあいまいなのです。

その最たる例は、**タックス・ヘイブン**を利用した節税（脱税？）です。ちなみに、ヘイブン（haven）とは「避難港」という意味であり、heaven（天国）ではありません。一般に、タックス・ヘイブン（租税回避地）とは、「税金がまったくないか、またはほとんどない地域・国」を指します。タックス・ヘイブンはケイマン諸島、スイス、シンガポール、香港をはじめ世界中に広がっており、その手口は、外部からはうかがい知れないほど複雑で巧妙です。最も単純な手口を挙げれば、たとえば次のとおりです。

いま、日本の企業Aが外国に企業Bを設立して事業を展開し、得た利益を日本に送金したとします。この場合、企業Aは日本政府に法人税を払わなければなりません。しかし、あいだにタックス・ヘイブンを利用してトンネル子会社（ペーパー・カンパニー）をつくり、その子会社を通じて事業を展開したらどうなるでしょうか。利益は日本国内には送金せず、このトンネル子会社に留保するものとします。その場合、企業Aには所得が発生しません。したがって、Aは法人税を払う必要がありません。さらにその利益を、トンネル子会社を利用してほかの地域に再投資すれば、日本の課税権は半永久的に失われます。

いま、企業会計上は大きな利益を上げていながら、タックス・ヘイブンを利用して、自国内ではほとんど税金を納めていない企業が世界中で問題になっています。タックス・ヘイブンは企業活動だけではなく、ヘッジ・ファンド、富裕層の脱税、犯罪組織のマネー・ロンダリング（資金洗浄）、テロ資金などにも利用されているといいます。

節税の範囲を超えた租税回避は、自国の税収を減少させ、そのつけを消費税などの形で国民に押しつけるものであり、税負担の公平性の点からも大きな問題があります。

3 歳 出

一般会計歳出

通常国会は次年度の予算を審議するため、毎年1月に召集されます。２０２４年度の一般会計歳出総額は約１１２兆円でした（図5-5）。

一般会計予算は、

①公共財・サービスの供給（公共事業、文教および科学振興費、防衛など）
②所得の再分配（社会保障など）
③景気調整（公共事業など）

の三つのことを目的として支出されます。歳出項目を金額の大きいものから順に並べると、**社会保障関係費**（38兆円）、**国債費**（27兆円）、**地方交付税交付金**（18兆円）となります。

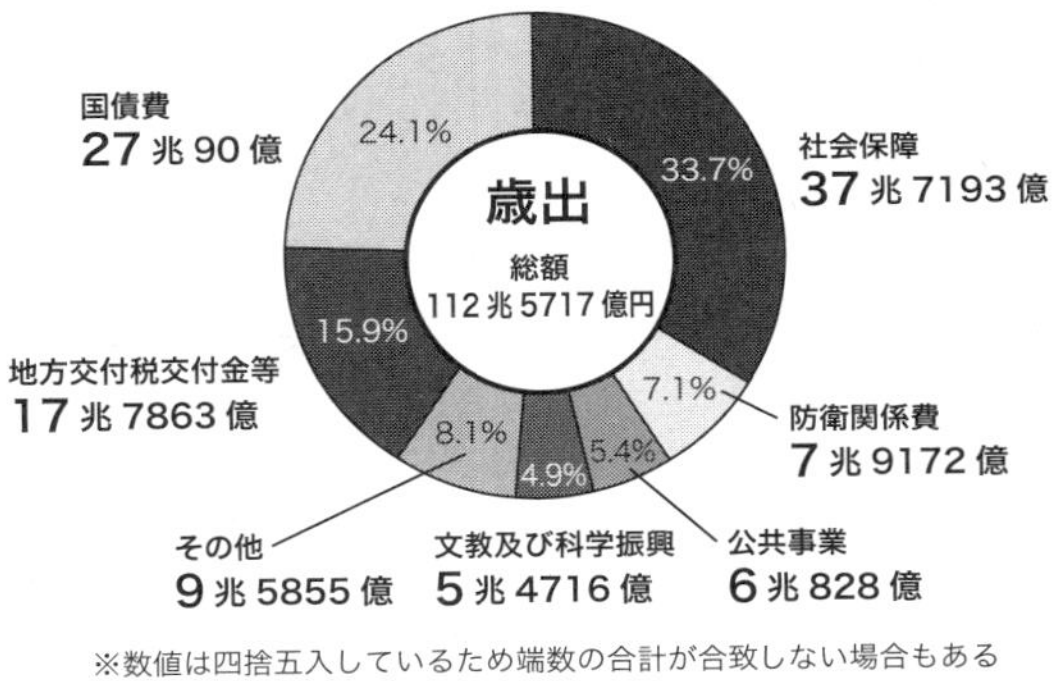

図5-5　一般会計歳出（2024年度）（資料：財務省）

国債費は、これまで国が発行した国債に対する利子と元金の返済額を合計したものです。また、地方交付税交付金は国が集めた所得税・法人税・消費税・酒税・たばこ税の一定割合を、財政力の弱い地方公共団体に交付する制度です。これによりすべての地方公共団体が一定の行政水準を維持できるようにしています。日本で一人あたりの所得が低い県は、一番豊かな東京都の約半分程度の所得しかありません。地方交付税交付金はいわば「田舎への仕送り」であり、地方への所得の再分配政策といえます。

国債費と地方交付税交付金を合わせた45兆円は、その性質上、国にとっては右から左へ自動的に流れていくお金であり、国は自由に使えません。国が自由に使うことができるのは、112兆円から45兆円を引いた67兆円だけです。これを「一般歳出」といい、一般会計全体の約60％しかありません。このお金で公共財の供給や景気調整など、さまざまな施策を行なっています。もし、今後も国の借金が膨らみ続ければ、一般会計に占める国債費の割合はさらに大きくなり、国の裁量余地がますます小さくなっていきます。これを**財政の硬直化**といいます。本格的な高齢社会の到来を迎えて、社会保障費は毎年約1兆円ずつ増加しており、日本の財政状況は年々厳しさを増しています。

4　財政投融資（第二の予算）

財政投融資と一般会計の違い

一般会計のほかに、国には**財政投融資**という制度があります。財政投融資はその規模が大きいため「第二の予算」とも呼ばれています。財政投融資計画は予算と同様に国会に提出され、承認を受ける必要があります。しかし、制度が非常に複雑でわかりにくいため、国民の理解が進んでいるとはいえません。

財政投融資は一般会計とは次の点で大きく異なります。すなわち、一般会計の財源は租税で賄われますが、財政投融資の財源は**財投債**（国債）などを発行して調達した有償資金だということです。いずれ利子を付けて返済しなければなりません。たとえば、道路をつくる場合、一般道路は租税を財源として建設され国民に無料で提供されますが、高速道路は財政投融資資金で建設され、利用者から徴収した通行料で建設に要した費用を返済します。財政投融資は財政政策を金融的手法で行なうものであり、受益者負担の原則にかなった制度といえます。

財政投融資のおもな融資先は、中小企業、農林水産業、教育、福祉、医療、空港、高速道路、都市再開発などです。これらはいずれも投資リスクが高く民間では対応が困難です。そこで財政投融資を使って資金を供給し、政府の経済政策を補っているのです。

ずさんだった財政投融資

長いあいだ、財政投融資の原資には、郵便貯金や厚生年金・国民年金の積立金などが使われてきました。郵便貯金や年金積立金がいったん大蔵省（現財務省）の資金運用部に預託され、この資金が財政投融資として使われてきたのです。しかも、その実態は国民にはわかりにくく、回収不可能なところにも融資が行なわれるなど、その運用はずいぶんずさんだったといわれます。

たとえば融資先の一つに日本道路公団がありました。おもに高速道路を整備するために1956年に設立された特殊法人です。高速道路を融資（＝借金）によってつくるわけですから、本来、利用者数が多く、融資の返済が可能な地域につくることが原則です。ところが、日本道路公団は、将来、返済不能になる可能性が高い地域にも高速道路をつくってきたのです。なかには1日の通行量が700台しかないという高速道路もありました。これは、道路族議員が強引な誘致合戦を行なった結果であり、また、財政投融資のおもな原資が政府の保障する郵便貯金や年金などであったため、「たとえ融資が焦げ付いたとしても、最後は政府が（税金で）尻拭いをしてくれるだろう」という安易な考えがあったからだと考えられます。

こうしたずさんな融資の典型例は、本州四国連絡橋の建設にも見られました。本州と四国のあいだに、現在3本の連絡橋がかけられておりますが、その費用は、瀬戸大橋だけで1兆3000億円かかっており、3ルートを合計すると3兆円余りにものぼります。人口400万人余りの四国に3本もの橋が必要なのか。1本に絞ることはできないのか。当然、そういった議論はありました。しかし、激しい誘致合戦が行なわれ、最終的に3ルートとも建設することが決まったのです。その背景には、徳島県選出の三木武夫、香川県選出の大平正芳、広島県選出の宮澤喜一（いずれも自民党の首相経験者）という大物政治家の影響があったといわれています。橋を建設した本州四国連絡橋公団の有利子負債は一時3兆8000億円に膨らみ、年間収入が870億円しかないのに、毎年の利子負担だけでも1500億円に及びました。

当初、本州と四国が橋で結ばれることによって、四国側の経済が発展するものと期待されていました。ところが、ふたを開けてみると、橋が完成することによって四国は本州からの日帰り圏と化し、四国にあった民間企業の支店は出張所に格下げされ、かえって四国経済は衰退してしまいました。いわゆる「ストロー効果」によって、四国の経済が本州に吸い上げられてしまったのです。これは想定外だったというべきかもしれません。

財政投融資改革と郵政民営化

赤字を垂れ流し続けるずさんな財政投融資に対して、2001年、小泉純一郎内閣が改革に乗り出しました。改革のポイントは簡単にいえば市場原理を導入し、独立採算を促すことでした。具体的には、第一に、**郵便貯金の民営化**です。民間の銀行ならば、回収の見込みがないところにお金を貸し付けたりはしません。「国営銀行」であった郵便貯金を民営化することによって、ずさんな融資が行なわれないようにしたのです。これにともない、郵便貯金の資金運用部への預託義務は廃止されました。第二に、財政投融資に必要な資金は、融資を行なう各機関が**財投機関債**を発行し、金融市

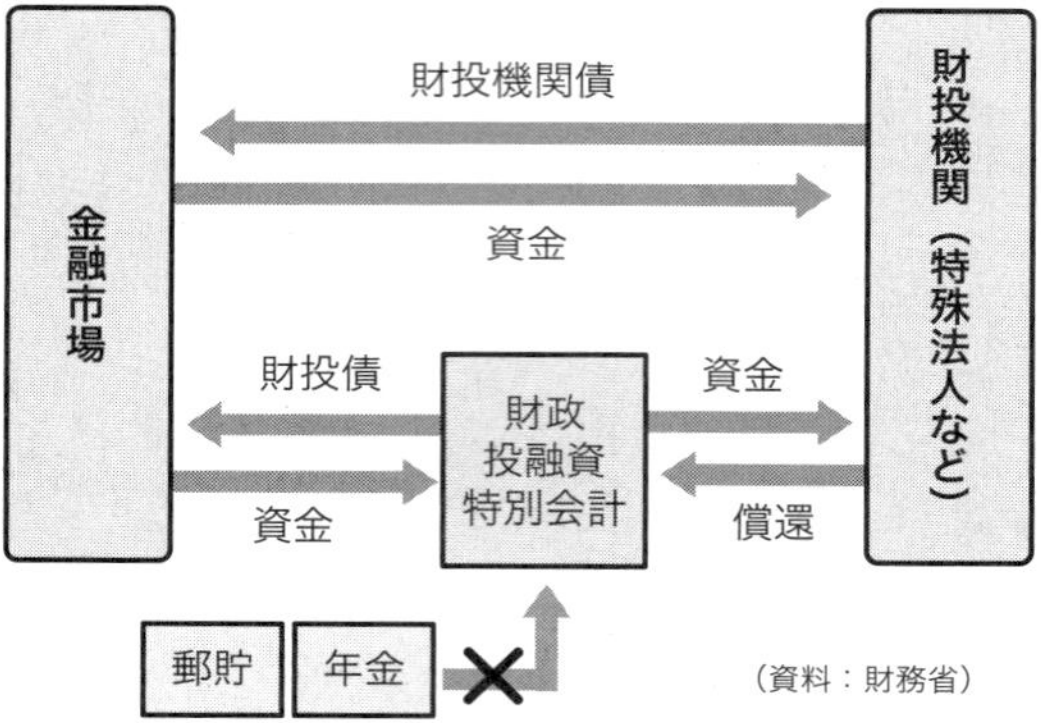

図5-6　改革後の財政投融資のしくみ

場から調達することとなりました。さらに、第三に、財政投融資の融資先である特殊法人の統廃合と民営化が推し進められました。こうした改革の結果、日本道路公団や本州四国連絡橋公団は民営化され、独立採算制を目指すこととなりました。

しかし、財投機関債による資金調達は、当初から躓《つまず》きました。財政投融資は民間企業が進出をためらう採算が取れにくい事業を行なうことが多かったからです。そこで、財投機関債に代わって、政府が**財投債**（国債の一種）を発行して財投機関に融資するしくみがつくられました（図5-6）。財投債は税金で返済されるものではないので、国債発行残高には含まれません。しかし、財投機関が返済不能に陥れば、税金で穴埋め償還される点では、通常の国債と同じです。その意味で、財投債は「隠れ国債」であるともいえます。

コラム　特定郵便局の局長は世襲制だった！

２００７年の郵政民営化以前、郵便局には普通郵便局（約１３００局）、特定郵便局（約1万９０００局）、簡易郵便局（約４５００局）の3種類がありました。普通郵便局はいわゆる本局と呼ばれる大きな郵便局で、そのほとんどが集配業務を行ないます。一方、私たちが普段利用する大多数の郵便局は特定郵便局と呼ばれ、局長は原則として代々世襲で受け継がれてきました。封建時代でもないのになぜ世襲だったのでしょうか。理由は、明治時代に郵便制度をつくる際、郵便局を公費で設置することが財政的に厳しかったため、地域の名士に土地と建物を無償で提供させて、郵便事業を委託する形でスタートしたからです。その後も特定郵便局は、郵便局長の所有物である土地・建物を使って運営されてきました。局長は国家公務員です。もちろん、局長になるには試験があります。しかし、特定郵便局長は通常の公務員採用試験ではなく、ほとんどの場合採用情報は特定の関係者（局長の親族や郵政省ＯＢ）にしか知らされず、公募されることはありませんでした。そのため事実上の公務員職の世襲が続けられてきたのです。そして、選挙ともなれば、全国約2万人の局長が中心となって、家族、関係者等を含め、少なくとも数十万票規模の集票マシーンとなって自民党を支持してきたのです。こうした利権を背景に自民党郵政族と呼ばれる**族議員**が存在し得たわけです。郵政民営化は、こうした構造にもメスを入れるものでした。

5　公債残高の累増問題

借金は原則禁止

個人でも会社でも借金はないほうが良いに決まっています。借金はいずれ返さなければなりません。国にとってもそれは同じです。国が借金をする際に発行する債券を**国債**といいます。また、地方が借金をする際に発行する債券を**地方債***といいます。日本では、財政法第４条によって国債の発行は原則として禁止されています。しかし、但し書きにあるように、「公共事業費」に充てる場合は、国会の議決を経た金額の範囲で国債を発行することができるとしています。

*国債と地方債を合わせたものを**公債**といいます。しかし、一般的には国債と公債を同義に扱い、

厳密に区別しないで使うことが慣例化しています。

財政法第4条

「国の歳出は、公債又は借入金以外の歳入を以て、その財源としなければならない。但し、公共事業費、出資金及び貸付金の財源については、国会の議決を経た金額の範囲内で、公債を発行し又は借入金をなすことができる。」

公共事業を行なうために発行する国債は**建設国債**と呼ばれます。建設国債の発行が認められる理由は、公共事業によってつくられた施設は後々残り、将来世代も利益を受けるため、受益者負担の原則にかなっているとされるからです。建設国債による借金は、個人が家を建てる場合、銀行から借金をするのに似ています。

しかし、建設国債を発行しても、なお歳入が不足する場合があります。その場合、国は**特例国債**を発行して財源を調達します。特例国債については財政法には何も書かれておりません。法律に基づかない借金はできませんので、国会はその年度限り有効な「特別の法律」をつくって借金を可能にします。いわば、裏技を使うのです。特例国債はその性質から、**赤字国債**とも呼ばれます。赤字国債の発行は好ましくありません。あとに形として残るものが何もなく、借金だけが残るからです。個人でいえば、借金をして酒とギャンブルで金を使い果たしてしまうようなものといえます。

一方、財政法第5条は、国債の日銀引き受けを原則として禁止しています。国債発行を日銀引き受けで行なうことを**マネタイゼーション**と呼びますが、こうした政策が行なわれると紙幣が乱発され、悪性の激しいインフレになります。だから、国債の発行は「**市中消化の原則**」の下で行なわれる必要があるのです。

財政法第5条

「すべて、公債の発行については、日本銀行にこれを引き受けさせ、又、借入金の借入については、日本銀行からこれを借り入れてはならない。但し、特別の事由がある場合において、国会の議決を経た金額の範囲内では、この限りでない。」

借金がいけない理由

ところで、借金をすることはなぜいけないのでしょうか。借金そのものはけっして悪いわけではありません。私たちが住宅を購入するとき借金をしますが、これは資金の異時間における効率的配分であり、けっして非難されるべきことではありません。しかし、借金が巨額にのぼり、返済不能のリスクが高まるなら話は別です。一般的に国債発行が良くないとされるおもな理由として次のようなことが挙げられます。

第一に、借金が累積すると利子や返済の額が増え、**財政の硬直化**が起きます。その結果、政府の裁量的な政策が困難になります。

第二に、借金は**将来世代の負担**になります。* 借金はそれが返済される限り問題はありません。しかし、借金が増えすぎると返済に対する不安が生じ、国債に対する信用がなくなります。貸したお金が返ってこなくなることを「**デフォルト**」といいますが、借金が増えるとデフォルトが発生するリスクが高まります。そして、最終的には国債を買う人がいなくなって**財政破たん**が起きます。

以上の理由から、借金は好ましくないと考えられています。

*こうした意見に対して、借金は将来世代の負担にならないと主張する人もいます。日本の場合の借金は内国債（日本国内で消化されている国債）であり、将来税金を負担するのも償還金を受け取るのも日本国民なのだから、後世の負担にならないというのです。しかし、こうした考え方は学部レベルの標準的な教科書（たとえばスティグリッツ『公共経済学 第2版 下』邦訳1009ページ）などで、すでに否定されています。

なぜ、1000兆円もの借金が積み上がってしまったのか？

第二次世界大戦後、財政政策の目標の一つとして景気調整が重視されるようになりました。その結果、不況になると国債を発行して公共事業を行ない、景気回復を図ることが当然のことと考えられるようになりました。

日本が最初の国債発行に踏み切ったのは1965年のいわゆる40年不況のときです。前年に開かれた東京オリンピックによる好景気の反動で景気が落ち込んだため、政府は1965年度補正予算で総額2590億円の赤字国債を発行する特例法を成立させたのです。翌1966年度からは建設国債が毎年発行されるようになり、さらに1973年の石油ショックのあとの1975年度からは、赤字国債も恒常的に発行されるようになりました。

その後、1991年にバブル経済が崩壊すると、国債の発行額はますます増加し、この結果、国債発行残高は約1105兆円（2024年度末）にも膨らみました（図5-7）。1105兆円といわれても、あまりに金額が大きすぎて想像がつかないかもしれません。私たちが想像できるのは100万円くらいまでです。100万円というのは1万円札を積み上げると約1センチメートルです。10センチメートルで1000万円、1メートルで1億円、1キロメートルで1000億円、10キロメートルで1兆円です。したがって、1105兆円というのは1万円札で1万キロメートル以上になります。そうするとまた数字が大きくなりすぎてわからなくなります。北海道から沖縄までの距離が約3000キロメートルですから、1万キロメートルというのは北海

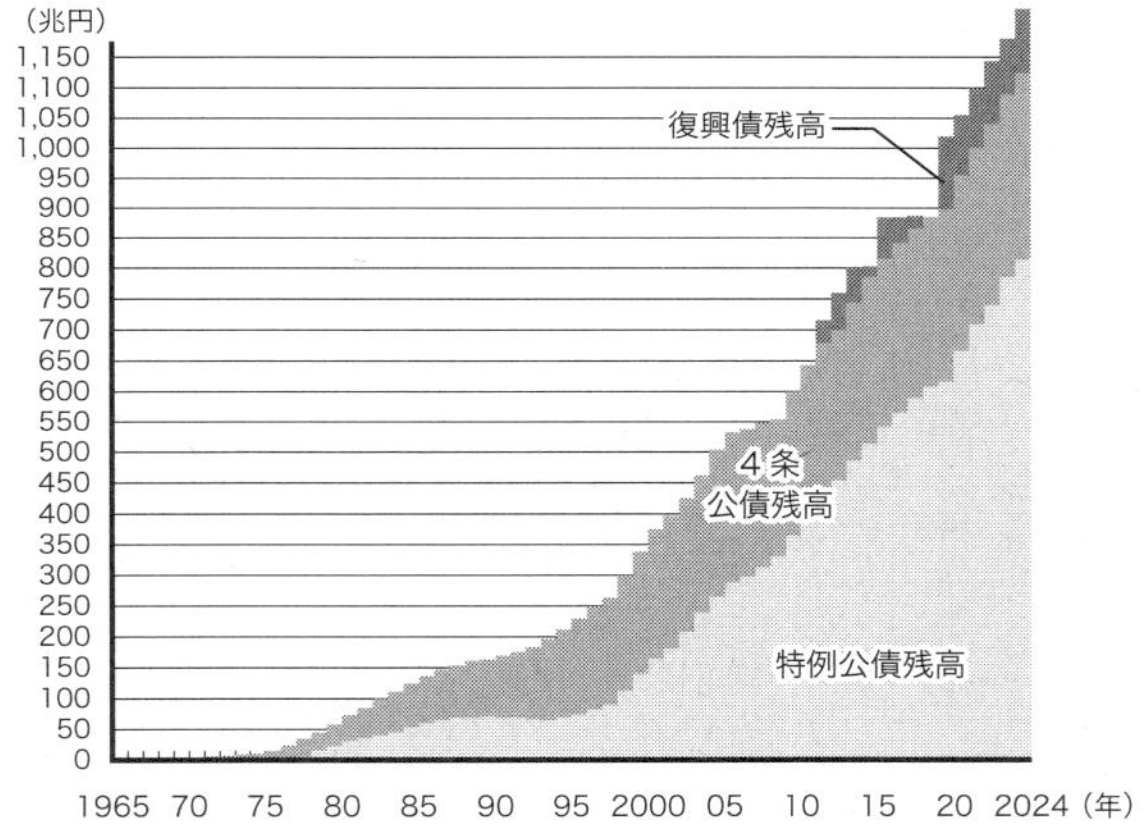

図5-7　国債の累積残高（資料：財務省）

道―沖縄間を一往復半するよりもっと長い距離ということになります。そう考えると、１１０５兆円というのは途方もない金額だということがおわかりいただけると思います。

なぜ、こんな事態に陥ってしまったのでしょうか。ケインズは不況期に国債を発行し、景気を良くするべきだと主張しました。もし借金をしても、景気が良くなったときにその借金を返済すれば何の問題も起きません。しかし、国民は景気が回復したあとも、増税には賛成してくれません。国会議員も増税を選挙公約に掲げれば落選してしまうので、「増税をして借金を返しましょう」とは言い出せません。結局、借金を返すことなく、次の不景気が来るとまた新たな借金を重ねます。こんなことをずっと繰り返してきた結果、１１０５兆円という借金の山ができてしまったのです。ケインズ政策は理論としては正しいかもしれませんが、民主主義と結びついたとたんにうまく機能しなくなったといえます。国債発行は麻薬と同じです。一度その味を覚えると抜け出せなくなるのです。

では、日本経済はいったいどのくらいの借金に耐えられるのでしょうか。答えは誰にもわかりません。しかし、いまの調子で国債を発行し続ければ、いずれは限界に突き当たります。財政破たんまでに残された時間は長くはないと考えるべきでしょう。

国債を購入しているのは誰か

国債を購入しているのは、これまではおもに銀行などの金融機関でした。理由は、国内で有力な投資先が見つからないため、安定的な利子収入が見込める国債の購入に資金を充てていたからです。

しかし、安倍内閣が誕生した２０１２年以降、大きな変化が見られます。図５−８は、国債の保有者内訳の推移を銀行と日銀に注目してグラフにしたものです。この図から、銀行などが次第に国債を買わなくなり、代わりに日銀が国債購入を積極的に行なっていることがわかります。この結果、日銀の保有する国債は発行残高の約５割近く（２０２４年６月末時点で約５６８兆円）にのぼっています。

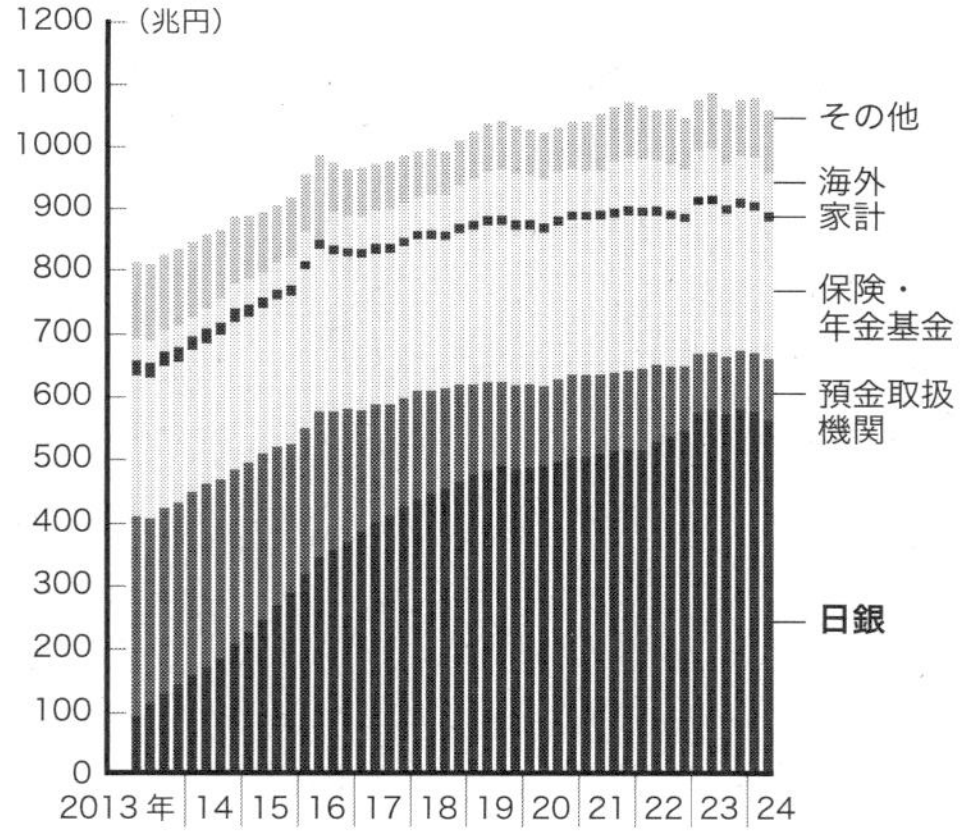

図5-8　日本銀行の国債保有率（資料：日本銀行 資金循環統計）

国民の多くは「国債問題は私には関係がない」と思っているかもしれません。もし、そうした考え方を持っているとすれば、改める必要があります。

たしかに、国債を購入しているのは金融機関です。しかし、国債を購入する元になっているお金は国民の預金であり、保険や年金の保険料です。つまり、私たちの大切なお金が国債に「化けて」いるのです。万が一財政破たんが起きたら、私たち国民もタダでは済みません。

デフォルトが起きるとどうなるか？

もし、国債発行が限度に近づいた場合、日本経済にはどういうことが起きるのでしょうか。

第一に、国にお金を貸しても返済してくれないのではないかと思う人が多くなり、国債を買おうとする人がいなくなります。その結果、**国債価格は暴落**します。

第二に、国債価格が暴落すれば、大量に国債を保有する金融機関は打撃を被り、金融危機が起きます。金融危機は株式市場を直撃し、さらに、日本経済の先行きに対する不安から為替市場では円が暴落します。いわゆる**債権・株・為替のトリプル安**です。こうした連鎖反応が「一瞬」のうちに起きます。さらに、金利（＝利回り）と国債価格は反対方向に動きますから、国債価格が暴落すると**金利が急騰**します。その結果、住宅ローン金利も上昇し家計費を圧迫します。それだけではありません。一般会計に占める国債の金利負担が加速度的に増加し、この面でも日本財政は破たんの危機に直面します。

第三に、国債の買い手がつかなければ、十分な歳入を確保することができなくなり、国は財政活動を行なうことができません。公務員の給料も払えなくなります。そうなると政府は最後の手段として、財政法第5条の「特別の事由」を根拠に、**日銀引き受けの国債発行**に踏み切るはずです。お札がじゃんじゃん印刷され、財政活動を通して大量の紙幣が市中に流れ出します。いわゆる**ヘリコプターマネー**（空からお金をばらまくこと）です。その結果、日本には**ハイパー・インフレ**が起きます。お金の価値がなくなり、外国為替市場では一気に円安が進みます。もし、物価が１００倍になれば大根1本1万円、タクシーの初乗り運賃6万円、為替レートは1ドル＝1万円の時代がやってきます。

もちろん、実際にそうなるかどうかはわかりません。しかし、心の片隅に、こうした最悪のシナリオを想定しておき、いざというときに「やっぱり来たか」と冷静に対応できる準備をしておく必要があります。デフォルトはメキシコ（1982年）やアルゼンチン（2001年）などでも起きたことがあり、けっして遠い世界の話ではありません。

財政再建に向けて

現在の日本財政は危機的状況にあります。地方を含めた一般政府の累積債務残高はGDPの約250％に達しています。これは先進国のなかでは最も悪い状況です。ユーロへの参加条件は、毎年の財政赤字がGDPの3％以下、累積債務残高がGDPの60％以下です。現在の日本経済は、この条件すら満たしていません。

では、財政赤字問題を解消し、財政再建を実現するにはどうしたらいいのでしょうか。魔法の杖《つえ》などありません。借金を返済する基本的方法は次の4通りです。

①経済成長による税の自然増収

②歳出を削減する
③増税をする
④インフレを起こす

第一に、経済成長による税の自然増収の可能性について考えていきます。もし、この方法によって財政再建できるなら、一番望ましい方法といえます。実際、歴代の内閣の基本姿勢はすべてこの方法による財政再建を唱えていました。しかし、いずれも失敗に終わっています。過去最高を記録した2024年度の税収でも約70兆円しかなく、新たに35兆円の借金を重ねました。1000兆円を超える元本を税の自然増収によって返すことなどとうてい不可能です。

第二に、歳出削減という方法はどうでしょうか。家計でも国でも、赤字に陥ればまず無駄を削り、節約をすることに取り組むべきです。しかし、無駄を削るといっても限度があります。たとえば一番わかりやすい人件費を削減することを考えてみましょう。仮に国家公務員58万人全員を解雇したとします。それでいくらの人件費が浮くでしょうか。一人あたりの賃金を年間600万円（2015年度）としても、3兆5000億円ほどにしかなりません。そのうえ、現在の一般会計のなかには、法律で支出が義務付けられているものも少なくありません。とくに社会保障関係費などはそうです。その社会保障関係費は毎年1兆円ずつ増えています。福祉国家であることが当たり前とされている今日、社会保障関係費を削るのは国民の理解を得にくいのではないでしょうか。無駄を削るというのはわかりやすいのですが、実行するのは容易ではありません。

第三に、増税について考えてみましょう。財政破たんの危険性や国債暴落説は30年前からありましたが、それでも破たんしなかった理由は、日本にはまだまだ課税余力があると見られていたからです。日本が財政赤字に陥るのは税金が安すぎるからだと主張する学者もいます。たしかに、(国税＋地方税＋各種社会保険料)を国民所得で割った国民負担率を国際比較すると、日本の国民負担率はほかのヨーロッパ諸国より低いことがわかります(図5-9)。

しかし、結論からいうと、増税は歳出削減以上に難しい政策です。国民は減税には賛成しても、増税にはなかなか賛成してくれません。一般に、消費税は1%引き上げると税収は2兆～2・5兆円増えるといわれます。2019年度に消費税は8%から10%に引き上げられました。その結果、現在の消費税の税収は約24兆円となっています(2024年度)。しかし、それでも財政赤字は止まりません。本気で財政再建を考えるならば、消費税を40%程度まで引き上げる必要があるという試算もあります。しかし、こんな政策を果たして国民は受け入れてくれるでしょうか。

プライマリー・バランスの黒字化

財政再建のためには、基本的には歳入を増やし、歳出を減らすしかありません。そこで政府が当面の目標としているのが、プライマリー・バランス（基礎的財政収支）の均衡です。これは1年間に必要な経費（国債費を除く）を1年間の税収で賄おうとするものです。そうすれば、さしあたりの出血を止めることができます。いま、このことを2024年度の歳入および歳出のデータで説明します（表5-1）。

左の表の歳入総額から公債金を除いた金額と、歳出総額から国債費を除いた金額を比較します。

（69・7兆円＋7・5兆円）－（67・8兆円＋17・8兆円）＝マイナス8・4兆円

すると、プライマリー・バランスは8兆4000億円の赤字となります。8兆4000億円という数字は、公債金（＝新たな借金）35・4兆円と、国債費（＝返済および利子への支出）27・0兆円の差額として求めることもできます。

政府は財政再建のために、とりあえずプライマリー・バランスの黒字化を目指しています。しかし、なかなか実現できないでいます。それに、たとえプライマリー・バランスの黒字化に成功したとしても、これは借金を棚上げにしているだけで、借金を返済するという根本的な解決にはなりません。

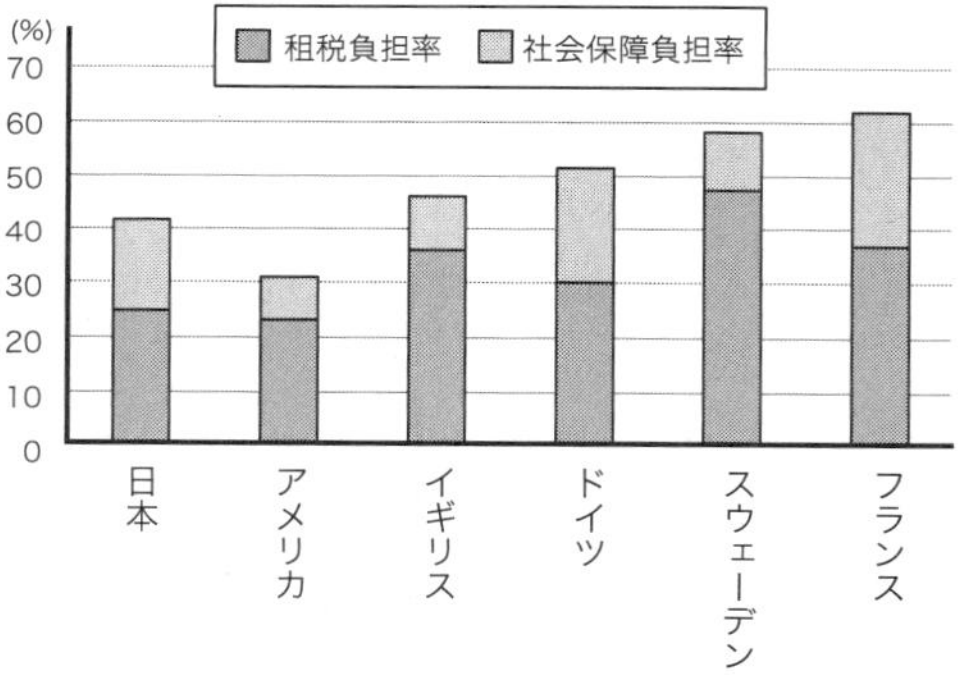

図5-9　国民負担率の国際比較（2012年、日本のみ年度）
（資料：財務省）

歳　入	
税収	69.7 兆円
その他の収入	7.5 兆円
公債金	35.4 兆円
総額	112.6 兆円

歳　出	
一般歳出	67.8 兆円
地方交付税交付金	17.8 兆円
国債費（返済＋利子）	27.0 兆円
総額	112.6 兆円

※数値は四捨五入しているため端数の合計が合致しない場合もある

表5-1　一般会計の歳入と歳出（2024年度）

インフレ税

経済成長による自然増収もダメ、歳出削減もダメ、増税もダメ、となると、最後に残された手段は一つしかありません。インフレを引き起こすことです。インフレは、借金をしている人の実質的な負担を軽くします。たとえば、住宅ローンで２０００万円の借金をしている人がいて、その人の給料が月給40万円だったとします。もしインフレになって物価が１００倍になればどうなるでしょうか。給料も（少し遅れはしますが）、１００倍の４０００万円になるはずです。借金の金額は２０００万円のまま変わりませんから、月給４０００万円の人が２０００万円のローンを返済するには、わずか半月分の給料で事足りるわけです。すなわち、インフレは、借金をしている人の負担を大幅に減らしてくれるのです。

いま、日本で一番たくさん借金をしているのは政府です。１０００兆円あまり借金をしています。もし物価を１００倍にすれば、日本政府の借金は実質的に10兆円ほどになってしまいます。こうしてインフレを起こして、日本経済をもう一度リセットするのです。

「何だ、うまい方法があるではないか」と思った人がいるかもしれません。しかし、考えてみてください。魔法の杖なんかありません。借金は誰かが返さなければならないというのは不滅の真理です。仮にインフレを起こすことによって、政府の借金が１

00分の1になったとしても、誰かがその借金を払っているという事実は変わりません。では、いったい、誰が政府の借金を払ったことになるのでしょうか？

正解は「国民」です。政府の国債を買っているのはおもに金融機関のお金はもともと国民の預金や保険料です。銀行に預けてあった100万円の預金は、インフレによって貨幣価値が下がって実質1万円になってしまい、国民の預金は100分の1に目減りしてしまいます。その結果、インフレによって国民が大損をし、政府が得をするというわけです。インフレは「お金の貸し手」から富を奪い、その富を「お金の借り手」に移転させる効果を持つのです。だから、インフレで政府の借金を帳消しにするのも、増税で国民が借金を返すのも、結局は国民が負担しているという点ではまったく同じなのです。経済学では、インフレによって借金を帳消しにすることを「**インフレ税**」と呼びます。

増税と違って、インフレ税には誰にいくらの負担がかかったのかわからないというメリット（?）があります。しかも、面倒な国会の議決も必要ありません。諸外国を見れば、インフレによって累積債務残高を帳消しにした例はたくさんあります。日本も第二次世界大戦後、200倍を超えるインフレを引き起こし、戦時中に発行した国債を暴力的に消滅させ、高度経済成長の基礎を築きました。インフレによって、一時的に経済は混乱するかもしれませんが、それで国がなくなるわけではありません。増税による借金の返済が嫌なら、最後はインフレを引き起こすまでです。そういう事態を予測して、富裕層はすでに円資産を米ドルなどに乗り換える資本逃避（キャピタル・フライト）を進めたり、インフレに強い資産（金や不動産）に乗り換えたりするなどの対策をとり終えているともいわれています。

以上、いろいろ述べてきましたが、結局は財政規律が欠落している根本的な理由は、「ばらまくことで選挙に勝てる」からであり、そうした経済政策を国民が支持しているからです。高齢者、医療関係者、製薬会社、公共事業関係者、公務員、多くの企業関係者など、私たち一人ひとりが知らないうちに既得権益者になっています。そして、自らの既得権益を守るために、声を上げることができない次世代につけを回しているのです。財政再建は待ったなしです。一刻も早く、この問題に真剣に取り組む必要があります。

コラム　格付けとデフォルト率

債券にはさまざまな種類があります。国が借金をする際に発行されるのが国債、会社が借金をする際に発行されるのが社債、銀行が借金をする際に発行されるのが金融債、電力会社が借金をする際に発行されるのが電力債です。

人にお金を貸すかどうかを決めるときに一番大切なのは返済能力です。返済能力が十分であれば貸してもいいと思うだろうし、返済能力が不十分であれば、貸すのをためらいます。**格付け会社**とは、国や企業の財務状況を分析し、返済能力をランク付けする会社をいいます。世界的に有名な格付け会社として、ムーディーズ、スタンダード&プアーズ（S&P）、フィッチなどがあり、日本でも7社が金融庁に登録して格付け業務を行なっています。

もともと格付け業務は1909年にムーディーズが始めたもので、1930年代の世界恐慌の際、格付けが高い債券ほどデフォルト発生率が低かったため、格付け情報が投資家のあいだで定着するようになりました。格付け会社はすべて民間企業で、世界中の企業から格付けの依頼を受け、その手数料を収益源としています。世界の企業がこうした格付け会社を利用する理由は、格付けをしてもらうことによって社債の発行がスムーズになるからです。たとえば、格付けのランクが高ければ、その会社は信用力があるということで、金利を低く設定できます。いわゆるローリスク・ローリターンです。一方、格付けが低くなると、金利を高く設定して投資家からお金を引き出そうとします。「うちの会社にお金を貸してくれたら、リスクはあるけれども、もしうまく行ったら儲けも大きいですよ」というわけです。すなわち、ハイリスク・ハイリターンです。

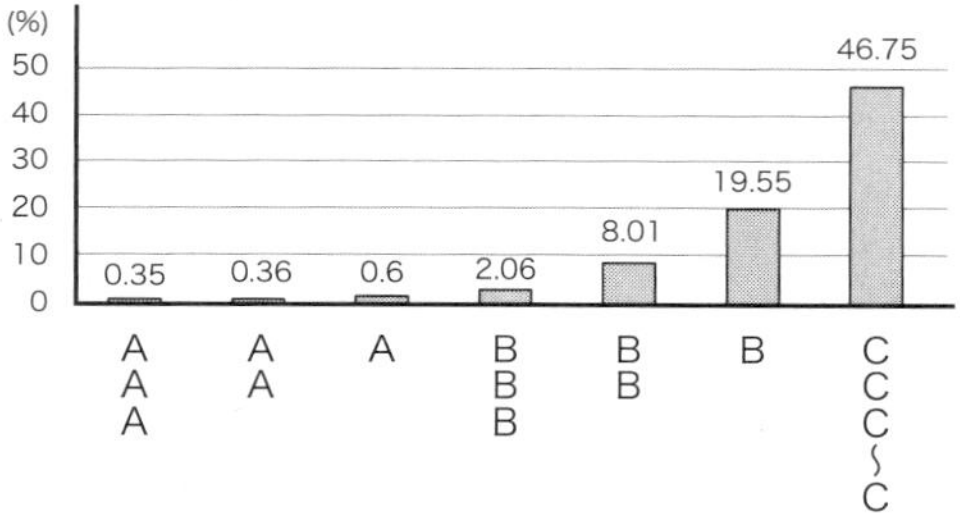

図5-10 世界企業の5年間累積平均デフォルト率（1981-2013年）
（資料：S&P）

信用力をどのように表現するかは、格付け会社によって違います。ここでは一番わかりやすいS&Pの格付けを紹介します。格付けが高い順に次のようになります。

AAA（トリプルA）、AA（ダブルA）、A（シングルA）、BBB、BB、B、CCC、CC、C

格付けされた企業が5年以内にデフォルトを起こす割合は、たとえばS&Pの場合、図5-10のようになっています。

格付け機関によって多少の誤差はありますが、一般にBBB以上は「投資適格格付け」、BB以下は「投機的格付け」とされ、俗に「**ジャンク債**」（ジャンクとはゴミくずの意味）といわれます。

こうした格付け機関は各国の国債についても格付けを行なっています。もちろん、国債の格付けは、各国が依頼したものではなく、各格付け機関が勝手に行なっているものです。

ただし、こうした格付けを神様のごとく信用することは危険です。たとえば、ムーディーズやS&Pなどの格付け機関が、AAAなどと高い格付けをしていた米サブプライム・ローン（信用力の低い個人向け住宅ローン）は、2007年に紙くず同然になり、2008年にリーマン・ショックを引き起こす原因となりました。格付けはあくまで民間企業による一つの意見であり、目安にすぎません。

重要ポイント

①財政活動の目的は、資源配分、所得の再分配、景気調整の三つである。
②日本の財政は、112兆円の予算のうち31％にあたる35兆円を借金で賄っている（2024年度）。
③累積債務残高は1000兆円を超えている。これを返済する方法として、経済成長による自然増収、歳出削減、増税、インフレがある。
④もし日本の財政が破たんするようなことがあれば、ハイパー・インフレが起きる可能性が高い。いざというときの心構えだけはしておきたい。

第6章 金融

１　お金とは何か

マネーストック

私たちが「お金（＝マネー）」といった場合、まっさきに思い浮かべるのは１万円札や１００円玉などの**現金**です。これらは間違いなく「マネー」です。しかし、現金だけがマネーでしょうか。実は、現金のほかに現金と同じようなはたらきをしているものがあります。

たとえば、**普通預金**がそうです。私たちは電気料金やガス料金を支払うのに、わざわざ電力会社やガス会社のオフィスに行ったりはしません。これらの料金は通常銀行の普通預金から自動的に引き落とされます。だから、銀行に預けてある普通預金もまた現金と同じようなはたらきをしています。また、**当座預金**も現金と同じはたらきをしています。なぜなら、当座預金を持っていると小切手や約束手形を振り出すことができ、これで支払いができるからです。普通預金や当座預金は、預金者の要求に応じてすぐに払い戻されることから、「**要求払い預金**」ともいわれます。そのほか、**定期**

		通貨の種類	内容	残高
M_1	通貨	現金通貨	紙幣、補助貨幣	112.6 兆円
		預金通貨	普通預金、当座預金などの要求払い預金	979.5 兆円
	準通貨	定期性預金	原則として一定期間払い戻せない預金	486.6 兆円
M_3	CD（譲渡性預金）		他人への譲渡が可能な無記名の預金。日本では最低預金額は5000万円以上で、企業の決済用に利用される	24.7 兆円

（2024年9月）

表6-1　マネーストック（資料：日本銀行）

性預金と普通預金を一緒にした総合口座を利用すれば、普通預金の残高が不足しても定期性預金の一定割合まで自動的に融資を受けられます。したがって、定期性預金も現金に近いはたらきをしているといえます。このように考えると、マネーというのは現金だけではなく、預金を含めてさまざまな定義が可能になってくることがおわかりいただけると思います。

現在流通しているお金は**通貨**と呼ばれ、**現金通貨**と**預金通貨**に分類されます。個人や一般法人、地方公共団体などが保有する通貨量の残高を**マネーストック**といいますが、マネーストックの代表的な指標として**M_1**と**M_3**があります（表6-1）。

表のデータをまとめると、次のようになります（2024年9月現在）。

M_1＝1092兆円

M_3＝1603兆円

このほかに、M_3から「ゆうちょ銀行」「農協」などを除いたものをM_2と呼んでいます。以前は、郵便貯金や農協の統計データの発表が遅かったために、速報性を重視する立場からこれらを除いたM_2が代表的な指標でした。そして、最終的なデータが出揃《でそろ》った段階でM_3を発表していました。しかし、現在、こうしたデータ集計の遅れの問題は解決され、マネーストックの代表的指標としては、M_3を使用するのが一般的です。ただ、過去のデータとの連続性をという意味で、いまもM_2は発表されています。ちなみに2024年9月現在、M_2＝1252兆円となっています。ただし、この数値は表6-1の統計からは計算できません。

2　金融市場のしくみとはたらき

直接金融と間接金融

資金が余っているところから足りないところへ融通することを金融といい、資金のやり取りが行なわれる場を金融市場といいます。一般的に、資金が余っているところは家計であり、足りないところは政府と企業です。家計から企業・政府への資金の流

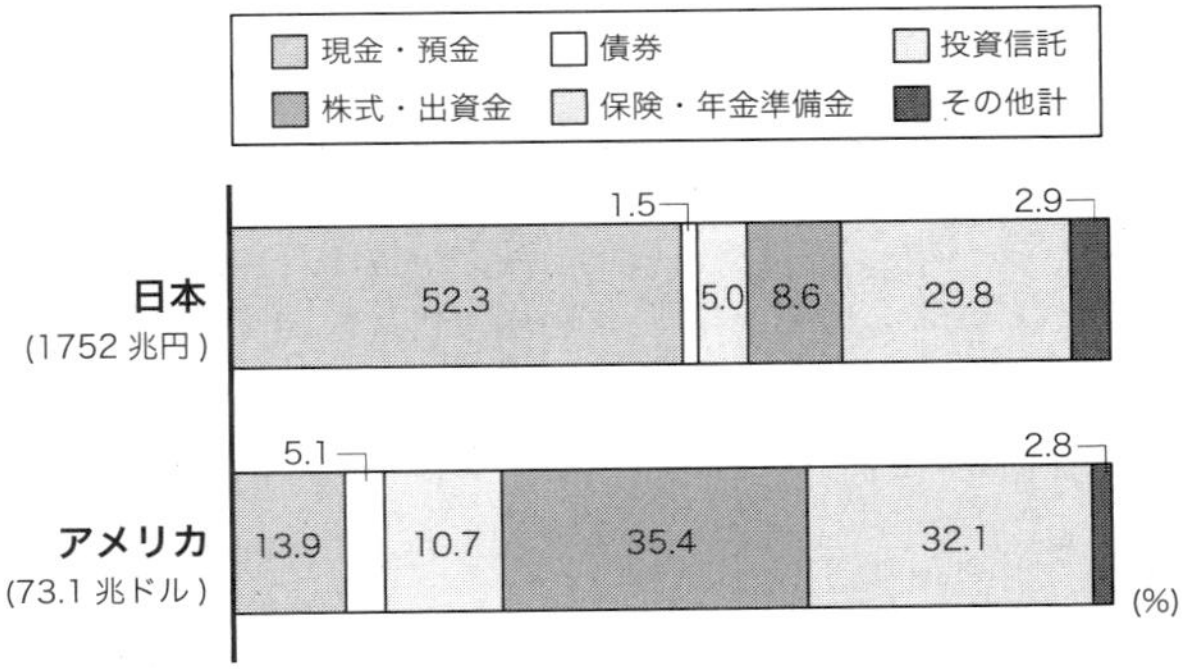

図6-1　家計の金融資産の日米比較（資料：日本銀行 2016年6月）

れには二つのルートがあります。一つは**直接金融**といわれ、家計が株式や社債、あるいは公債を購入する方法です。もう一つは**間接金融**といわれ、家計がいったん金融機関に預金したあと、金融機関が企業に貸し出したり、公債を買ったりする方法です。

直接金融は、貸したお金が返ってこないというリスクを家計が引き受けます。これに対して、間接金融は、そうしたリスクを金融機関が引き受けてくれます。間接金融は預金者にとって安全性が高い代わりに、収益（＝利子）は低く抑えられています。日本では個人がリスクをとることを嫌う風潮があり、間接金融のほうが一般的です。一方、アメリカでは圧倒的に直接金融が多く、日本とは対照的です（図6-1）。これはアメリカでは貧富の差が激しく、一部の富裕層が株式などに多くの資金を投資していることや、日米における金融教育の違いなどが関係していると思われます。

金融商品のリスクとリターン

金融商品と呼ばれるものには、普通預金や定期預金のほかに、外貨預金、株式投資、投資信託、社債、国債、民間保険などの種類があります。

金融商品を選択する場合は、リスク（危険性）とリターン（収益性）の関係を理解しておくことが大切です。一般に、リターンはリスクをとる代償と考えられ、安全性の高い商品は収益性が低く（**ローリスク・ローリターン**）、収益性の高いものは安全性が低い（**ハイリスク・ハイリターン**）という関係があります。定期預金はローリスク・ローリターンの代表的商品であり、株式投資はハイリスク・ハイリターンの代表的商品といえます。ローリスク・ハイリターンということは絶対にありません。そういう甘い儲け話は詐欺であることが少なくありません。断固として断る勇気が大切です。

コラム　銀行の収益源

銀行は預金者から集めたお金を企業に貸し出したり、有価証券を購入したりして利益を上げています。収益の柱はもちろん貸し出しです。したがって、銀行の儲けは、大ざっぱにいうと次のようになります。

銀行の利益＝（貸出残高×貸出金利）－（預金残高×預金金利）
－人件費などのコスト

もし、銀行が最終的に0・5％の利ザヤを稼ぐことができたら、預金量192兆円（2023年3月）の三菱UFJ銀行は、年間約1兆円近い利益を上げることができます。私たちにとって1％とか0・5％という数字は小さな数字にすぎませんが、金融機関にとってそれはとてつもなく大きな数字なのです。

3　銀行の役割と信用創造

マネタリーベースとマネーストック

日本銀行の重要な役割は「物価の安定」と「景気の調整」です。この目的を達成するため日本銀行は市中に出回る通貨の量をコントロールし、有効需要の管理を行なっています。もし、発行する通貨の量が少なすぎれば有効需要が不足し、不景気になります。反対に、通貨量が多すぎればインフレになります。不景気にもならず、インフレにもならないように、日銀は市中に出回る通貨量を適切にコントロールする必要があるのです。

では、日銀は何を目安に通貨量をコントロールしているのでしょうか。実は、日銀が直接コントロールできるのは現金通貨（112兆円）と日銀当座預金（↓220ページ参照）の合計額で、これを**マネタリーベース**または**ハイパワード・マネー**といいます。そしてこのマネタリーベースをもとに**マネーストック**が生み出されます。しかし、日銀がコントロールできるのはマネタリーベースまでで、通貨の大半を占める預金量を日銀は操作できません。大ざっぱにいえば日銀はお札を増やせても、市中銀行の預金量（＝マネーストック）まで増やすことはできないのです。そのことを理解するには、次の信用創造について学ぶ必要があります。

信用創造

通貨当局が112兆円の現金しか発行していないのに、預金（＝M_3）が1600兆円以上に膨らむのはなぜでしょうか。実は、そのしくみを解き明かすのが**信用創造**です。信用創造とは預金と貸し出しを何回も繰り返すことによって、銀行全体として膨大な預金が蓄積されていくプロセスをいいます。

いま、銀行に100億円の預金がなされたとします。銀行はこれを企業に貸して利

銀行	新預金総額	預金準備	新貸付金総額
A	100 億円	20 億円	80 億円
B	80 億円	16 億円	64 億円
C	64 億円	12.8 億円	51.2 億円
……	……	……	……
計	500 億円	100 億円	400 億円

図6-2　信用創造のしくみ

益を上げます。しかし、１００億円全部貸し出すと、預金者の払い戻しに応じることができなくなります。そこで、預金の一部を**預金準備金**（または**支払準備金**ともいう）として、日銀の当座預金に預けておくことが法律で義務付けられています。預金額の何%を預けなければならないかという比率を**預金準備率**（または支払準備率）といいます。実際の預金準備率は約１・２%程度ですが、ここでは計算を簡単にするために預金準備率を20%と仮定して、信用創造が行なわれていくプロセスを説明します。

いま、A銀行に新たに１００億円の預金があったとします。A銀行は20億円を預金準備金として残し、残り80億円を貸し出します。貸し出された80億円は、いったん借り手の当座預金に入金されたあと、取引の支払いに充てられ、代金を受け取る側が指定するB銀行に新たな預金として振り込まれます。そしてB銀行はこの80億円の20％を預金準備金として残し、残り64億円を貸し出します。このように、預金→貸し出し→預金→貸し出しという行為を繰り返すことによって、銀行は全体として当初の何倍もの新たな預金を生み出すことができるのです。これが信用創造です（図6－2）。

このとき、生み出される預金総額がいくらになるかを求めてみましょう。

100＋80＋64＋51・2＋……

となります。

これは初項＝100、公比＝0・8の無限等比級数の和として求められます。

一般に初項a、公比r（ただしrの絶対値は1より小さい）の無限等比級数の和Sは、

S＝a／（1－r）

で求められますから、

100＋80＋64＋51・2＋……＝100／（1－0・8）
＝500億円

となります。ただし、新たに生み出された（＝信用創造された）預金額を求めるには、最初の預金額100億円を引かなければなりません。したがって、この場合、信用創造された金額は400億円ということになります。

一般に、新たに信用創造される預金総額は次の式で求めることができます。

新たに信用創造される預金総額
＝（最初の預金額／預金準備率）－最初の預金額

（練習問題）

問　A銀行が日銀から1000億円借りた。預金準備率を10％とした場合、新たに生み出される信用創造額はいくらになるか。

答え　（1000億円／0・1）－1000億円＝9000億円

日銀がマネーストックをコントロールできない理由

先ほど、日銀はお札の量はコントロールできても預金量（≒マネーストック）まではコントロールできないといいました。なぜでしょうか。

理由は簡単です。信用創造のところで説明したように、預金準備率を20％だとすれば、最初の預金額100億円に対して、銀行は80億円まで貸し出しできます。ただし、これは貸し出しが「可能」だということを意味するにすぎません。もし、景気が悪くてどの企業もお金を借りてくれなければどうなるでしょうか。貸し出しは増えず、信用創造はそこでストップしてしまい、マネーストックはそれ以上増えません。このように、信用創造の増加プロセスは、企業が借金をしてくれないと続かないのです。

2012年以降、日銀は景気を回復させるために、大幅な金融緩和政策を行ないました。これは市中に出回るお金の量を増やし、デフレからの脱却と景気の回復を図る政策です。しかし、いくらマネタリーベース（＝現金通貨＋日銀当座預金）を増やしても、企業がお金を借りてくれないために信用創造が行なわれず、結局、マネーストックはほとんど増加しませんでした。馬を水飲み場まで連れて行くことはできても、馬が水を飲んでくれるとは限りません。それと同じように、企業がお金を借りてくれないことにはマネーストックは増加しないのです。日銀がマネーストックをコントロールできないのは、企業に借金を強制できないからであり、当然のことなのです。

4　日本銀行の役割と金融政策

日本銀行の役割

日本銀行は資本金1億円の法人で、政府が55％の5500万円を出資し、残り45％を民間が出資しています。株式会社ではありませんが、株式に相当する出資証券が発行され、ジャスダックで株式に準じて取引されています（銘柄コード8301）。現在、1株約2万6000円（最低売買単位100株）で取引されており、私たちも260万円ほどあれば、日銀に出資することは可能です。もちろん、普通の株式と同じように値上がりしたり値下がりしたりします。

日本銀行の役割は、**発券銀行、銀行の銀行、政府の銀行**の三つです。日本銀行法の第1条と第2条には、日銀の目的について次のように書かれています。

第1条　日本銀行は、我が国の中央銀行として、銀行券を発行するとともに、通貨及び金融の調節を行うことを目的とする。

2　日本銀行は、前項に規定するもののほか、銀行その他の金融機関の間で行われる資金決済の円滑の確保を図り、もって信用秩序の維持に資することを目的とする。

第2条　日本銀行は、通貨及び金融の調節を行うに当たっては、物価の安定を図ることを通じて国民経済の健全な発展に資することをもって、その理念とする。

銀行の銀行というのはちょっとわかりにくいので、ここでその意味をしっかり理解しておきましょう。私たちが銀行に預金口座を持っているのと同じように、各銀行も日本銀行に預金口座を持っています。これを**日本銀行当座預金**といいます。この日銀当座預金は次のような三つのはたらきをします。

第一に、銀行間の決済を行なっています。たとえば、ATMでA銀行からB銀行に100万円振り込んだとします。普通に考えれば、A銀行は100万円を現金輸送車でB銀行に運びます。しかし、これは面倒です。そこで利用されるのが日銀当座預金です。各銀行は日銀に当座預金を持っていますから、日銀にあるA銀行の当座預金の残高から100万円を引き、同じくB銀行の当座預金の残高に100万円加えるのです。そうすれば、クリック一つで一瞬にして決済が完了します。日銀の当座預金を通じたこうした決済システムを**日銀ネット**（日本銀行金融ネットワークシステム）といいます。日銀と各金融機関のコンピュータの通信回線は結ばれており、すべてオンライン処理されているのです。日銀ネットで扱われる金額は1日100兆円を超えています。ふだん私たちが銀行で送金したり、預金を下ろしたりすることがスムーズにできるのは、この日銀ネットのおかげなのです。なお、決済に必要な預金が不足しないように、各銀行には**預金準備金**を日銀当座預金に預け入れておくことが法律で義務付けられています。なお、法律で定められた預金準備金には利子は付きません。

第二に、印刷されたお札が世の中に送り出される窓口になっています。国立印刷局で印刷された銀行券は、企業や私たちに直接送り届けられるわけではありません。いったん、日銀当座預金に振り込まれ、そのあと各金融機関から市中に出回ることになります。

第三に、銀行が一時的に資金不足に陥った場合、日銀は**最後の貸し手**としてその銀行の当座預金に一時的に資金を貸し付けます。これにより、取り付け騒ぎが起きるのを防止し、金融システムの安定を図っています。

日銀の金融政策

日銀の重要な仕事の一つとして、物価の安定や景気の調整があります。そのために、日銀は金融緩和や金融引き締めといった金融政策を行なっています。金融政策の決定は政策委員会で行なわれます。政策委員会は総裁（1名）、副総裁（2名）および審議委員（6名）の9名で構成され、決定は多数決によります。おもな金融政策として次の二つの政策があります。

(1) 公開市場操作（オープン・マーケット・オペレーション）

これは、都市銀行などが保有する国債・手形などを日銀が買ったり（買いオペレーション）、売ったり（売りオペレーション）する政策です。一般に、不況期には買いオペをやります。その結果、市中に出回る通貨量が増加して金利が低下し、企業への貸し出しが増え、景気が良くなります（図6-3）。

反対に、景気が過熱しているときは売りオペを実施して、金融引き締めを行ないます。その結果、金利が上昇し、それによって企業への貸し出しが減少し、景気の過熱が抑制されます。公開市場操作は日常的に頻繁に行なわれており、現代の金融政策の代表的なものとなっています。

(2) 預金準備率の変更

金融機関は、預金の一定割合（現在は1・2％程度）を預金準備金として日銀に無

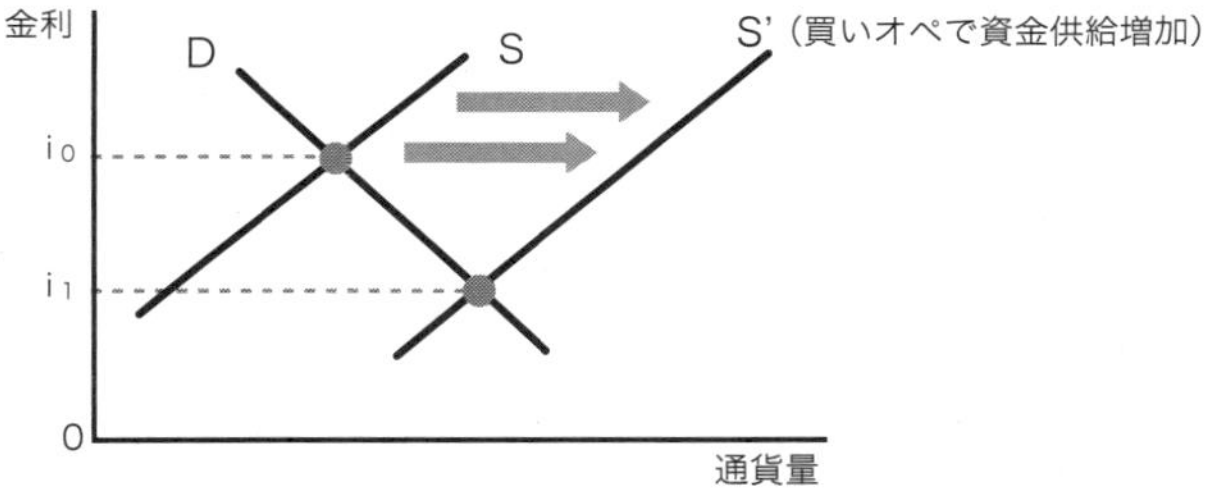

図6-3　買いオペによる金利引き下げ（金融市場）

利子で預けておくことが義務付けられています。この制度は預金準備率制度といわれます。一般に、預金準備率を引き下げれば、信用創造プロセスを通じて各金融機関の貸し出しに回せる資金が増え、それが企業の投資を増加させ、その結果、景気は良くなります。

しかし、預金準備率を変更する政策は、現在はほとんど使われることはありません。実際、1991年に1・75%から1・2%（預金額2兆5000億円超）に引き下げられて以来、変更されていません。とくに、法定準備額を大きく上回る日銀当座預金残高を維持する**量的緩和政策**が行なわれるようになってからは、預金準備率を引き下げる政策は金融政策としては無意味になっています。

コールレート

銀行は常に一定量の現金を持っている必要があります。銀行にお金を引き出しに行って、「お金がありま

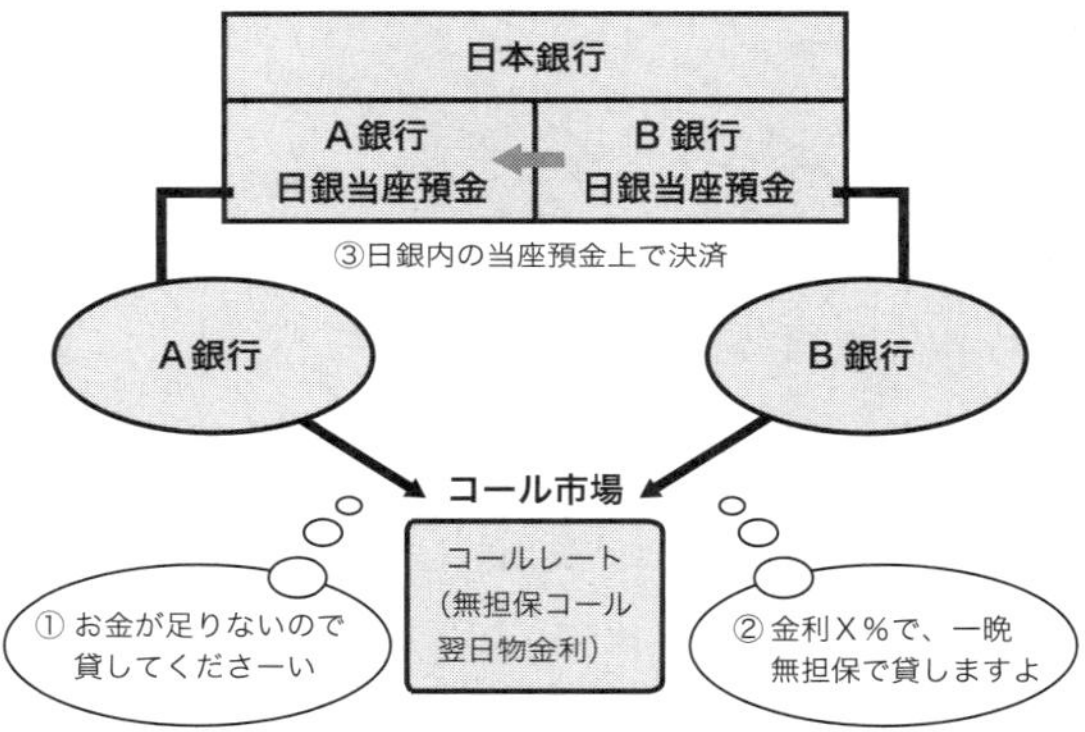

図6-4　コール市場と政策金利

せん」では話になりません。だから、銀行は預金された金額の全部を貸し出しに回すのではなく、一定額を必ず日銀の当座預金口座に預けておくのです。そうすれば、いざというときにも対応できます。

もし、決済に必要なお金が予想より多くて、A銀行の支払準備金が足りなくなったらどうするのでしょうか。そのときは、預金準備金にゆとりのある別のB銀行に「1日だけお金を無担保で貸してください。利子を付けて明日返します」と呼びかける市場が準備されています。この市場を**コール市場**といい、このときの金利を**コールレート**（無担保コール翌日物金利）といいます（図6-4）。日本銀行は公開市場操作によって市中に流通する通貨量を調整し、コールレートを**政策金利**として操作しています。

たとえば、日銀が民間の銀行が持っている国債を大量に買い上げる「買いオペ」を実施すると、各銀行の手持ちの現金が増えます。その結果、資金を貸したいという銀行が増え、コールレートが下がります。これが**金融緩和**です。コールレートが下がると、銀行が企業に貸し出す際の市場金利も連動して下がります。

5　金融の自由化

保護から競争へ

戦後、日本の金融機関は**護送船団方式**と呼ばれる方法で、政府によって手厚く守られてきました。護送船団方式というのは、一番競争力の弱い金融機関でも倒産しないように保護する政策をいいます。そのために、たとえば証券業務と銀行業務を完全に分離し、互いに縄張りを侵すことなく利益を確保できるようにしていました。また、銀行間の競争も制限され、大企業への融資は都市銀行、中小企業への融資は地方銀行や信用金庫、長期の融資は長期信用銀行や信託銀行がそれぞれ担当し、互いの縄張りを侵さないシステムがつくられていました。さらに、預金者に対する金利も大蔵省

（現財務省）の指導で一定に定められ、銀行間の金利競争は制限されていました。銀行間の預金金利には差がありませんから、預金獲得競争は預金者への粗品で行なうほかありません。しかし、過当競争にならないように、その粗品ですら（ティッシュにするか、タオルにするかなど）、大蔵省の指示で決められていたといわれています。要するに競争を制限することによって、すべての金融機関を落伍《らくご》させないようにしていたのです。この結果、競争力のない非効率な金融機関も淘汰《とうた》されることなく生き延びることができたのです。

ところが、国際化の進展によって、アメリカの金融機関との競争が激しくなると、日本の金融機関は苦況に立たされるようになります。動物にたとえれば、日本の銀行は保護されたペットであり、アメリカの銀行は弱肉強食で鍛えられた野生動物です。ペットと野生動物が同じ檻《おり》の中に入れられれば、どうなるかは明白です。国際競争に勝ち抜くために、日本も**「金融の自由化」**を行ない、競争力をつけることが必要になってきました。

１９８０年代に入り、まず預金金利の自由化が始まります（**金利の自由化**）。さらに、銀行・証券業・保険業の垣根の一部が取り払われ、相互参入が可能になります（**業務の自由化**）。その後、競争が激しくなった結果、金融機関の再編が旧財閥の枠を超えて急速に進み、三井住友銀行、三菱東京ＵＦＪ銀行（当時）、みずほ銀行の**３大メガバ**

ンクが誕生しました。さらに、経営効率を高めるため、ほかの会社の株式を所有して、事業をコントロールする**持ち株会社**も解禁されました。1990年代後半のこうした金融改革は**日本版金融ビッグバン**と呼ばれます。

ゼロ金利政策から量的緩和政策へ

1991年にバブル経済が崩壊し土地の担保価値が暴落した結果、土地を担保に資金を貸し付けていた金融機関はその資金を回収できなくなってしまいました。これを**不良債権**といいます。その額はピークだった2002年には43兆2000億円に達し、その処理などで日本は苦しむこととなります。

ケインズ経済学によれば、不景気に陥っても財政・金融政策によって景気を回復させることが可能なはずでした。ところが1990年代の日本の不景気は、いくら赤字国債を発行して公共事業をやっても、金利を引き下げてもなかなか回復しませんでした。一般に、金融政策が効くのは金融を緩和することによって、日本全体のマネーストックが増加して金利が下がり、最終的にはそれが企業の投資活動を活発にするからです。しかし、経済環境が不透明なときは、多少金利が下がったからといって企業は投資を増やそうとはしません。結局、バブル崩壊後、金融緩和によって金利を下げても、企業の資金需要が一向に増加せず、金融政策は期待するような効果を上げることができませんでした。

1999年以降、日銀はついに金利を極限まで下げる**ゼロ金利政策**を打ち出しました。これはコール市場に日本銀行が大量の資金を供給し、コールレートをほぼゼロに近づける金融政策をいいます。銀行はタダ同然で資金を調達できるため、企業への融資がしやすくなり、景気が刺激されるはずでした。

ところが、ゼロ金利政策を導入しても景気は回復しませんでした。名目金利をゼロにしても、物価が下落したために実質金利が上昇していたからです。そこで、日本銀行は2001年、ゼロ金利政策に代わって、新たに**量的緩和政策**を始めました。これは買いオペなどにより日銀当座預金の残高を増額し、金融機関に潤沢な資金供給を行なって、景気刺激を図る政策です。金利を操作する従来の「**伝統的金融政策**」に対して、量的緩和政策はマネタリーベース（現金通貨と日銀当座預金の合計）の量を操作するため「**非伝統的金融政策**」とも呼ばれます。

2014年からは物価上昇率の目標を2％に定め（＝**インフレ・ターゲット**）、異次元の金融緩和と呼ばれる量的・質的金融緩和を行ない、デフレからの脱却を図りました。しかし、異次元の金融緩和をしても民間企業の資金需要がないため、それらのお金は企業への貸し出しには回らず、自行の日銀当座預金に「ブタ積み」されたまま留《とど》まっています。これはちょうどバナナのたたき売りに似ています。いくらバナナをた

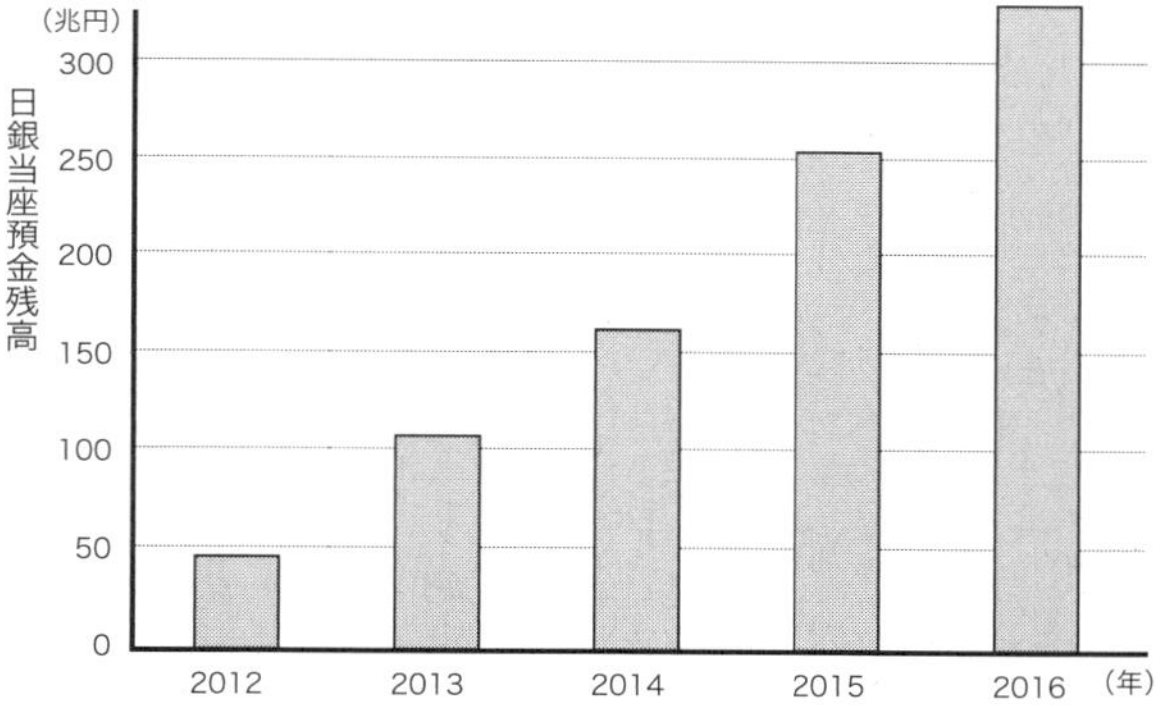

図6-5　日銀当座預金残高の推移（資料：日本銀行）

くさん店頭に並べても、バナナを欲しいと思う人がいなければ、たとえタダにしてくれても売れないのと同じです。その結果、日銀当座預金はどんどん膨らんでいます（図6-5）。この背景には、預金準備金を超える預金に対して0・1％の利子が付くため、焦げ付く恐れのある企業に貸すよりは、ブタ積みしておいたほうが得だという銀行の判断もあります。

マイナス金利の導入

目標とする2％の物価上昇を達成できない現状を打開するために、日銀は2016年1月、ついに**マイナス金利**の導入という思い切った政策手段を打ち出しました。これは、これまで預金準備金を超える預金に関しては0・1％の利子が付いていたのを、今度は逆に、金融機関から0・1％の利子を取るというものです。つまり、いままでは1000億円ブタ積みしておくと、金融機関は年間で1億円の利子を日銀から受け取ることができたのですが、マイナス金利の導入によって、逆に1億円の利子を日銀に払わなければならなくなったのです。いわば、日銀が金融機関に科す「罰金」のようなものです。

日銀に「罰金」を払ってまで預けたくないと思った金融機関は、企業や個人に貸し出しを増やすようになるはずです。そうすれば、企業が投資を増やしたり、個人が住宅を建てたりするようになり、世の中の金回りが良くなって景気が上向くと期待されます。これが日銀の描くシナリオです。

しかし、マイナス金利を導入したからといって、期待されるような効果が実現する保証はありません。なぜなら、現在、企業への貸し出しが増えないのは、企業自体に資金需要がないからです。金融政策と経済活動の関係は、「馬」と「馬の手綱」の関係にたとえられます。手綱をひけば馬（企業）は必ず止まりますが、馬自体が弱っているときにはいくら手綱を緩めても馬は走り出しません。マイナス金利が景気回復に及ぼす効果は未知数です。財政赤字が膨らむなかで、中央銀行に過剰な期待がかかっているといえます。

買いオペは財政ファイナンス

それにしても、日銀はなぜ経済的効果のはっきりしない国債の買い支えを続けるのでしょうか。最大の理由は、**財政ファイナンス**をするためであると考えて間違いありません。たしかに財政法は、日銀引き受けの国債発行を禁止しています。しかし、現実には国債が発行されるとその翌日から買いオペの対象となり、日銀は数日おきに何千億円という単位で買いオペをやっています。日銀による直接引き受けと比べて、その違いはたったの1日しかありません。しかも、日銀が買い入れる国債の額は、毎月の発行額の約9割にのぼっており、限りなく日銀引き受けに近い国債発行が行なわれているのです。日銀が買いオペをやってくれるのをいいことに財政規律が緩めば、日銀が刷ったお札は**ヘリコプターマネー**と化し、近い将来ハイパー・インフレにつながる可能性が高まります。

もし、ここで日銀が買いオペをやめれば、日銀への転売目的で国債を購入している金融機関は、一斉に国債を買わなくなるでしょう。そうなると国債価格は暴落し、金利が急騰します。その結果、政府はただちに財政難に陥ります。「日銀の買いオペは財政破たんを先送りするために行なわれている」と考えればすべてのつじつまが合います。こうした異常事態に対して、日銀は2024年、国債購入の減額や金利の引き上げなど金融政策の正常化を目指すことを決定しました。

重要ポイント

①マネー（マネーストック）には、現金のほかに、普通預金、当座預金、定期性預金なども含む。
②112兆円の現金から、銀行全体として1600兆円以上の預金を生み出すしくみを信用創造という。
③金融政策は、流通する通貨量をコントロールすることによって、企業の投資活動を通じ、実体経済に影響を与えようとするものである。
④日銀はおもに公開市場操作によって日本の通貨量をコントロールしている。ただし、日銀がコントロールできるのはマネタリーベースだけであって、マネーストックまではコントロールできない。
⑤ゼロ金利政策をとっても景気が上向かないので、2001年から日銀は量的緩和政策をとりはじめた。しかし、それらのお金は民間企業への貸し出しには回らず、日銀当座預金に「ブタ積み」されたままになっている。

第7章　物価

1　物価変動が意味すること

消費者物価指数と企業物価指数

物価とは日本全体のさまざまな価格の平均をいいます。基準時の物価水準を100として、比較時の物価を指数であらわします。その指数が基準時より大きくなった場合を「物価が上がった」、小さくなった場合を「物価が下がった」といいます。一般に、物価が継続的に上昇することを**インフレーション**、物価が継続的に下落することを**デフレーション**といいます。

物価指数には、**消費者物価指数**と**企業物価指数**の2種類があります。消費者物価指数はおもに消費者が買う財・サービス（食料、家電製品、自動車、ガソリンなど約600品目）の価格を、総務省が毎月、全国約2万7000カ所の店舗や事業所に調査員を派遣して調べています。一方、企業物価指数は、おもに企業間で取引される工業製品や農林水産物など515品目の価格動向を日本銀行が調査して作成しています。

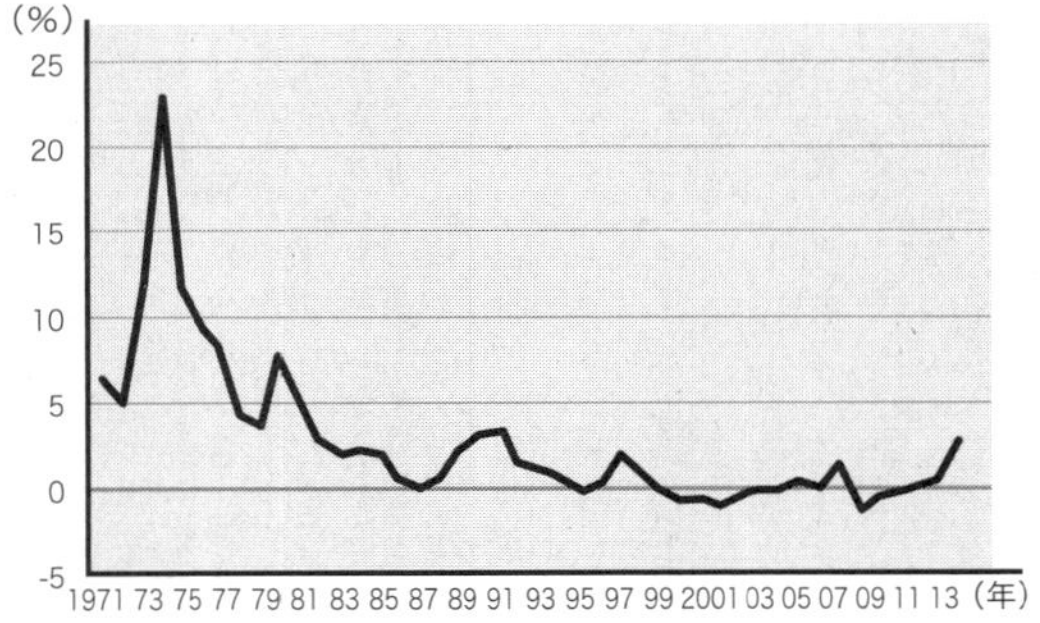

図7-1　日本の消費者物価指数対前年度上昇率（資料：総務省）

図7−1は、1971年以降の日本の消費者物価の動向をあらわしたものです。ゼロより大きいときは物価が上昇していることを、また、マイナスに陥ったときは物価が下落していることをあらわします。ここに企業物価指数は描いていませんが、企業物価指数も消費者物価指数とほぼ同じような動きをしています。

日本が高度経済成長にあった頃、消費者物価指数の対前年度上昇率は約4・2%でした。1974年に突出して高くなっていますが、これは前年に**石油ショック**があり**狂乱物価**と呼ばれる異常なインフレがあったためです。その後、日本の物価上昇率は次第に小さくなり、最近ではマイナスに陥る年も見られます。日本はバブルが崩壊した1991年を境に、インフレ体質からデフレ体質に移行したといえます。

物価変動がもたらす影響

物価が変動すると、私たちの生活にどのような影響があるのでしょうか。たとえば、インフレには次のような弊害が考えられます。

第一に、売り惜しみや買いだめをする人が多くなって、社会が混乱します。ひとたびインフレに火がつき、物価上昇の「期待」が人々のあいだに形成されると、少しでも安いうちに購入しようと消費者はスーパーなどの店頭に殺到します。一方、企業は値上がりを期待して売り惜しみをします。その結果、たとえば石油ショックのときにトイレットペーパーが店頭から消えたように、社会に大きな混乱が生じます。

第二に、物価上昇に賃金の上昇が追いつかず、人々の生活は苦しくなります。一般にインフレが起きた場合、賃金の引き上げは物価上昇より約1年遅れます。こうしたタイムラグは年金生活者や生活保護世帯など、所得が増えにくい人たちの生活を直撃します。

第三に、資産をどのような形態で所有しているかによって大きな不公平が生じます。たとえば、インフレが起きると、値上がりする「モノ」を持っている人は大儲けできます。バブルの頃「5000万円で買った家が1年後に1億5000万円になった」などという話をよく聞きました。一方、資産を銀行に預金している人は、貨幣価値が目減りした分だけ大損します。こうした不公平を回避するため、インフレーションが発生すると人々は現金を手放し、値上がりが期待される「モノ」や金融商品に乗り換えようとします。このような行動は**インフレ・ヘッジ**と呼ばれます。

第四に、インフレによって、借金をしている人が得をし、お金を貸している人は損をするという不公平も生じます。たとえば、月給40万円の人が銀行から1000万円の住宅ローンを借りて家を建てたとします。物価が2倍になり、少し遅れて賃金も2倍の80万円になったとすると、実質的な負債金額は半分になってしまいます。

一方、デフレにもさまざまな弊害があります。

第一に、デフレは借金をしている人の実質的な負担を重くします。住宅ローンを抱えている人や借金をしている企業にとって、名目上の返済金額は変わらなくても、貨幣価値が高くなった分だけ実質的な返済金額が大きくなるからです。

第二に、デフレになると**実質金利**が上昇し、企業が新たに借金をして投資活動をすることを躊躇《ちゅうちょ》させます。そのため、経済活動をいっそう萎縮させます。

第三に、デフレが不景気とともにやってくることも大きな問題です。デフレによって物価だけが下がればいいのですが、実際はデフレと不景気が同時にやってくることが多く、賃金も下がるのが一般的です。しかも、いったんデフレに陥ると、待てば待つほど価格が下がるという「期待」がはたらくため、消費者の買い控えが起き、さらに価格が下がるという悪循環（**デフレ・スパイラル**）を引き起こします。

物価と景気の関係

ところで、なぜデフレは不景気と一緒にやってくることが多いのでしょうか。一般に一つの財の価格が需要と供給によって決まるように、たくさんの財の価格の平均である物価水準も、日本全体の総需要と総供給によって決まります。すなわち、総需要（＝消費＋投資＋政府支出＋輸出－輸入）が減少すると物価は下がります。総需要が減少するのは不景気のときです。そのためデフレは不景気とともにやってくることが多いのです。これとは反対に、総需要が増加すると物価は上がります。総需要が増加するのは景気が良いときです。だから、景気が良いときはインフレが発生しやすくなるのです。一般に、物価と景気のあいだには次のような関係が存在しています。

好景気→物価が上がる
不景気→物価が下がる

もちろん、不景気とインフレが同時に起きることがまったくないというわけではありません。景気の停滞とインフレが同時に進行する現象を**スタグフレーション**といいます。しかし、これは特殊な条件が重なったときに生じる例外的な現象です。一般的には物価と景気のあいだに右で述べたような関係があります。いま、このことを日本全体の総需要曲線Dと総供給曲線Sを使って説明します。

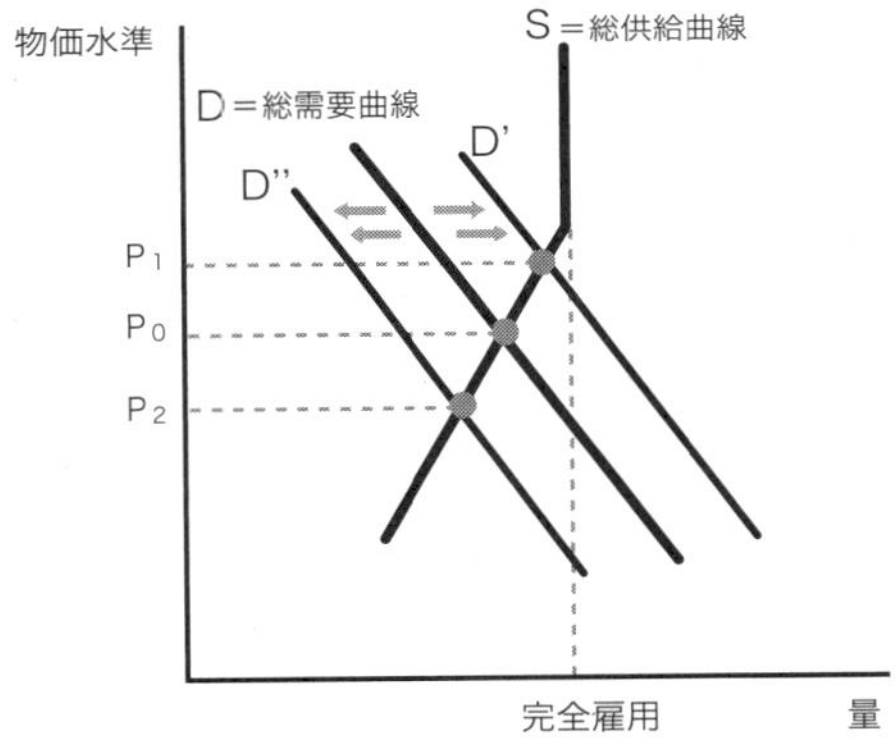

図7-2　物価水準の決定

図7-2において、短期的には総供給曲線は動かないものと仮定します。総供給曲線が完全雇用の水準で垂直になっているのは、完全雇用が達成されると、短期的にはこれ以上生産量を増やすことができないからです。いま、最初の物価水準をP_0とします。ここで、総需要が増加すれば、総需要曲線はD'へ移動し、景気が良くなると同時に物価水準はP_1へと上昇します。さらに総需要が増えて完全雇用の生産水準を超えると、生産量をこれ以上増やすことができないため、物価だけが上昇していきます。ケインズはこうした状態を**真正インフレーション**と呼びました。一方、総需要が減少して総需要曲線がDからD"へ移動すると、景気は次第に悪くなると同時に、物価水準もP_2へと下落していきます。

このような物価と景気の関係に注目すれば、物価の動きから景気の状態を推測することも可能になってきます。すなわち、インフレが起きているのは景気が過熱しはじめているためではないか、また、デフレが起きているのは有効需要が不足して不景気に陥っているためではないか、と判断できるわけです。経済成長率と同じように、物価もまた経済活動の体温計の役割を果たしているといえます。

物価は少しずつ上がるほうがよい

ところで、物価は上がったり下がったりしますが、上がるほうが良いのでしょうか、それとも下がるほうが良いのでしょうか。消費者からすれば、物価は下がるほうが望ましいように思えます。しかし、価格が下がると企業の売り上げが減少し、その結果、業績が悪化し従業員の賃金を下げざるを得なくなるかもしれません。さらに会社の業績が落ち込み、リストラが行なわれ失業する人も出てきます。一般に、デフレは不景気とともにやってきます。したがって、デフレが与える社会的影響は深刻です。過去には、デフレ政策をとったために政府要人が暗殺された例もあります。

これに対して、インフレは好景気とともにやってきます。好景気と不景気のどちらが良いかと聞かれれば、もちろん好景気が良いに決まっています。したがって、デフレよりもインフレのほうが、罪が軽いというべきです。デフレは「**暗い妖怪**」、インフレは「明るい妖怪」といわれる所以《ゆえん》です。もちろん、だからといって1年間に物価が10%も20%も上昇するのはいけません。インフレが起きれば賃金や年金も引き上げられますが、賃金が引き上げられるのは半年とか1年とかのタイムラグをともない、その間、人々の生活が苦しくなるからです。

以上のことを総合すると、物価は少しずつ上昇し（年率2%程度）、しかも、景気が良い状態が一番望ましいといえます。年率数%程度の緩やかなインフレを金融緩和によって人為的に起こし、景気を良くしようとする政策を**リフレーション政策**といいます。現在日銀が目標としている2%という物価上昇率はこうした背景から主張されているものです。安倍内閣が展開した経済政策はリフレ政策の壮大な実験場だったといえます。

2　インフレーション

スピードによる分類

インフレーションは、そのスピードによっておおまかに三つに分類されます。

（1）クリーピング・インフレーション

年率数％程度の穏やかなインフレです。日本の高度経済成長期のインフレがこれに該当します。

（2）ギャロッピング・インフレーション

年率数十％程度のかなり激しいインフレをいいます。石油ショック後の日本の狂乱物価がこれに該当します。

（3）ハイパー・インフレーション

1年間で物価が数十倍、数百倍になるインフレをいいます。歴史上一番有名なハイパー・インフレは第一次世界大戦後にドイツで起きたインフレで、1913〜14年を1とすると1923年には1兆2470億倍になりました。また、ソ連崩壊後のロシアにおいては、1991年から92年の2年間に物価が26倍になりました。また、ジンバブエでは2000年代にハイパー・インフレに襲われ、2015年、ついに1円＝約300兆ジンバブエドルという天文学的なインフレとなりました（図7‐3）。

図7-3　100兆ジンバブエドル（2008年発行）

インフレーションの原因

インフレーションが起きる原因としては、次の三つの説が有力です。ただし、状況によってさまざまなタイプがあり、インフレの原因を一つに絞り込むことは困難といえます。

（1）ディマンド・プル説

ディマンド・プル説は、需要（demand）が物価を引っ張り上げるという意味で、インフレの原因は需要側にあるとする考えです。たとえば、５００兆円の供給能力しかない社会に、有効需要管理政策によって５５０兆円分の需要をつくり出してやれば、需要が完全雇用における産出量を上回るためインフレが生じます（真正インフレーション）。また、需要の大きさが完全雇用産出量以下であったとしても、完全雇用に近づけば一部の商品に「**ボトルネック**（隘路《あいろ》）」が発生し、物価上昇が生じやすくなります。日本の高度経済成長期に発生したクリーピング・インフレーションはおもにディマンド・プルによって引き起こされたと考えられます。

ディマンド・プル型のインフレ対策としては、国内の総需要を適切な財政・金融政策によって抑制することが有効です。具体的には、政府支出の削減、増税、売りオペ、金利の引き上げなどの政策によって、インフレを抑え込むことができます。

（2）貨幣数量説（マネタリズム）

これは、中央銀行が貨幣（＝通貨）を発行しすぎるからインフレーションが起きるとする説です。インフレの原因が需要側にあるとする点ではディマンド・プル説と似ていますが、超過需要が貨幣の超過供給によってのみ生み出されるとする点で異なります。いま、

M＝貨幣量
V＝貨幣の流通速度
P＝物価水準
T＝取引量

と定義すると、次の式が恒等的に成り立ちます。

MV＝PT…①

式①のPTは一国で一定期間（通常は1年）に取引された金額の総額をあらわします。一方、MVはその期間にどれだけのお金が動いたかその総額をあらわします。取引額と動いたお金の量は、コインの裏表のような関係にあり、必ず一致します。

ここで、式①を次のように書き換えます。

P＝（V／T）×M…②

ここで、貨幣数量説論者の特徴は、式②を因果関係として読むことです。すなわち、（V／T）が一定であるとすると、M（＝貨幣量）を2倍に増やせばP（＝物価水準）も2倍になり、Mを3倍に増やせばPも3倍になります。つまり、物価水準は貨幣量に比例するという理論が導かれます。これが一番単純な形の貨幣数量説です。ドイツやジンバブエのようなハイパー・インフレーションを説明する際、貨幣数量説は極めて有効です。

貨幣数量説では、インフレは金融的な現象であるとされます。したがって、インフレを起こさないように、金融当局が貨幣量を適切にコントロールすることが必要だと説きます。現代の代表的な**マネタリスト**（＝貨幣数量説論者）である**M・フリードマン**

は、中央銀行の役割は毎年一定の割合（3〜4％程度）の通貨を機械的に供給するにとどめるべきで、なまじっか人為的な金融政策を行なうからかえって経済が混乱すると主張して、ケインズ流の金融政策と真っ向から対立しました。

一方、貨幣数量説には批判もあります。貨幣量を増やすことができるのは資金需要がある場合であって、資金需要がない場合、いくら貨幣量を増やそうとしても増やすことはできないという批判です。ヘリコプターでお金をばらまくわけではないので、貨幣量を2倍にしようと思っても簡単には2倍にできないというのです。実際、第二次安倍内閣の下で日本銀行は大胆な金融緩和政策を行ないましたが、日本全体の貨幣量（＝マネーストック）は増えませんでした。民間企業の資金需要がなかったため、買いオペによって増加したマネタリーベースは、日銀の当座預金に「ブタ積み」されたままでした。こうした理由から貨幣数量説に懐疑的な見方をする人も少なくありません。

(3) コスト・プッシュ説

これは、企業の生産コストが増えるとそれが製品価格に転嫁され、インフレを起こすという考え方です。現代においては市場の寡占化が進行し、企業が価格支配力を持つ場合が少なくありません。そうした寡占市場では、価格は需要と供給によって決められるのではなく、企業が生産コストに一定の利潤を上乗せして決められます。これを**フル・コスト原理**といいます。したがって、賃金や原材料の価格が上昇した場合、それが製品価格に転嫁されることによってインフレが生じるのです。このようなタイプのインフレを**コスト・プッシュ・インフレ**といいます。

1973年の石油ショックに際して、原油価格が4倍になったために日本経済が激しいインフレに襲われたのはこのタイプのものでした。原油価格の上昇によって総供給曲線が左に移動し、そのために物価水準が上昇したのです。

コスト・プッシュ・インフレに対しては、独占禁止法の厳格な運用などで企業間の競争を取り戻し、価格競争を促進させることが必要です。しかし、ディマンド・プル・インフレと違って、コスト・プッシュ・インフレを完全に抑え込むことは困難です。とくに輸入原材料価格の上昇によって製品価格が上昇するのは、やむを得ない面があります。

インフレとバブルの違い

ところで、モノの値段が上がる現象の一つに「バブル」があります。バブルとインフレーションとは、どのように違うのでしょうか。一般的に、インフレーションはたくさんの財・サービスの価格が上昇する現象をいいます。これに対してバブルは、株式や土地など一部の商品の価格が、本来の価値を大きく上回って上昇する現象をいいます。

バブルの歴史をたどると、一番古い例として、オランダのチューリップ・バブルがあります。これは、1630年代のオランダで起きたもので、愛好家のあいだで手に入りにくいチューリップの球根が高値で取引されるようになり、そこに投機的要素が加わって異常な高値になったというものです。高級品種の球根1個と邸宅が交換されることもあったということです。しかし、バブルはいつかはじけます。1637年に球根の価格は突然暴落し、チューリップ・バブルは終わりました。

また、18世紀にイギリスで起きた南海泡沫《ほうまつ》事件も有名です。1711年、イギリス政府は「南海会社」という会社を設立し、南米および南太平洋の貿易の独占権を与えました。この株式が異常な人気を呼び、1720年1月に100ポンドほどだった株式が6月には1050ポンドという高値で取引されるようになります。しかし、8月に価格は暴落し、12月にはまた100ポンド台に戻ってしまいました。

日本でもバブルが起きたことがあります。1985年にプラザ合意が結ばれ、その後急速に円高不況が進行しました。日銀は、この円高不況を乗り切るために思い切った金融緩和を行ないました。その結果、あふれた資金が株式市場や不動産市場に流れ込み、1987年頃からバブルが始まったのです（図7-4）。当時、日本ではバブル

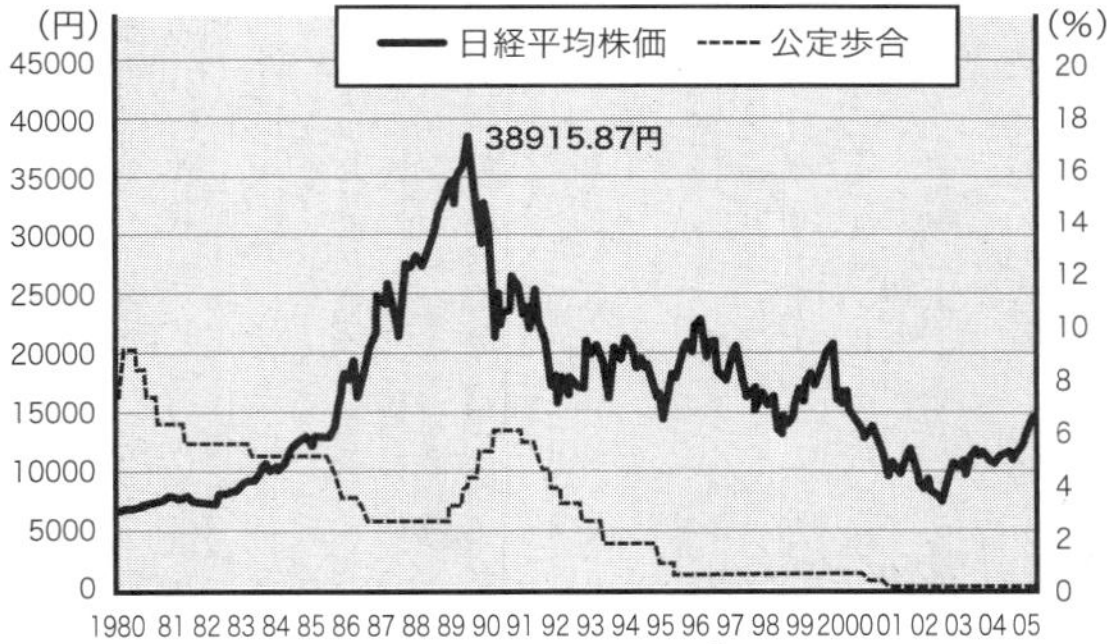

図7-4　日本のバブルと株価

という言葉はほとんど知られていませんでした。バブルは、「はじけるまでバブルとはわからない」という特徴があります。だから、マスコミは、株価が上がるのは戦後の日本人が過労死するほど働いた結果であり、これが日本の実力だと書き立てました。また、狭い日本に世界中の企業が進出すれば、地価が上がるのは当然だと、多くの人が考えていました。いったん、値上がり期待に火がつくと、いくら高くても買い手はあらわれます。数カ月後にはさらに高値で売り抜けることができると思うからです。その結果、6大都市圏を中心に地価が上昇し、日本列島を一つ売ればアメリカが四つ買えるといわれるほど日本の地価が上昇してしまいました。株式や土地などの資産価格が上昇すると、今度は**資産効果**を生み出します。人々の金遣いが荒くなり、高級車がバンバン売れ、日本はいわゆる**バブル**

景気に酔いしれたのです。

しかし、バブルがはじけるときがやってきました。日銀が**公定歩合***を引き上げ、金融引き締めを行なったからです。1990年に株式が暴落し、翌1991年には土地価格も暴落し、バブルは崩壊しました。

1個1円の石ころが100万円になって、また1円に戻ったとしても、そのあいだ眠っていた人にとっては何事もなかったのと同じです。しかし、バブルの崩壊はそうではありませんでした。資産価格の変動は儲けも損失も桁違いに大きくなります。地価の下落は金融機関に**不良債権**という厄介な置き土産を残し、社会に深刻な影響を与えました。その後、日本は「**失われた30年**」といわれる長い不景気のトンネルに入っていきました。

＊金利自由化が完了し、公定歩合と預金金利との直接的な連動性がなくなったことにともない、公定歩合は2006年からは「基準割引率および基準貸付利率」と呼ばれ、無担保コールレート（翌日物）の上限として位置づけられています。

3　デフレーション

デフレーションの原因

第二次世界大戦後、日本の物価問題といえばインフレーションでした。しかし、1991年のバブル経済崩壊後、インフレに代わってデフレが深刻な問題となってきました。日本がデフレに陥った原因として、次の二つのことが挙げられます。

(1) バブル崩壊後の需要不足

現在のデフレの第一の原因は、バブル経済崩壊後の需要不足にあります。すなわち、$Y_F = C + I + G + (X - M)$ の式において、総需要が不足し、$Y_F > C + I + G + (X - M)$ となっているのです。なぜ総需要が少ないのか、その原因を項目別に検討してみます。

まずC（消費）ですが、総需要の6割近くを占める消費が伸びません。理由はたくさんあります。第一に、不景気が長期化し所得が伸びないこと、第二に、低賃金の非正規雇用労働者が増加したこと、第三に、比較的ゆとりがあるとされる高齢者が老後に備えてお金を使おうとしないこと、第四に、物価が下落し続けるため消費者が購入を先延ばししていること、などが挙げられます。そのほか、日本全体の人口が減少しはじめたことや、日本が豊かになって消費者がどうしても欲しいと思う商品があまりないことなどもあります。そうした要因が重なって、日本全体の消費量が伸びない状況が続いています。

次に**I（投資）**ですが、日本国内では魅力のある投資案件が少なく、企業は工場を建てたり、設備投資をしたりしようとしません。工場を建てるにしても日本国内ではなく、賃金の安い中国や東南アジアなどの海外を選ぶことが多く、そのため国内の投資増加に結びつかないのです。また、デフレは、実質金利を上昇させ、借金をしている人の実質的負債額を増加させるため、企業の借り入れや投資を抑制してしまいます。さらに、日本の人口が減少するなかで、住宅投資も増えません。

結局、不足する総需要を補う役割を果たすのは**G（政府支出）**しかありません。しかし、財政赤字が膨大な額に膨らんだ現在、これ以上財政に負担をかけることは難しい状況にあります。

なお、**X（輸出）**は、第3章で述べた理由（↓110ページ参照）から、基本的には政府が政策的に操作してはいけないとされています。

こうしたことが原因となって、日本の総需要が不足し、デフレに陥っていたと考えられます。

(2) グローバル競争による価格下落

デフレに陥った第二の理由は、中国や東南アジアから価格の安い製品が大量に輸入され、それが国内価格を押し下げる要因になっていたことです。電化製品や衣類、車、食料など、多くの製品が人件費の安い中国や東南アジアで生産され、それが日本に輸出されています。なかには、海外に進出した日本企業による「逆輸入」の例もあります。

4　日本銀行は物価の番人

貨幣価値の安定

日銀の最大の目的は貨幣価値の安定を図ることです。表7-1は1970年と2015年の物価を比較したものです。この半世紀近くのあいだに、物価はおおよそ3倍以上になっています。つまり、大ざっぱに見て貨幣価値は3分の1程度に下落したということになります。

ただし、その間にサラリーマンの年収は1970年の87万1900円から、2012年の473万3600円（厚生労働省賃金構造基本統計調査）へと、約5・4倍になっていますから、**実質賃金**は上昇しています。したがって、生活水準はもちろん向上しています。

物価と失業はトレード・オフ関係

物価を安定させながら好景気を持続させることが理想です。しかし、世の中には「あちらを立てれば、こちらが立たず」ということが起こり得ます。一般に、一方が良くなれば他方が悪くなる関係を**トレード・オフ関係**といいます。

実は、物価と失業率のあいだにはトレード・オフ関係が存在することが、1958年にイギリスの経済学者、A・W・フィリップスによって示唆されました。すなわち、好景気を望めばある程度の物価上昇はやむを得ず、また物価を下げるためには景気を犠牲にせざるを得ないというやっかいな関係が両者のあいだにあるというのです。この曲線は現在、発見者の名にちなんで**フィリップス曲線**と呼ばれています（図7-5）。その後、世界各国の研究者が調べたところ、このトレード・オフ関係は多くの資本主

	1970年	2015年	備考
コメ	575円	1740円	5キログラム（2010年）
食パン	116円	438円	1キログラム（2010年）
映画	700円	1800円	大人１人
新聞	568円	4037円	1カ月
ガソリン	55円	147円	1リットル
タクシー	130円	680円	初乗り運賃
郵便料金	15円	82円	封書
国立大学授業料	12000円	535800円	年間

（2015年は消費税を含む）

表7-1　物価水準の比較（資料：総務省など）

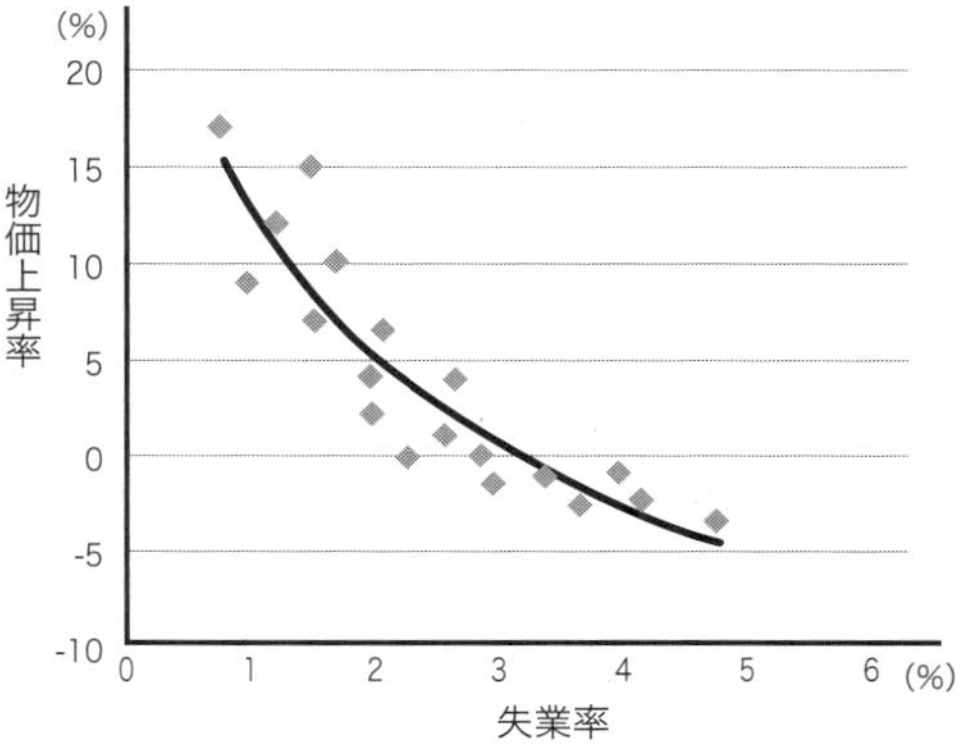

図7-5　フィリップス曲線

義国で観測されました。もちろん、日本でも見られました。

もし物価と失業率のあいだにトレード・オフ関係が存在するとすれば、景気を良くして失業率を下げ、同時に物価上昇率も下げることは不可能だということになります。景気を良くしてある程度の物価上昇を我慢するか、それとも物価上昇を抑えて失業率が高い状態（＝不景気）を我慢するかの選択しかありません。すなわち、フィリップス曲線上の１点を選択する問題に帰着せざるを得ません。第二次世界大戦後の日本の経済政策は、

好況・インフレ → 金融引き締め → 不況・デフレ → 金融緩和

というサイクルを繰り返してきました。もし、フィリップス曲線上のどの点が政策として望ましいかと聞かれたら、多くの人はある程度の物価上昇を我慢してでも好景気を望むのではないでしょうか。バブル経済崩壊後の日本は長い間、フィリップス曲線の右端のほうにあったといえます。

重要ポイント

①インフレやデフレは、保有する資産の形態の違いによって大きな社会的不平等をもたらす。

②一般に、好景気のときはインフレになりやすく、不景気のときにはデフレになりやすい。したがって、デフレよりは、年率2〜3%程度の緩やかなインフレのほうが望ましい。

③インフレーションの原因として、ディマンド・プル説、貨幣数量説、コスト・プッシュ説などがある。

④現在の日本のデフレーションの原因としては、国内需要の不足、グローバル競争による価格低下などが考えられる。

⑤物価上昇と失業率のあいだにはトレード・オフ関係が見られる。

第8章　日本の社会保障制度

1　人生におけるリスクと対策

人生におけるリスク

第二次世界大戦まで、日本の平均寿命は50歳代でした。それが食生活の改善や医療の発達で、平均寿命はいまや男子は約81歳、女子は約87歳と、主要先進国のなかで最も高い水準になりました。しかし、必ずしも順風満帆とはいかないのが人生です。いろんな厭《いや》なことにも遭遇します。「できればこういう目には遭いたくない」という人生のリスクには、たとえば、病気、交通事故、火事、地震、失業、認知症などがあります。そうした不測の事態に備えて、私たちは日頃からさまざまな対策を講じていきます。サーカスのブランコから落下したときに備えて張ってあるネットを**セーフティネット**（安全網）といいます。それと同じように、人生のリスクに対してさまざまな備えを講じておくことも、セーフティネットと呼ばれます。代表的なセーフティネットとして、次の三つがあります。

自助努力（貯蓄と民間保険）

第一に、最も一般的なセーフティネットは自助努力です。その代表的なものは、もちろん**貯蓄**です。蓄えがあればいざというとき安心です。しかし、生涯収入が2億円から3億円といわれるなかで、貯蓄をしたいと思ってもなかなかできるものではありません。多少の蓄えがあっても、大きな病気をすればあっという間に吹っ飛びます。火災や地震に遭えば、たとえ1000万円の蓄えがあったとしても家は建ちません。そこで、多くの人はいざというときに備えて、生命保険、火災保険、地震保険、自動車保険などの**民間保険**に加入することになります。そうすれば、いざというときに保険金が給付され、生活を立て直すことができます。

しかし、民間保険には実は重大な欠陥があります。たとえば、生命保険には健康な人しか入ることができません。もし、病気（たとえば末期がん）の人の加入を認めれば、健康なときには保険に入らず、病気になってあわてて保険契約を結ぼうとする人が続出します。これでは生命保険会社はビジネスとして成り立ちません。だから、加入する際には、事前に医療機関で健康診断を受け、健康であることの証明が求められます。

社会保険の導入

第二のセーフティネットは**社会保険**です。もともと、保険というのは助け合いの精神から出発した制度です。「みんなで病気の人を助ける」「みんなで火災や地震に遭った人を助ける」。そうした助け合いが保険の出発点です。ところが、民間保険のシステムだけでは、すでに病気になった人などはセーフティネットから漏れてしまいます。そこで、これを補うために登場したのが社会保険です。

社会保険が民間保険と異なるのは、**任意加入**か**強制加入**か、という点です。民間保険への加入は任意ですが、社会保険は一定の年齢になれば全員強制加入です。そして、困っている人を全員で支え合います。現在、日本の社会保険には、**医療保険**、**年金保険**、**雇用保険**、**労災保険**、**介護保険**の五つの種類があり、加入者は毎月保険料を支払うことになっています。この五つのうち、金額的に大きいのは医療保険と年金保険で、この二つで社会保険全体の約8割を占めています。

税金による救済

第三のセーフティネットは税金による救済です。世の中にはさまざまな理由から、民間保険に加入する経済的ゆとりがなく、また、社会保険の保険料を払えない人がいます。そうした人たちにも「健康で文化的な最低限度の生活を営む権利」（日本国憲法第25条）を保障するため、税金を投入するのです。具体的には**生活保護**や**児童手当**などの給付がこれにあたります。

2　社会保障制度の歴史

社会保障の歩み

自助努力を別にすれば、社会保障のやり方には税金と社会保険による救済の二つの方法があります。初めて税金による救済政策が実施されたのは、１６０１年にイギリスで制定された**エリザベス救貧法**でした。これは貧困者を対象とするもので、その目的は救済というよりは、むしろ治安維持にあったといわれます。それでもエリザベス救貧法は近代的社会福祉制度の先駆として、その後の福祉政策に大きな影響を与えました。こうした歴史的背景から、税金を財源とする社会保障制度は現在もイギリスやスウェーデンなどで典型的に見られ、**北欧型**と呼ばれています。

また、資本主義の発達によって貧富の差が拡大すると、社会保険による救済策が登場するようになります。19世紀後半にドイツの**ビスマルク**は、疾病、労災、老齢、廃疾に関する初めての社会保険制度をつくりました。ただし、ビスマルクは社会保険を導入すると同時に社会主義者を弾圧したため、彼の政策は「**アメとムチの政策**」と呼ばれました。社会保険を重視する社会保障は現在もドイツやフランスなどで典型的に見られ、**大陸型**と呼ばれています。

一方、アメリカでは建国以来、「政府は個人の生活に干渉しない」という自己責任の精神が伝統的に根強く、いまも自助努力が重視されています。したがって、社会保障も民間保険が中心です。とくに医療に関しては高額な治療費を請求されることが多く、民間保険に入っていないとたいへんなことになります。たとえば、盲腸の手術をして1週間入院した人が185万円請求されたという例があります。お金がないと医療機関で治療を受けることもできません。虫歯で歯が痛くなっても、保険に入っていなければ、ペンチを使って自分で歯を抜くしかないのです。保険料が高くて払えず、保険に加入できない無保険者はアメリカ全体の15％に相当する約4900万人いるといわれます。自助努力を重視するこうしたやり方は**アメリカ型**と呼ばれています。

大きな影響を与えたベバリッジ報告

社会保障は長らく、政府の仕事とは考えられていませんでした。それが政府の仕事に加えられたのは、20世紀になって**生存権**の考え方が定着してきたからです。

初めて「社会保障」という用語が使われたのは、1935年のアメリカの**社会保障法**でした。この法律はニューディール政策の一環として制定されたものです。その後、1942年にはイギリスで、ベバリッジを委員長とする社会保障制度改革委員会によって**ベバリッジ報告**が発表されました。これは「**ゆりかごから墓場まで**」、すなわち一生を通じて国家が責任をもって社会保障を行なうというもので、その後の各国の社会保障政策に大きな影響を与えました。このほか、ケインズの**大きな政府論**が広く行き渡ったことや、資本主義に対する強力なライバルとして社会主義が登場したことも、社会保障を発展させる一因になったといえます。

3　日本の社会保障制度

四つの柱

日本の社会保障制度は1922年の**健康保険法**（1927年施行）が最初です。本格的に社会保障が整備されるようになったのは第二次世界大戦後のことです。日本国憲法に「すべて国民は、健康で文化的な最低限度の生活を営む権利を有する」（第25

条）という生存権の考え方が盛り込まれたからです。現在、日本の社会保障制度は**社会保険、公的扶助、社会福祉、保健医療・公衆衛生**の四つを柱としています。このうち社会保険以外は全額税金で賄われています。年間の社会保障給付費は約１３８兆円（２０２４年度）とＧＤＰの４分の１近くにのぼり、そのうちの８割近くが年金保険と医療保険で占められています。

社会保険　医療保険、年金保険、雇用保険、労災保険、介護保険の五つがある。疾病、老齢による退職、失業、労働災害、介護に対して保険金が支払われる。
公的扶助　生活保護法が代表的事例。すべての国民に最低限度の生活を保障するために、全額公費で賄われる。そのほか児童手当法に基づく支給もある。
社会福祉　福祉六法に基づいて、施設やサービスを提供する。全額公費で賄われる。
保健医療・公衆衛生　結核などの疾病の予防および治療、上下水道の整備、公害対策などを行なう。

給与明細に見る社会保障の負担額

一般に、サラリーマンの月給は「年齢×１万円」が一つの目安といわれます。社会保険料は給料から天引きされており、給与明細表を見ると自分がいくら支払っている

支給内容	
基本給	399,710円
残業手当	50,000円
家族手当	25,000円
通勤手当	9,570円
支給額合計（A）	484,280円

差引支給額（A－B）
＝391,155円

社会保険、税金の内容		
社会保険	健康保険	19,875円
	厚生年金	40,774円
	雇用保険	2,905円
	介護保険	2,661円
税金	所得税	12,410円
	住民税	14,500円
控除合計（B）		93,125円

表8-1　サラリーマンの給与明細表

かがわかります。平均的なサラリーマンの場合、税金と社会保険料の合計は支給額の2割程度です。したがって、手取り金額は支給総額の8割くらいになるのが一般的です（表8-1）。

医療保険のしくみ

社会保険としての**医療保険**は、すべての人を保険に加入させ、万が一病気になった場合、誰でも治療費の一部（現在は3割）を支払うだけで治療を受けられる制度です（図8-1）。

１９５８年に**国民健康保険法**が成立し、１９６１年に**国民皆保険**が実現しました。医療保険制度は少し複雑で、被保険者がどのような仕事に従事しているかによって加入する保険が異なります。

国民健康保険　加入者約２４００万人。農林水産業、自営業の人、会社を退職した無職の人、およびそ

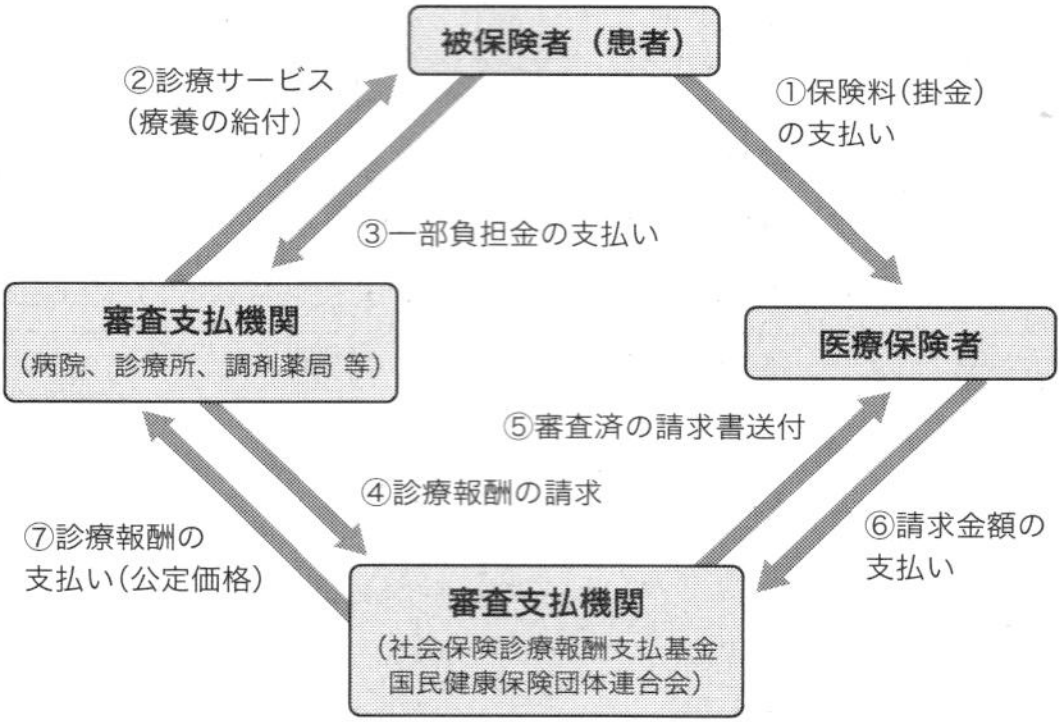

図8-1　保険診療のしくみ（資料：厚生労働省）

の家族が加入する。

健康保険組合　加入者約2800万人。主として大企業のサラリーマンおよびその家族が加入する。

全国健康保険協会（協会けんぽ）　加入者約3900万人。旧政府管掌健康保険から移管され2008年に設立された。主として中小企業のサラリーマンとその家族が加入する。

共済組合　加入者約870万人。国家公務員、地方公務員、私立学校の教職員およびその家族が加入する。

船員保険　加入者約11万人。船員とその家族が加入する。

後期高齢者医療制度　加入者約1800万人。75歳以上の後期高齢者だけを対象とし、独立して医療給付を管理する。75歳になった段階で国民健康保険などから自動加入となる。

国民健康保険と後期高齢者医療制度

ところで、国民健康保険制度には一つ問題点があります。サラリーマンや公務員が定年になると、健康保険や共済組合から国民健康保険に加入し直すことになります。この結果、国民健康保険には高齢の加入者が集中してしまいます。厚生労働省の資料によりますと、生涯にかかる平均的な医療費は約2300万円で、そのうちの半分は70歳を過ぎてから必要になるということです（図8-2）。したがって、国民健康保険は必然的に赤字になります。

政府は2008年から**後期高齢者医療制度**を導入しました。75歳以上の高齢者医療費を集中管理し、医療費を抑制するためです。この制度では75歳以上のすべての高齢者も1割の自己負担をします。

2022年度の国民医療費の総額は約47兆円でした。これは国民一人あたり、年間37万円になります。医療保険の保険料だけでは賄えず、国庫から年間約12兆円が援助されています。今後、高齢社会が本格化して医療費がますます膨らむことが予想されます。これにどのように対応するかが問われています。

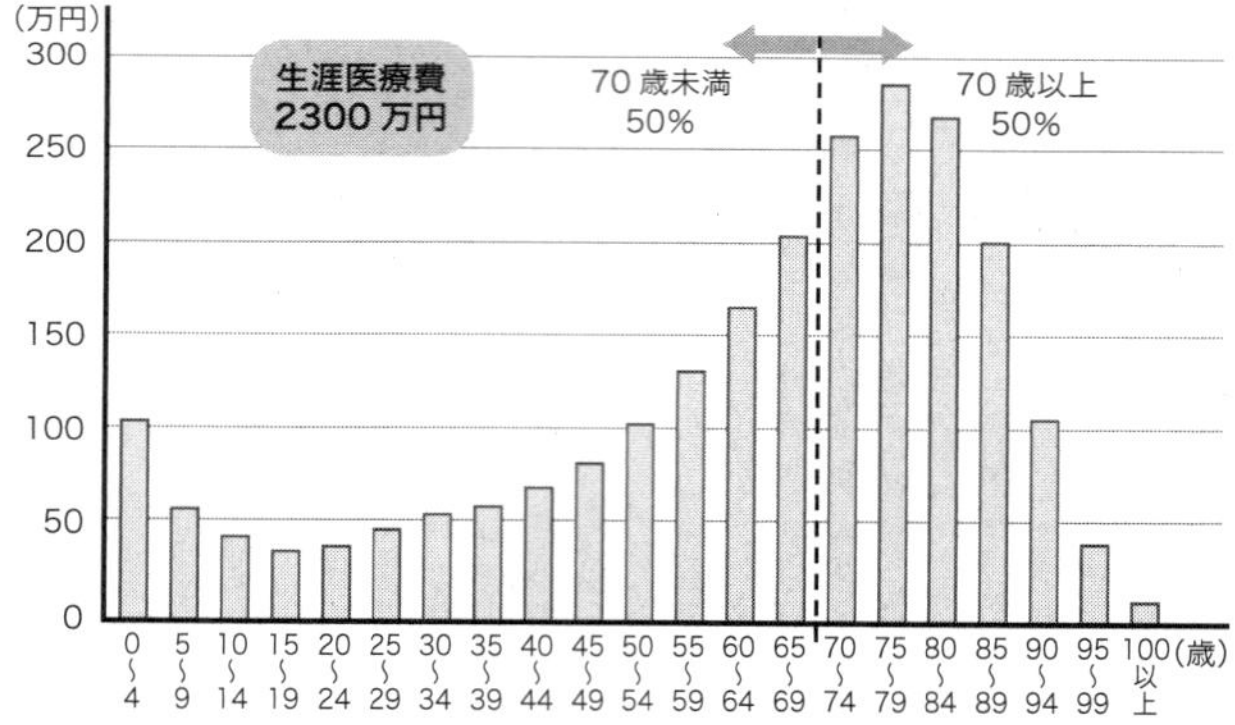

図8-2　生涯にかかる医療費（資料：厚生労働省）

長生きするリスクと年金保険

人生は大きく三つの時期に分けることができます。「子どもの時期」「大人として自立できる時期」そして「老後」です。それぞれの期間を20年、40年、20年とすると、人生の半分は誰かに養ってもらうことになります。

人生におけるさまざまなリスクのなかには、「長生きするリスク」があります。また、事故に遭って障害を負い働けなくなったり、一家の大黒柱を突然失って収入が途絶えてしまったりするリスクもあります。定年や不慮の事故などで収入がなくなった場合、その後の生活保障をどのようにすればよいのでしょうか。一昔前は平均寿命が短く、3世代が同居する大家族制が一般的でした。ですから、大家族制そのものが社会保障の機能を果たしており、老後のことはほとんど問題になりませんでした。しかし、現代では核家族化が進み、家族による社会保障の機能は期待できなくなっています。また、都市化が進んで地域共同体の機能も崩壊してしまいました。

収入がなくなったあとの生活の面倒を誰が見るのか。このような課題を社会的に解決するために導入されたのが**年金保険**です。1959年に国民年金法が制定され、1961年には全国民を強制的に加入させる**国民皆年金**が実現しました。これにより、**老齢年金**、**障害年金**、**遺族年金**が整備されました。

年金制度のしくみ

現在の年金制度は2階建てになっています。1階部分を**国民年金**（または**基礎年金**）、2階部分を**厚生年金**といいます。従来、2階部分は民間サラリーマンが加入する厚生年金と、公務員が加入する共済年金の2種類がありましたが、2015年10月に両者は統合され、厚生年金1本になりました（図8-3）。

国民年金は20歳以上のすべての国民に加入を義務付けるものです。20歳から60歳まで、原則として40年間、毎月定額の保険料を払い続けることによって、65歳から年金を受け取ることができます。支払う保険料は月額1万6980円（2024年度）で、65歳から受け取る年金額は、月額約6万8000円となっています。ただし、受け取

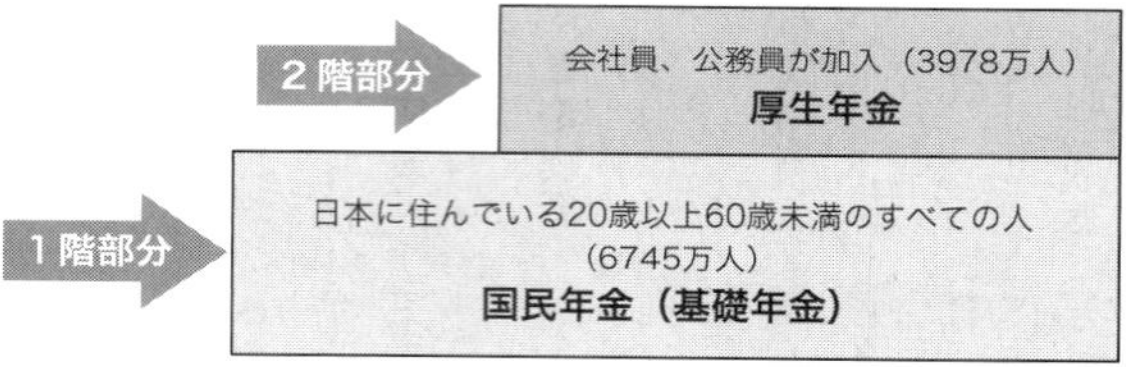

図8-3　日本の年金制度（資料：厚生労働省 2023年度データ）

る年金額は加入期間によって異なり、加入期間が短いと減額されます。現在の平均支給額は月額5万8000円程度です。加入者のうち、自営業者は第1号被保険者、会社員・公務員は第2号被保険者、専業主婦は第3号被保険者と呼ばれます。自営業の人は定年がなく、年をとっても働くことができるので、基本的に1階部分の国民年金だけで、2階部分はありません。

一方、会社員や公務員は退職後、国民年金だけでは生活できないので、2階部分である厚生年金にも加入します。厚生年金の保険料は給与所得に応じて決まります。所得の多い人はたくさん保険料を支払い、その代わりたくさん給付されます。年金制度は現役時代の6割程度の給付をめどに設計されており、現在の平均的な年金月額は1階・2階部分を合わせて約14万7000円で、これに妻（専業主婦）の1階部分（国民年金）を合わせると、夫婦の年金は月額で20万5千円程度になります。もし、夫が死亡した場合、妻が受け取る遺族年金は夫の2階部分の4分の3と、妻自身の1階部分になります。反対に妻が先に死亡した場合、夫は自分の年金収入だけになります。

年金制度には老齢年金や遺族年金のほかに障害年金も組み込まれており、いざというときのセーフティネットとなっています。私の知人で、20代で交通事故に遭い、障害が残ってしまった人がいます。幸い、年金保険を払っていたので障害年金を受け取ることができました。障害年金は障害が続く限り生涯受け取ることができます。年金保険は、そうした障害に対するリスク対策にもなっています。

年金制度の三つの問題点

ところで、年金制度については次のような三つの問題点があると指摘されています。

（1）現役世代の負担増

第一に、現役世代の負担増の問題です。2020年の65歳以上の人口は3617万人であり、総人口の約28・7％です。ピークとなる2042年には3878万人になると見込まれています。このままいけば、高齢者を支える現役世代の負担増加が避けられません。かつては約9人で1人のお年寄りを支える**胴上げ型**でしたが、現在は**騎馬戦型**になっており、やがては**肩車型**に移行するといわれています（図8-4）。現役世代の保険料負担が過重にならないようにするため、政府は、国民年金の国庫負担割

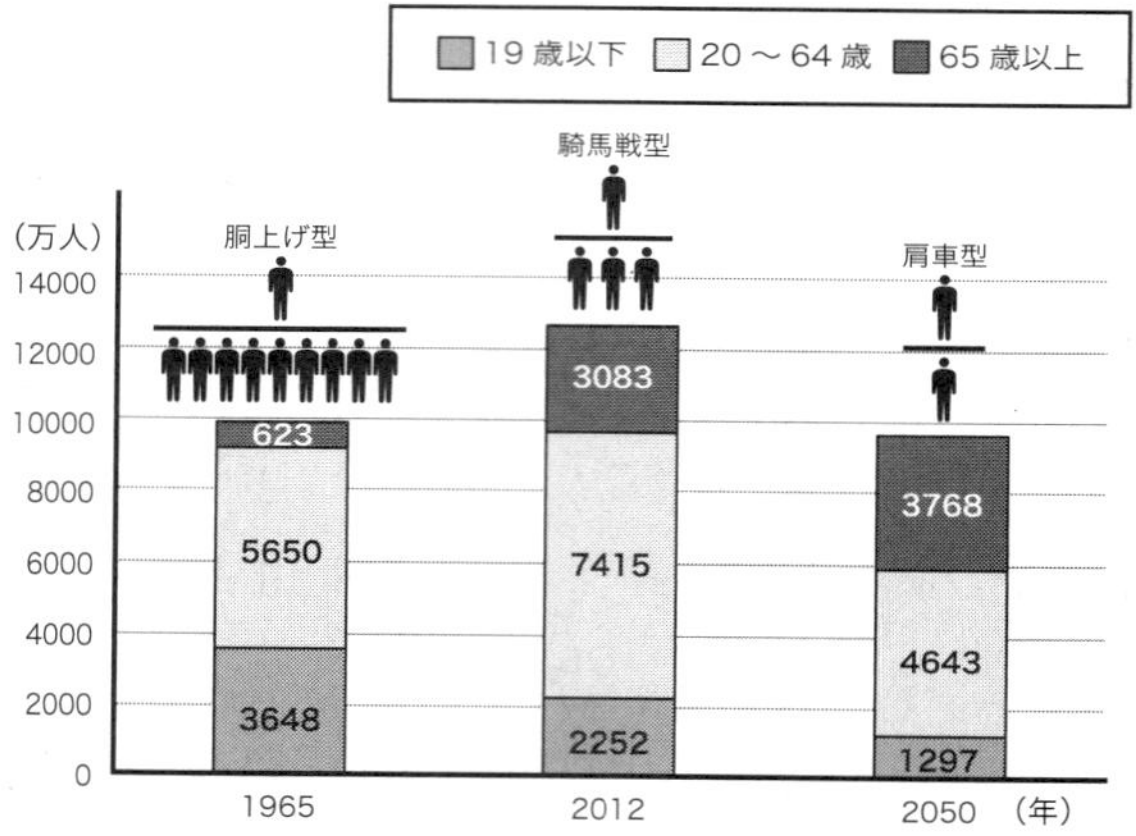

図8-4　増加する現役世代の負担（資料：厚生労働省）

合を２００９年度から3分の1から2分の1に引き上げましたが、これだけでは根本的な解決になりません。

　どうしてこのような問題が起きるかというと、現行の年金制度は**世代間扶養**の考え方に基づいて運営されているからです。つまり、いま現役世代が払っている40兆円の保険料は、現在のお年寄りを支えるために使われてしまい、将来自分がもらえる年金を積み立てる制度にはなっていないのです。いま払っている保険料は毎年使われてしまって、消えてなくなっているのです（図8-5）。このように、現役世代が現在のお年寄りを支える方式を**賦課方式**といいます。賦課方式の下では、お年寄りが増えて支える人が少なくなると、

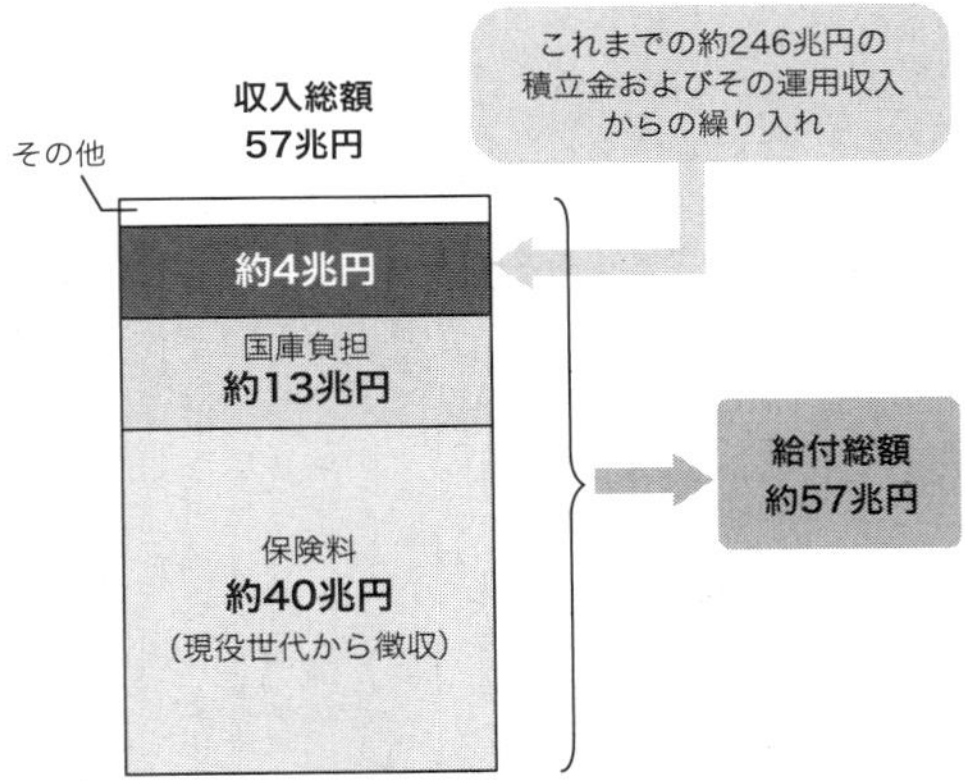

図8-5　賦課方式による公的年金の財政収支（2023年）

どうしても「担ぎ手の少ないおみこし」の問題が起きてしまうのです。

通常の人口構成ならば賦課方式で何ら問題はないのですが、日本の場合は第二次世界大戦後のベビーブームとその後の極端な少子化という二つの現象が重なったため、このような問題が起きてしまうのです。自分が受け取る年金を自分で積み立てる**積立方式**に変更すれば、こうした問題は解消されます。しかし、積立方式はインフレに弱いという決定的な欠陥があり、それはそれで問題があります。さて、どうしたものか。お年寄りも現役世代もある程度の譲歩をして妥協点を見出していくほかないように思います。

ただし、仮に公的年金制度がなかっ

たとしても、高齢者は若い世代が支えるしかありません。少子化が進み合計特殊出生率は１・２です。すなわち、１人の女性が産む子どもの数は平均して１・２人です。夫婦２人でお互いの両親４人、場合によっては祖父母まで支えなければならないかもしれません。一人っ子で独身の場合は、１人で２人の両親を支えることになります。そう考えると、公的に負担するか私的に負担するかの違いがあるだけで、いずれにしろ、誰かが支えなければならない点では同じともいえます。

(2) 保険料の滞納

年金制度の第二の問題点は保険料の滞納です。とくに若い人を中心に保険料を支払わない人が増加しています。その背景には、「今後保険料を払い続けても、いざ自分たちが年金をもらえるようになる何十年か後には、わずかな金額しかもらえず損なのではないか」という年金制度そのものに対する不信感があります。また、非正規雇用のため収入が少なく、保険料を払いたくても毎月の保険料を捻出できないという人もいます。図８-６に見られるように、20代の納付率が低いのはそうした事情を反映しているものと思われます。

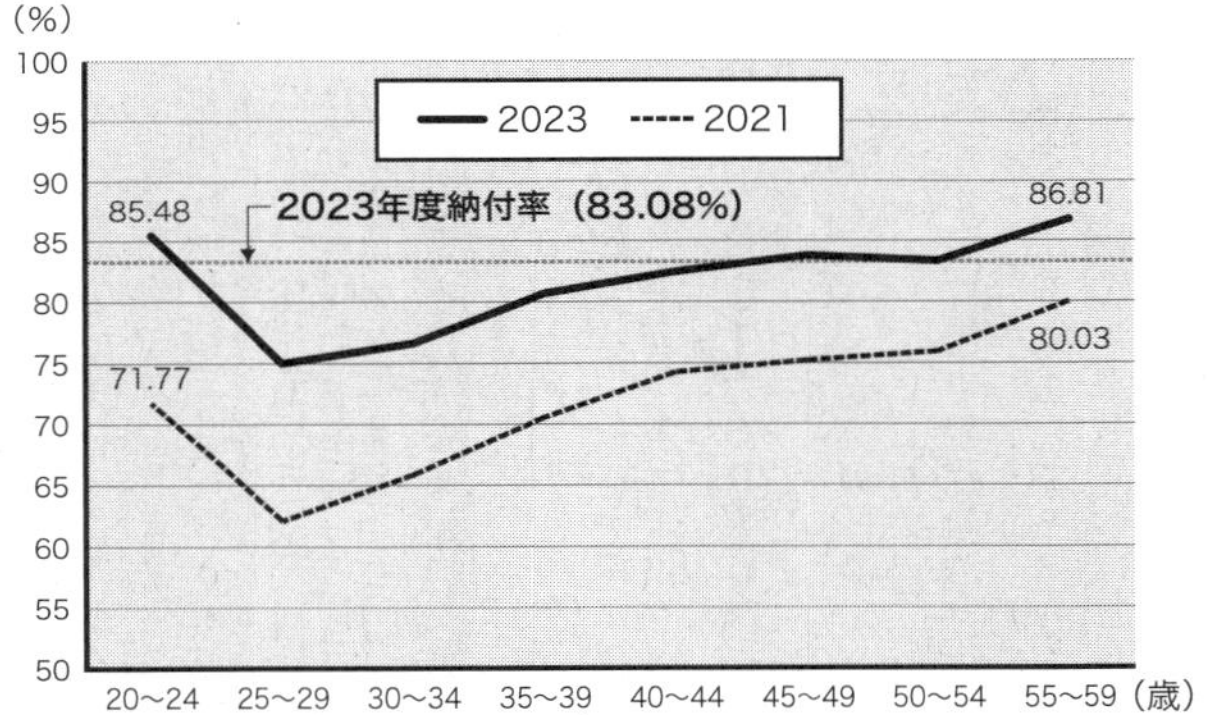

（注）年齢は2021年度末時点。

図8-6　年金保険料の年齢階級別納付率（資料：厚生労働省）

（3）厚生年金への未加入

第三の問題点は、厚生年金に加入していない企業が多数存在することです。厚生年金の保険料は報酬月額の18・3％を**労使が折半**することになっています。月収25万円の従業員を10人雇えば、企業が負担する金額は毎月22万円余り、年間では300万円近くになります。企業がそうした負担を嫌って厚生年金に加入しないケースがあるのです。また、従業員のほうでも保険料を天引きされると毎月の手取額が減るため、厚生年金への加入に反対する場合もあると聞きます。

厚生労働省が所得税を天引きしている250万社の企業を対象に調査したところ、このうち約80万社が厚生年金に加入していないことがわかりました。加入逃れ企業に勤める従業員は２００万人を超えると推計されています。こうした未加入問題を放置すれば、今後「老後破産」する人が大量に発生する心配があります。会社勤めなのに厚生年金の保険料が天引きされていない場合は、企業が加入逃れをしている可能性があります。厚生年金に加入しているかどうか、一度、給与明細で確認しておきたいものです。支払う保険料と受け取る年金額を比較した場合、国民年金より厚生年金のほうが絶対「お得」です。

国民年金と厚生年金を比較すると、以下のようになります。

国民年金のみの人

対象者：自営業、学生、非正規雇用者など約１４００万人
保険料：月額1万６９８０円を本人が負担
年金額：月額約6万８０００円

厚生年金

対象者：会社員や公務員など約４６７０万人
保険料：月額の18・３％を労使が折半で負担
年金額：月額（平均）約14万６０００円

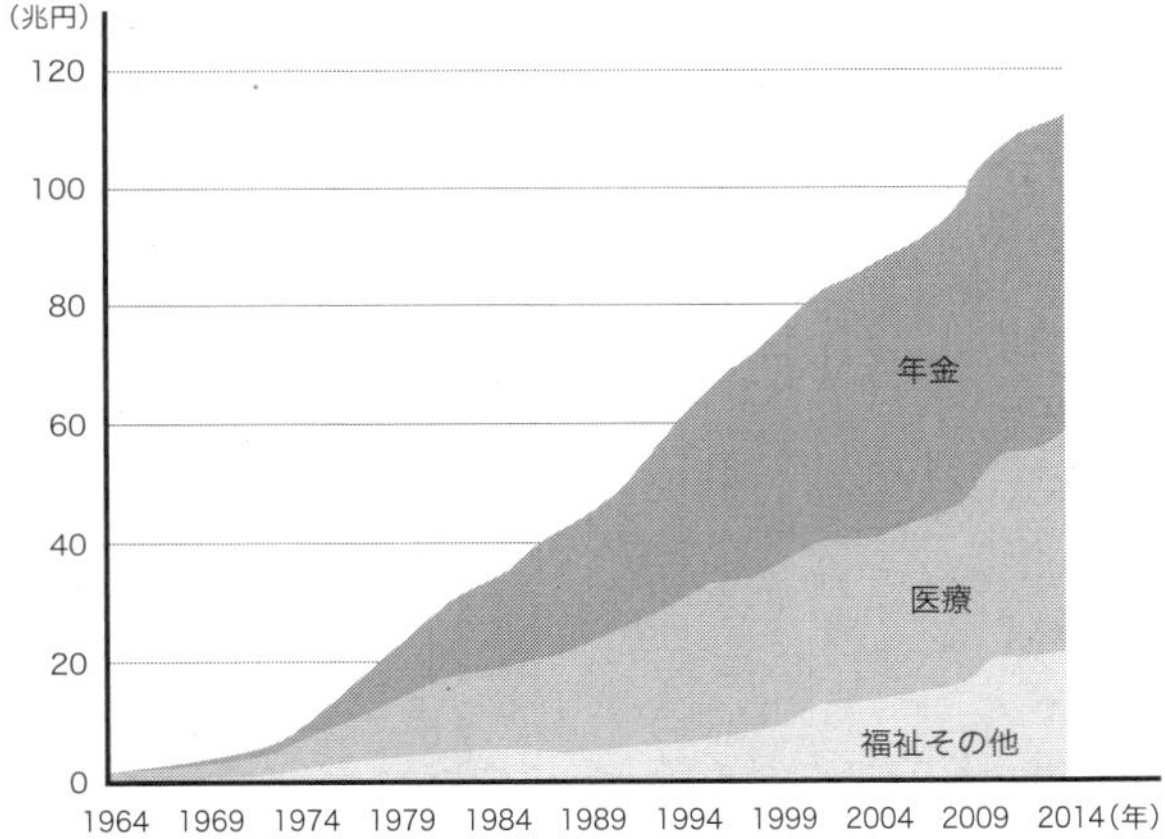

図8-7　社会保障給付費の推移（資料：厚生労働省）

世界に誇れる日本の制度

社会保障給付費は医療費と年金を中心に急速に増加しています（図8－7）。現在、高齢世帯の約4割は年金収入だけで暮らしているといわれます。2カ月に1度、偶数月に銀行口座に2カ月分の年金が振り込まれます。高齢者にとってはこれが最大の楽しみになっています。戦後、せっかく築き上げてきた国民皆保険と国民皆年金という素晴らしい制度を崩壊させることがあってはなりません。これらは世界に誇れる制度なのです。

介護保険

家族介護のたいへんさは経験した人でないとわからないといいます。なにしろ24時間・365日、休みがなく、しかも、この先そういう状態が何年続くかわからないのです。子育てなら3歳になればどうなる、5歳になればどうなると、ある程度先の見通しが立ちます。しかし介護は、今後10年続くのか20年続くのか、見通しがまったく立ちません。そのうえ認知症をともなうと、介護のたいへんさはいっそう深刻になります。

親が子を育てるのは動物の本能といえます。しかし、子が親を介護するのは人間だけです。これまで介護の問題は平均寿命が短かったことや大家族制であったことから、大きな問題にはなりませんでした。しかし、現代のように高齢化と核家族化が進むと、高齢者を家族介護だけで支えることが困難になってきました。**老老介護**などという言葉がありますが、親が90歳以上になると、子どものほうが先にダウンすることだってあり得ます。高齢社会の介護は社会的にサポートするしかないのではないか。そうした社会的要請から、2000年4月に**介護保険**が導入されました。

介護保険の保険料は40歳以上の人と国および地方公共団体がそれぞれ半分ずつ出し合います。介護サービスには民間業者も自由に参入でき、介護が必要となった場合、「受けたいサービス」や「事業者」を選択し、かかった費用の1割を負担すれば、あとの費用は保険から支払われることになっています。ただし、介護サービスを利用するには、介護認定審査会の審査を受け認定される必要があります。要介護認定者数は次第に増加し、現在、全国で６９４万人（２０２２年）の人が介護保険を利用しています。

しかし、介護保険が整備されたからといって、これで介護の問題がすべて解消したというわけではありません。最重度介護（要介護５）が認定されたとしても、介護保険によって受けられるサービスは最大で月額約36万円です。ホームヘルパーさんに身体介護を頼めば、１時間につき約４０００円かかります。１カ月で90時間しか頼めません。１日あたり３時間です。残り21時間はやはり誰か（家族？）が付き添わなければならないのです。現在の介護制度は、あくまで家族介護の補助的な制度です。今後も家族介護中心で行くのか、それとも介護を「社会化」する方向をさらに推し進めるのか。それによって家族政策のあり方や介護制度のあり方が変わってきます。

公的扶助

公的扶助は、全額税金で賄われる社会保障です。公的扶助の代表的なものとして**生活保護**があります。現在、１６５万世帯２０２万人が生活保護を受けており（２０２３年度）、１９９１年のバブル崩壊以後、急速に増えています（図8-8）。内訳は、高齢者世帯が約55％、傷病者・障害者世帯が約25％、母子世帯が約４％、などとなっています。

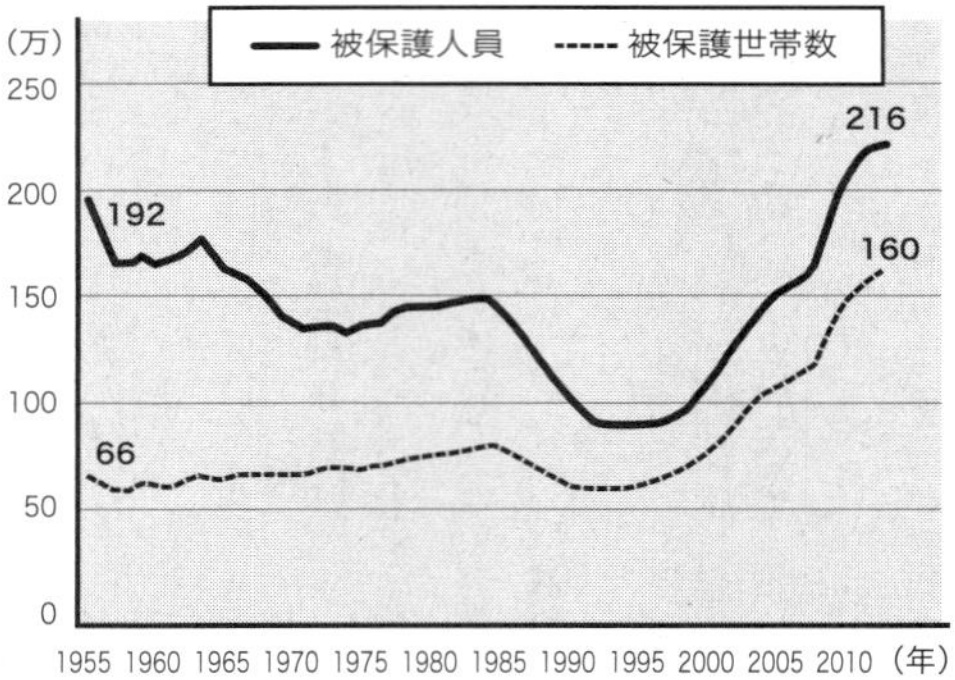

図8-8　生活保護受給世帯数、人員の推移（資料：厚生労働省）

生活保護には現金給付のものと現物給付のものがあります。生活扶助（生活費）、住宅扶助（アパート代）、教育扶助（学用品）、出産扶助、生業扶助（仕事に就くための資格取得に要した費用）、葬祭扶助（お葬式代）などは現金給付です。また、医療扶助や介護扶助は実質無料でそれらのサービスを受けることができますので、現物給付となります。平均給付水準は、母子3人の世帯で月額約16万円、老人2人世帯で月額約10万円、老人1人世帯で月額約6万円となっています（いずれも地方郡部の場合）。

今後、無年金者や非正規雇用者が高齢化すると、老後破産する人が増加し、生活保護受給者が増えると予想されます。日本経済は時限爆弾を抱えているようなものです。問題が深刻にならないうちに対策を講じる必要があります。

社会福祉

社会福祉は4部門からなる社会保障体系のうちの1部門として位置付けられます。その目的は児童、老人、身体障害者などの社会的弱者に対し福祉サービスを提供することです。そのために、いわゆる**福祉六法**（児童福祉法、身体障害者福祉法、生活保護法、知的障害者福祉法、老人福祉法、母子及び父子並びに寡婦福祉法）が制定されています。

蛇足かもしれませんが、社会福祉は「かわいそうだから、してあげる」のではありません。生存権の考え方が定着した今日、すべての人には幸福に生きる権利があり、すべての人は個人として尊重され、幸福追求の権利を有しています。社会福祉とは、社会的に弱い立場に置かれている人々の当然の権利を守るために行なわれる社会的努力なのです。

また、自分は弱い立場ではないから「関係ない」と思っている人がいますが、これも誤りです。将来、自分も障害者になるかもしれません。高齢になれば認知症になるかもしれません。「自分は関係ない」では済まされません。交代可能性という視点から物事を考えるのは、人間として大切なことです。

保健医療・公衆衛生

結核の予防、伝染病予防、環境政策などを通して、国民の健康の保持・増進を図ります。保健所法（1947年改正）によって各自治体に設置された保健所が公衆衛生行政の中心となっています。

4　今後の課題

財源の確保

社会保障費は、今後も増加し続けると予想されます。その財源をどこに求めるか。これは大きな課題です。年金も医療保険も国民から集めた保険料で賄うのが原則ですが、実際には集められた保険料よりも支払わなければならない給付額のほうが多く、赤字が続いています。その赤字は一般会計から補てんされており、その金額は毎年1兆円ずつ膨らんで、一般会計を圧迫しています（図8-9）。政府はサンタクロースではありません。それなりの社会保障を望むなら、それなりの負担を覚悟する必要があります。

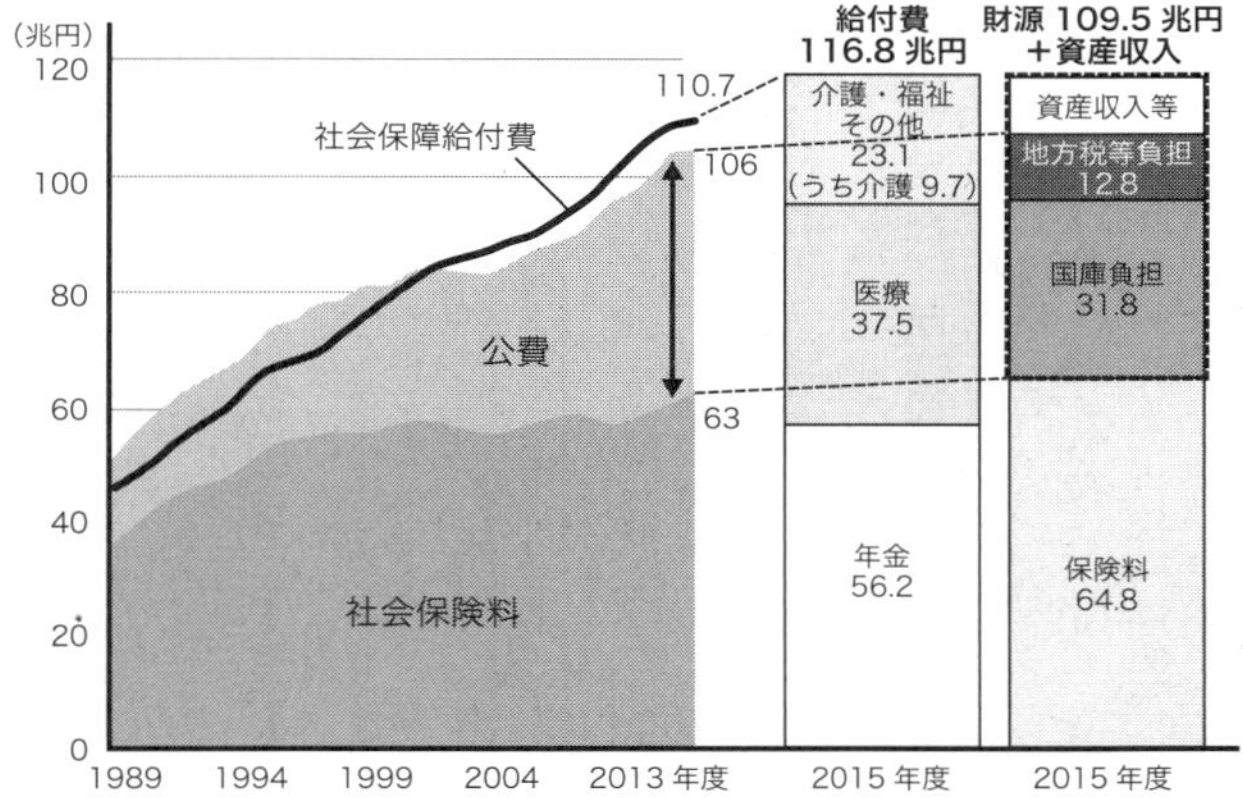

図8-9　社会保障給付費と財政の関係（資料：政府広報オンライン）

豊かな社会の建設

現在、障害者福祉の基本理念になっているのは**ノーマライゼーション**の思想です。これは障害者の生活条件をできる限り普通の人々の生活条件に近づける考え方をいいます。アメリカのニューハンプシャー州にあるゴフスタウン高校では、学校に10台の車椅子があり、卒業までにすべての生徒が2日以上、丸一日車椅子に乗らなければならないことになっているそうです。将来、政治家や建築家になったとき、その経験がきっと生かされるはずだというのがその理由です。

市場原理と競争原理が礼賛され、人間が損得勘定だけで行動し、お互いに助け合うという精神が失われれば、ますます住みにくい社会になってしまいます。日本はどちらかというと、弱者に冷たい国かもしれません。労働組合は正規労働者の利益を守る団体と化し、非正規雇用の待遇は一向に改善されません。生活保護の不正受給問題をきっかけに、生活保護に対する行きすぎたバッシングが展開されました。たしかに、アメリカ流の自己責任型の社会をつくるのも選択肢の一つかもしれません。しかし、その一方で、スウェーデンのように充実した社会保障を整備している国があることも忘れてはなりません。

豊かさというのは、その国の一番弱い人たちをどう扱っているかにあらわれます。「何の役にも立たない、いずれは死ぬ」人々に、余分なお金をかけるのはもったいないという国がもしあるとするならば、その国は本当に豊かな国といえるのでしょうか。地域間の助け合いや世代間の助け合いに支えられた持続可能な社会保障体制を確立し、豊かな社会を実現することが求められています。

コラム　民間保険のルーツ

民間保険には損害保険、火災保険、生命保険などさまざまな種類があります。このうち、**損害保険**のルーツは、船が沈んだときのリスク対策として始まったといわれています。14世紀初頭、ピサ、フィレンツェ、ジェノヴァ、ヴェネツィアなど北部イタリアの諸都市は、海上交易で栄えていました。当時の海上交易はかなりのリスクをともなうものであったため、船や積み荷に保険をかけるようになったのが損保の始まりです。いまでも損害保険会社の名前に海上や海上火災といった名前が見られるのは、こうした歴史によるものです。

一方、火災保険や生命保険の源流は、中世のヨーロッパで結成されたギルド(同業組合)にあるといわれています。ギルドとは、組合員が病気やけがで働けなくなった場合や死亡した場合、あるいは火災に遭ったりした場合、会費として集めた資金を使って救済する商工業者の組織です。18世紀になると「ハレー彗星《すいせい》」で有名な天文学者エドモンド・ハレーによって、実際の死亡率に基づいた生命表が作られ、合理的に保険料を計算した「生命保険」が作られるようになりました。

保険は「リスク対策」と「助け合いの精神」から出発したことが、そのルーツを調べるとよくわかります。保険は、払った保険料を損してこそhappyな人生、と心得たいものです。

重要ポイント

①人生におけるリスク対策としては、自助努力、社会保険、税金による救済の3通りがある。社会保険が未整備なアメリカでは自助努力が基本とされる。

②日本の社会保障制度は、社会保険、公的扶助、社会福祉、保健医療・公衆衛生の4本柱で構成されており、社会保障給付費の約8割は、年金保険と医療保険である。

③日本の年金制度は世代間扶養の考え方に基づく賦課方式が採用されている。しかし、この方式は高齢化が進むにつれて、現役世代の負担が増加するという欠点がある。一方、積立方式はインフレに弱いという欠点がある。

④保険はもともと助け合いの精神から出発したものである。若い人を中心に年金保険に入らない人が増えているが、そうした行為はせっかく築き上げた制度の崩壊につながる。

⑤今後本格化する高齢社会に対して、必要な財源をどのように確保するかが大きな課題である。

第9章　国際経済

1　貿易のあり方

自由貿易と保護貿易

国際貿易のあり方は基本的には**自由貿易**と**保護貿易**の二つです。自由貿易とは、外国との貿易に何ら制限を設けることなく自由に貿易することをいいます。一方、保護貿易とは外国との貿易に国が介入し、自国の産業を保護・育成することをいいます。保護の方法には、**関税**、**輸入数量制限**（一定数量以上の輸入を禁止する）、**非関税障壁**（輸入する際の手続きや検査の基準を厳しくする）など、さまざまな手段があります。もちろん、自由貿易と保護貿易のあいだには、保護の程度によってさまざまなバリエーションがあります。

貿易は各国の国益と国益が激しくぶつかり合います。外国から自由に輸入することを認めれば、自国の産業が競争に負けてつぶされてしまうかもしれません。競争力のない産業にとって自由貿易は死活問題です。過去には「貿易戦争」が「本物の戦争」に発展したこともあります。

比較生産費説

自由貿易と保護貿易のどちらが国民にとって望ましいのでしょうか。この問題に初めて経済学的な解答を与えたのが、イギリスのD・リカードです。彼は1817年に『経済学及び課税の原理』を発表し、そのなかで比較生産費説と呼ばれる理論を展開し「貿易は原則として自由貿易であるべきだ」ということを論証しました。以下、少し面倒な議論が続きますが、リカードが使った数値例をもとに比較生産費説について説明します。

いま、世界にはイギリスとポルトガルの2カ国しかなく、生産している商品も毛織物とぶどう酒の2種類しかないと仮定します。また、イギリスは毛織物1単位を生産するのに100人、ぶどう酒1単位を生産するのに120人の労働力をそれぞれ必要としているとします。一方、ポルトガルは毛織物1単位を生産するのに90人、ぶどう酒1単位を生産するのに80人の労働力をそれぞれ必要としているとします。ここで、モデルを単純化するために、イギリスの総労働量を220人、ポルトガルの総労働量を170人とし、また、両国のあいだでは貿易が行なわれていないと仮定します。

このような条件下で2カ国の総生産量を求めると、毛織物の総生産量は、イギリス、ポルトガルともに1単位ずつ生産しますから、合計2単位になります。同様に、ぶどう酒の総生産量も2カ国合わせて2単位になります（表9-1）。

表9-1を見る限り、毛織物もぶどう酒もポルトガルのほうがイギリスより少ない人数で生産できます。すなわち、ポルトガルは両製品について絶対優位を持っています。したがって、普通に考えればポルトガルにとって貿易を行なうことには何のメリットもないように思われます。しかし、リカードは比較優位というまったく新しい概念を持ち出すことにより、この場合でも、ポルトガルに貿易のメリットが生じることを明らかにしたのです。

ここで、もし、ポルトガルもイギリスも、二つの財の一方だけを生産するとしたら、どちらを生産する方が有利でしょうか。

この答えを見つけるために、両国とも毛織物の生産をやめてぶどう酒だけを生産したと仮定します。毛織物の生産に携わっている人全員にぶどう酒の生産に移動してもらうわけです。そうすると、

イギリスのぶどう酒の増加分　＝100／120

ポルトガルのぶどう酒の増加分＝90／80

となり、イギリスよりポルトガルのほうがよりたくさん生産できることがわかります。このことから、ポルトガルはぶどう酒に比較優位を持っていることがわかります。

	イギリス	ポルトガル	2カ国の総生産量
毛織物１単位生産するのに必要な労働力	100人	90人	2単位
ぶどう酒１単位生産するのに必要な労働力	120人	80人	2単位
総労働力	（220人）	（170人）	

表9-1　比較生産費説（貿易がない場合）

同じように、両国ともぶどう酒の生産をやめて毛織物だけを生産すると仮定すると、

イギリスの毛織物の増加分＝１２０／１００
ポルトガルの毛織物の増加分＝80／90

となります。すなわち、イギリスは毛織物に比較優位を持っていると判断できます。

そこで、イギリスは比較優位のある毛織物だけを生産することに**特化**し、ポルトガルは同じく比較優位のあるぶどう酒だけの生産に特化します。比較優位のある財に特化した結果は、表９‐２のとおりです。

なんと総労働量に変化がないにもかかわらず、特化後の２カ国の総生産量は、特化しない場合より増えています！　こうしてリカードは、生産費に違いがある場合は、それぞれが比較優位を持つ商品の生産に特化し、自由貿易を行なうことによって、双方の消費量すなわち生活水

	イギリス	ポルトガル	2カ国の総生産量
毛織物の生産に費やす労働力	220人	0人	**2.2単位**
ぶどう酒の生産に費やす労働力	0人	170人	**2.125単位**
総労働力	(220人)	(170人)	

表9-2　比較生産費説（特化後）

準を向上させることができることを証明したのです。

国際貿易の原則は自由貿易

今日、国際貿易の原則は自由貿易であり、「自由貿易こそが人類の目指すべき方向」であるとされています。その根拠となっているのが、この比較生産費説です。その意味で、比較生産費説は国際貿易のあり方を示す灯台のような役割を果たしているといえるかもしれません。

もし、関税をかけたり輸入制限をしたりして保護貿易を行なえば、国内価格が上昇し、消費者は不利益を被ります。つまり、消費者余剰（→67ページ参照）が小さくなってしまいます。だから、貿易をする場合は、関税をかけない自由貿易が望ましいとされるのです。

一見すると難しそうな比較生産費説ですが、実はこれは「当たり前の議論」ともいえます。なぜなら、私たちは日常生活のなかで、無意識のうちに比較生産費説に基づいた行動をしているからです。たとえば、学校の先生はそれぞれの専門科目に特化して教えています。企業は製造する人と販売する人を分け、さらに細分化して分業を行なっています。一人で全部を行なうより、みんなで分業をしたほうが効率的であるということは、ごく普通に見られることです。ただ、リカードのすごいところは「絶対優位」ではなく「比較優位」がある場合にも生産効率が上がることを発見した点です。

比較生産費説の問題点

リカードの比較生産費説は、論理的には文句のつけようがありません。しかし、いくつかの問題点があることも忘れてはなりません。

第一に、労働や資本はほかの産業にスムーズに転換できないという点です。たとえば、先の例でいえば、ポルトガルの毛織物工場は全部閉鎖され、労働者はぶどう酒生産に移動させられます。同じくイギリスのぶどう農家やぶどう酒工場で働く人は、すべて毛織物工場に移らなければなりません。比較生産費説では、生産効率が悪い産業がつぶれても、比較優位を持っている産業がこうした資本や労働力を吸収してくれるとしています。しかし、30年間農業一筋でやってきた人が、工場労働者としてやっていけるでしょうか。実際には産業がたくさんありますから、もう少し広い産業分野から自分に合った仕事を見つけることになるのでしょうが、それでも、慣れた仕事を離れ、まったく別の職業に変わるというのは並大抵のことではありません。リカードの比較生産費説はこうしたコストをすべて無視しています。

　これに対して、国際分業によって廃業に追い込まれる産業分野があったとしても、国全体としての利益はプラスになるのだから、「負け組」に所得補償をすれば問題はないという主張がなされることがあります。たしかに理屈としてはそのとおりです。しかし、現実問題としてそういう所得補償がきちんと行なわれる保証があるのでしょうか。「勝ち組」が利益を独り占めしてしまい、「負け組」に補償を行なわないという可能性のほうが大きいのではないでしょうか。

　第二に、比較優位を持つ産業に特化するということは、たとえば農業に比較優位を持っている国は、いつまでたっても農業国のまま留め置かれ、そこから脱出できない可能性があります。実際、多くの発展途上国はそうした状態に置かれています。幸い、日本は第二次世界大戦後、主要輸出品が、繊維→重化学工業→加工組立型産業（自動車など）→先端技術産業へとシフトしてきましたが、これは比較優位を持つ産業が次々に変わってきたことの反映であり、非常にうまくいった例といえます。しかし、すべての国がこのように産業構造をうまく転換できるかについては議論の余地があります。

保護貿易が認められる場合

比較生産費説には、いま述べたようなさまざまな問題があります。そのため長期的には自由貿易が望ましいとしても、短期的には保護貿易が認められる場合もあります。

第一に幼稚産業を育成する場合です。たとえば、かつての日本の自動車産業やコンピュータ産業などのように、最初はよちよち歩きでも、将来立派に育っていく可能性のある産業については保護貿易が認められています。この説を最初に唱えたのは19世紀のドイツの経済学者、F・リストです。19世紀の世界貿易はイギリスが圧倒的に強く、もしイギリスと自由貿易をすれば、ドイツに勝ち目はありません。そこでリストは、「幼稚産業に対する保護政策は許されるべきだ」とする考え方を打ち出したのです。具体的には、関税や輸入制限などの措置です。外国からの輸入を制限し保護された産業は、外国との競争にさらされずに済みます。そのあいだに生産性を高める努力をすれば国際競争力をつけることができます。保護貿易は、いわば特定の産業に対する補助金のようなものといえます。ドイツが今日のような工業国となった背景には、こうした保護貿易がありました。ただし、保護貿易によって国内価格は国際価格より高くなりますから、高い製品を買わされる消費者は損を被ります。したがって、こうした保護を長期間続けることは好ましくありません。

第二に、外国から安い製品が大量に入ってきた場合、国内生産者を保護するために一時的に輸入制限をする**セーフガード**（緊急輸入制限）も認められています。ただし、この場合の輸入制限も一時的な時間稼ぎであって、長期にわたってその産業の保護を認めるものではありません。

第三に、自国の安全保障にかかわる財・サービスの生産も保護貿易の対象となり得ます。たとえば国防上どうしても必要な財・サービスをはじめ、最低限の食料は自給すべきであるとする**食料安全保障**の考え方などもこの範疇《はんちゅう》に入ります。

ＧＡＴＴによる自由貿易の推進

人類は失敗を重ねることで少しずつ賢くなります。世界恐慌をきっかけに、列強は不況を乗り切るため**ブロック経済**を展開しました。自国の植民地を囲い込み、他国の製品に高い関税を課して締め出す政策をとったのです。そのことが「持てる国」と「持たざる国」の対立を激化させ、第二次世界大戦の一因となりました。その反省から、第二次世界大戦後、**ＧＡＴＴ（関税および貿易に関する一般協定）**が設立されました。ＧＡＴＴは**自由・無差別・多角主義**と呼ばれる「ガット三原則」の下で多角的貿易交渉（ラウンド交渉）を行ない、関税の引き下げと自由貿易の推進に努めてきました。三原則の具体的な内容は次のとおりです。

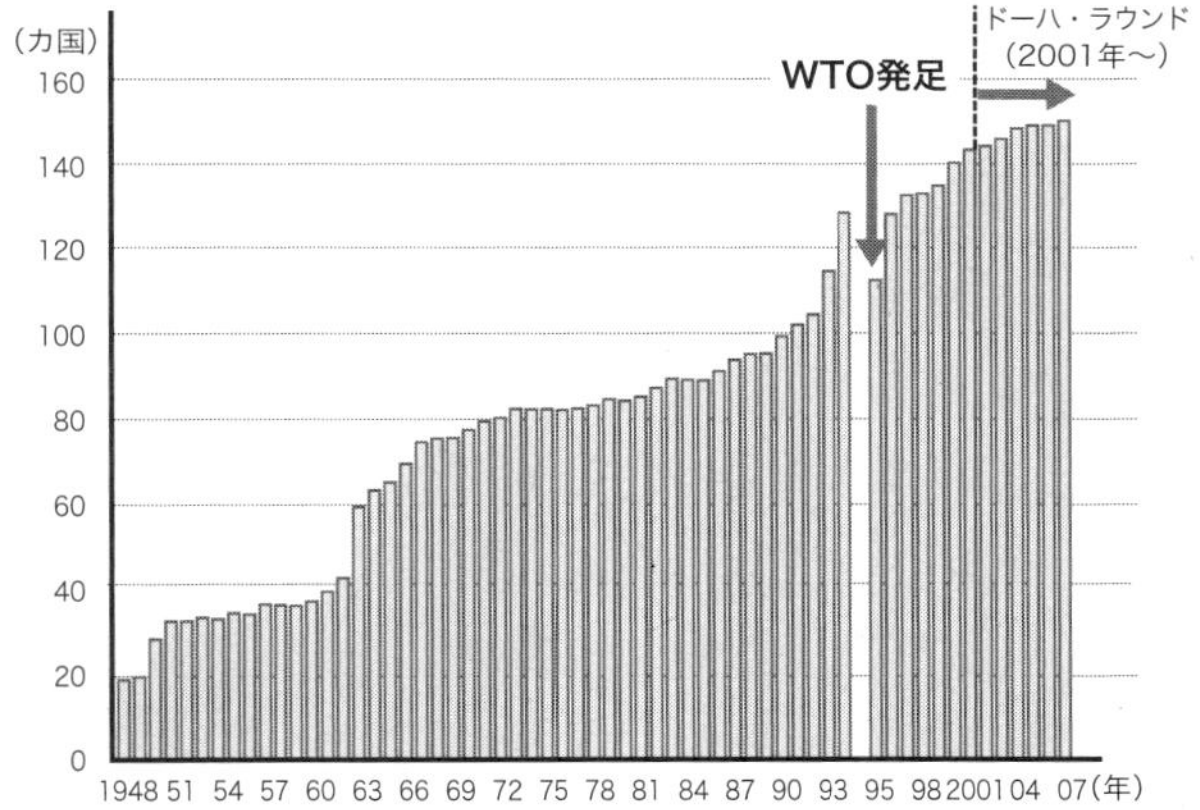

図9-1　GATT・WTO参加国数（資料：経済産業省）

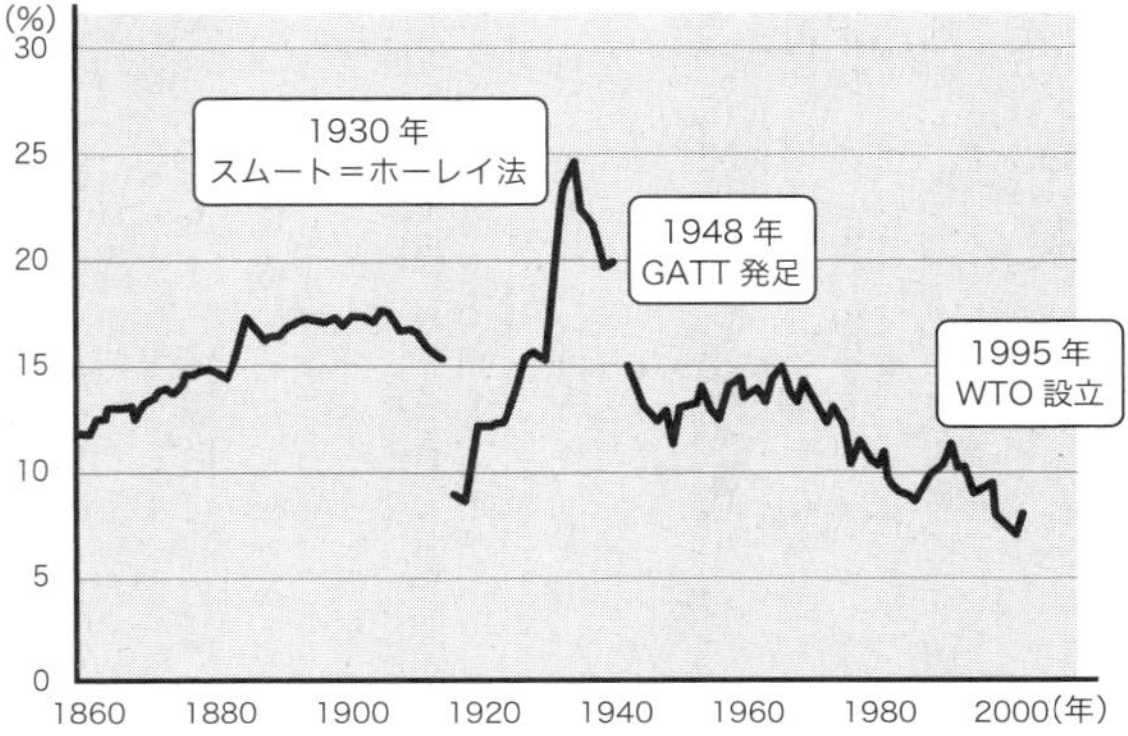

図9-2　世界の平均輸入関税率の推移
（京都産業大学 大川良文氏講義資料より）

自　由　関税および非関税障壁（国内規制や取引慣行）を撤廃すること。
無差別　関税の引き下げなどについて、ある国に与えた最も有利な貿易条件（最恵国待遇）をすべてのＧＡＴＴ加盟国に与えること。
多角主義　関税・非関税障壁の軽減交渉を２国間ではなく、多国間で行なうこと。多国間交渉は２国間で交渉を行なうより効率的に交渉を進めることができる。

ＧＡＴＴは、ケネディ・ラウンド（１９６７年）、東京ラウンド（１９７９年）、**ウルグアイ・ラウンド**（１９９４年）などの交渉を通じて、関税の大幅引き下げを実現しました。その後ＧＡＴＴは１９９５年に**ＷＴＯ（世界貿易機関）**に引き継がれました（図９－１、図９－２）。

現在、自由貿易の推進はＷＴＯが中心となって行なっています。ＷＴＯは、本部をスイスに置く常設機関であること、対象品目をサービス貿易にまで拡大したこと、知的財産権の保護規定を設けたこと、紛争処理制度（裁判機能）を持ったことなどの点で、以前のＧＡＴＴよりはるかに強力な国際機関となっています。とくに紛争処理能力については、これまでと違って、訴えられた国の同意の有無にかかわらず、また「訴訟を行なうことに全会一致で反対」しない限り、ほぼ自動的に訴訟に持ち込めるようになりました。これは国内の民事訴訟と共通する方式で、ネガティブ・コンセンサス方式と呼ばれます。

現在、ドーハ・ラウンドが行なわれております。しかし、自由化を進めようとするWTOに対して、自由貿易政策は発展途上国に不利に作用するとして、発展途上国を中心に貿易自由化に反対する運動も見られます。

2　国際収支って何？

国際収支表の見方

国際収支とは、1年間の国際取引の受け取りと支払いの勘定の記録です。これには商品の輸出入、海外への投資、海外からの送金などの経済取引が記録され、国際収支を見ると一国が外国とのどんな経済取引で黒字や赤字になっているのかがわかります。国際収支表の大項目は「**経常収支**」、「**資本移転等収支**」、「**金融収支**」の三つで構成されます。

経常収支は一国の対外的な収入と支出の差額をあらわし、貿易・サービス収支、第一次所得収支、第二次所得収支の合計からなります。

貿易収支はモノの輸出入の収支です。**サービス収支**は海外旅行のように、モノのやり取りをともなわない取引の収支をいいます。サービス収支には海外旅行のほか、運輸、保険、金融、通信、文化的活動、特許権使用料などが含まれます。近年、サービス取引は次第に増加し、貿易収支の約3割の規模に膨らんでいます。

金融収支は、日本企業が外国で工場を建てるなどの**直接投資**を行なったり、外国の証券を買うなどの**証券投資**を行なったりした場合に発生する収支をあらわします。金融収支は海外資産が増加した場合、プラスに表示されます。

第一次所得収支はこうした海外金融資産から得られる利子・配当などの収支をいいます。また、**第二次所得収支**は対価をともなわない無償の収支で、具体的には国際機関への拠出や食料の無償援助などです。**資本移転等収支**も第二次所得収支と同じく対価をともなわない資金移動ですが、援助が消費財の場合は第二次所得収支に分類され、ダムや道路建設など資本財の場合は資本移転等収支に分類されることになっています。

まずは重要な三つの収支を覚えよう

ナントカ収支というのがいっぱい出てきました。こういうときは、まず一番大切なものをしっかり覚えることをお勧めします。この場合大切なのは、貿易収支、金融収支、第一次所得収支の三つです。この三つさえ理解しておけば、ニュースを見ていて

（　）内のデータは2023年

項目		説明
経常収支 ①＋②＋③ （23兆円）	①貿易・ サービス収支	貿易収支はモノの輸出入の収支。サービス収支は輸送費、通信費、金融、保険、旅行など、形のない取引の収支。 （－9 兆円）
	②第一次 所得収支	対外資産からの投資収益（株の配当、国債の利子、工場の収益など）と、非居住者労働者に支払われる雇用者報酬とからなる。（36 兆円）
	③第二次 所得収支	国際機関への拠出、政府や民間による無償援助（食料や医薬品など）、海外で働く人々の本国への送金など、対価をともなわない資金移動。 （－4 兆円）
資本移転等収支		政府が外国に行なう資本形成の援助（道路や港など）、債権者による債務の免除などの収支。 （－0.4 兆円）
金融収支		海外に工場を建てるなどの直接投資、外国の株式や債券を購入する証券投資、金融派生商品、その他投資、外貨準備増減からなる。外貨準備とは、政府・中央銀行が保有する金や外貨をいう。たとえば、政府・日銀が外国為替市場で「円売り・ドル買い」介入を行なうと、外貨保有高は増加する。（25 兆円）

表9-3　国際収支表

困ることはまずありません。

問題　次の取引内容は、国際収支表のどの項目に分類されるでしょうか。
①サンフランシスコへ海外旅行に行き、ホテルに宿泊費を払った。
②トヨタ自動車が、ヨーロッパに工場を建てた。
③トヨタのヨーロッパ工場で得た収益を、日本に送金した。
④日本に働きに来ている外国人労働者が、自分の国の家族に送金した。
⑤日本の生命保険会社がアメリカの国債を購入した。

答え　①サービス収支（マイナス）、②金融収支（プラス）、③第一次所得収支（プラス）、④第二次所得収支（マイナス）、⑤金融収支（プラス）

経常収支と金融収支の関係

国際収支の統計は複式簿記の原理に基づいて記録されています。理由は、経常収支（モノやサービスの取引）と金融収支（決済という金融取引）は常にワンセットで行なわれるからです。たとえば、トヨタがアメリカに自動車を輸出して、輸出代金500万ドルを受け取ったとします。国際収支表では、財・サービスの輸出、所得の受け

	貸方 (モノが出ていく取引)	借方 (モノが入ってくる取引)
経常収支	5000万ドル	
		3000万ドル
金融収支		5000万ドル
	3000万ドル	
資本移転等収支		
誤差脱漏		

表9-4　国際収支表の記録のしかた

取り、資産の減少、負債の増加は貸方に計上し、財・サービスの輸入、所得の支払い、資産の増加、負債の減少は借方に計上します。すなわち、モノ（株式や債券を含む）が出ていく場合は貸方に、モノ（株式や債券を含む）が入ってくる場合は借方に記録します。自動車をアメリカに輸出するのは製品が日本から出ていく取引ですから、経常（貿易）収支の貸方に５０００万ドルが記録されます。一方、トヨタの銀行口座に５０００万ドルの預金証書が入ってきますから、金融収支の借方に５０００万ドルが記録され、金融収支はプラス５０００万ドルになります。すなわち、輸出が増えれば増えるほど金融収支はプラスになります。

　反対にアメリカから製品を輸入し、輸入代金３０００万ドルを支払ったとします。このときは、モノが入ってくる取引ですから、経常（貿易）収支の借方に３０００万ドル、金融収支の貸方に３０００万ドルが記録されます。その結果、国際収支表は表９‐４のようになります。なお、国際収支統計では貸方は左側、借方は右側に書き、通常の簿記と左右反対になります。

もし、先の例のように経常収支が黒字の場合、金融収支はプラス（符号を調整するために表9-4の金融収支の金額にマイナス1をかける）になり、日本の**対外資産**が増加します。この場合、日本の対外資産は2000万ドル増加することになります。

一方、経常収支が赤字になれば対外資産が減少し、金融収支はマイナスになります。したがって、資本移転等収支と誤差脱漏を除けば、次の式が恒等的に成り立ちます。

経常収支－金融収支＝0

（注）正確には　経常収支＋資本移転等収支－金融収支＋誤差脱漏＝0　となる。

日本はこれまで、経常収支黒字・金融収支プラスであることが多く、日本の**対外純資産**（＝対外資産残高－対外負債残高）は約471兆円（2023年末）と、1991年以来33年連続世界一となっています。日本は長いあいだ、経常収支の黒字（おもに貿易収支の黒字）で稼ぎ、外国に直接投資や証券投資を行なってきました。

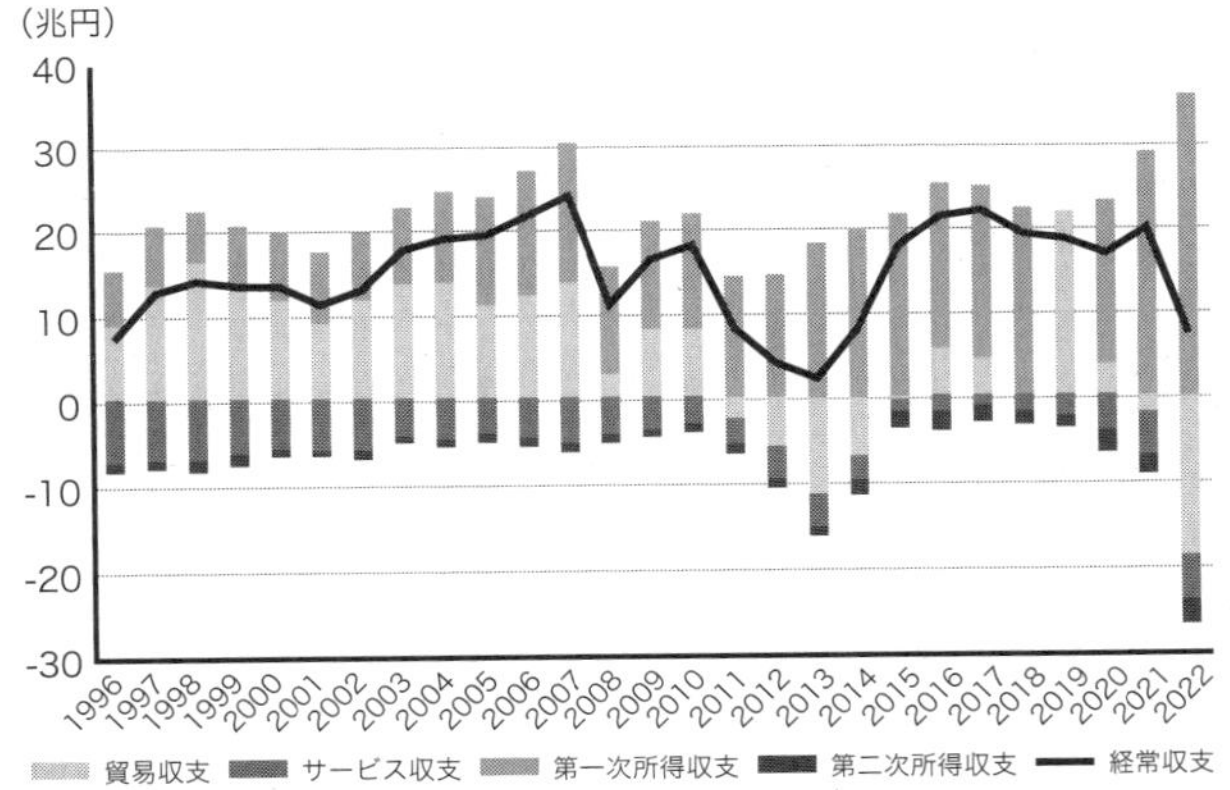

図9-3　日本の経常収支の推移（資料：財務省）

日本の国際収支の特徴

一般に国際収支は、国の発展段階に応じてそれぞれに異なる特徴を持ちます。これを**国際収支発展段階説**といいます。

発展途上国の場合、外国からの借金で国内の工業化を推し進めるため、金融収支は赤字になります。また、輸出品の競争力がないため貿易収支も赤字になります。

一方先進国の場合は、輸出で稼いでそのお金を海外に投資するため、経常収支が黒字・金融収支も黒字になります。

さらに、成熟した先進国になると、賃金の上昇や高齢化により国際競争力が低下し、経常収支が赤字になりますが、その一方で、累積した膨大な対外純資産により、第一次所得収支が黒字になります。

日本の国際収支は、かつては毎年10兆円余りを貿易で稼ぎ出し、海外に投資するという典型的な先進国のパターンをとっていました。しかし、近年、第一次所得収支の黒字が急速に膨らんでいることなどから、日本は成熟した先進国のパターンに移行しつつあるといえます。

3　国際通貨制度の変遷

国際通貨制度のあゆみ

国家間で行なわれた貿易や金融取引の決済に使用される通貨を国際通貨といいます。また、国際通貨を使った決済制度や国際収支の調整方法のことを国際通貨制度といいます。これまで国際通貨制度は、金本位制、固定相場制、そして現在の変動相場制へと移行してきました。

金本位制（1816年〜1920年代）

現在、国際取引の決済として使われているのは主としてドルです。しかし、よく考

金本位制	19世紀〜1920年代
固定相場制	ＩＭＦ体制　（1946〜1971年） 1944年　**ブレトンウッズ協定** ドルを基軸通貨とする固定相場制確立 （アメリカは金とドルの交換を約束） 金1オンス（約31g）⇔　35ドル 1949年　日本、1ドル＝360円を設定 1960年代 **ドル危機**（アメリカの貿易赤字が拡大したことにともなって大量の金がアメリカから流出し、ドルに対する信認が揺らぐ）
変動相場制	1971年　**金とドルの交換停止（ニクソン・ショック）** →ＩＭＦ体制崩壊
	スミソニアン体制（一時的に固定相場制に復帰）
変動相場制	1973年　**変動相場制**へ移行 （→1976年のキングストン合意で正式承認） ⬇ 現在に至る

図9-4　国際通貨制度のあゆみ

えてみると、ドルは単なる「紙切れ」にすぎません。もし、何らかの理由でアメリカの信用がなくなれば、ドル紙幣はあっという間に価値を失います。では、国の信用力に関係なく、いついかなる時代でも国際的に受け取ってもらえる通貨はあるのでしょうか。

実は一つだけあります。それが金《きん》（＝gold）です。金は美しくてそれ自体に価値があります。あまりたくさん採れないので価値が目減りしません。また、分割可能であり、変質しません。こうした理由から、金は次第に取引の決済手段として使用されるようになり、金本位制が確立していきます。金本位制が法的に初めて実施されたのは１８１６年のイギリスです。ただし、国内でいちいち金を使用することには多くの不便をともなうので、実際には紙幣が使われました。もちろん、その紙幣は単なる紙切れではなく、中央銀行に持って行けばいつでも金と交換してもらえる兌換《だかん》紙幣でした。

日本で金本位制が採用されたのは、１８９７～１９１７年と１９３０～１９３１年です。当時使われていた拾円紙幣には「此券引換に金貨拾円相渡可申候」（このけんひきかえに、きんかじゅうえんあいわたし、もうすべくそうろう）と書かれていました。

金本位制には、通貨の価値を安定させることができる（＝インフレになりにくい）など、いくつかの長所がありました。しかし、世界恐慌をきっかけに金本位制を離脱する国が相次ぎます。なぜなら、金本位制の下では、発行できる通貨量は中央銀行の

図9-5　1930年に発行された兌換紙幣（日本）

保有する金の量に制限され、恐慌になっても通貨量を増やすことができず、いまでいう適切な金融政策をとれなかったからです。そのため、１９３０年代に入って、各国は一斉に金本位制から離脱していきました。

ＩＭＦ体制の成立

第二次世界大戦後、金本位制をとる国はなくなりました。国内的には**管理通貨制度**が採用され、中央銀行は金との交換をしない**不換紙幣**を発行するようになります。これにより、中央銀行は金の保有量とは関係なく、自由に通貨量を増減し、景気調整ができるようになりました。

一方、国際的な通貨制度のあり方については、１９４４年に**ブレトンウッズ協定**が結ばれ、**ＩＭＦ（国際通貨基金）**と**ＩＢＲＤ（国際復興開発銀行）**という二つの機関が設立されました。これにより**ブレトンウッズ体制**、または**ＩＭＦ体制**と呼ばれる戦後の国際金融体制が確立しました。

ＩＭＦの最大の目的は**固定相場制**の維持でした。これは為替レートの切り下げ競争が第二次世界大戦の一因となったことに対する反省から生まれたものです。世界恐慌に際して列強がとった政策は、為替レートを切り下げることによって自国の輸出を伸ばし、恐慌を乗り切ろうとするものでした。これを**近隣窮乏化政策**といいます。しかし、為替レートを切り下げると相手国も報復措置として為替を切り下げてきます。その結果、経済対立が深刻化し、第二次世界大戦の原因の一つとなりました。ＩＭＦはこのようなことを再び起こさないようにするためにつくられた組織です。

戦後、世界の金の半分以上を持っていたアメリカは、ブレトンウッズ協定により、金１オンス（約31g）＝35ドルでドルと金を交換することを約束しました。そして、各国の為替レートは、そのドルを**基軸通貨**として固定されました（図９-６）。こうして成立した国際通貨体制をＧＡＴＴと合わせて**ＩＭＦ・ＧＡＴＴ体制**といいます。これにより、「為替切り下げ競争」と「関税引き上げ競争」という愚を二度と起こさないための各国の協力体制ができあがったのです。

一方、ＩＢＲＤは世界銀行ともいわれ、戦後の復興を援助することを目的として設立されました。日本もかつて、名神高速道路や東海道新幹線の建設費の一部をＩＢＲＤから借り入れています。近年ＩＢＲＤは発展途上国への援助を中心に活動していま

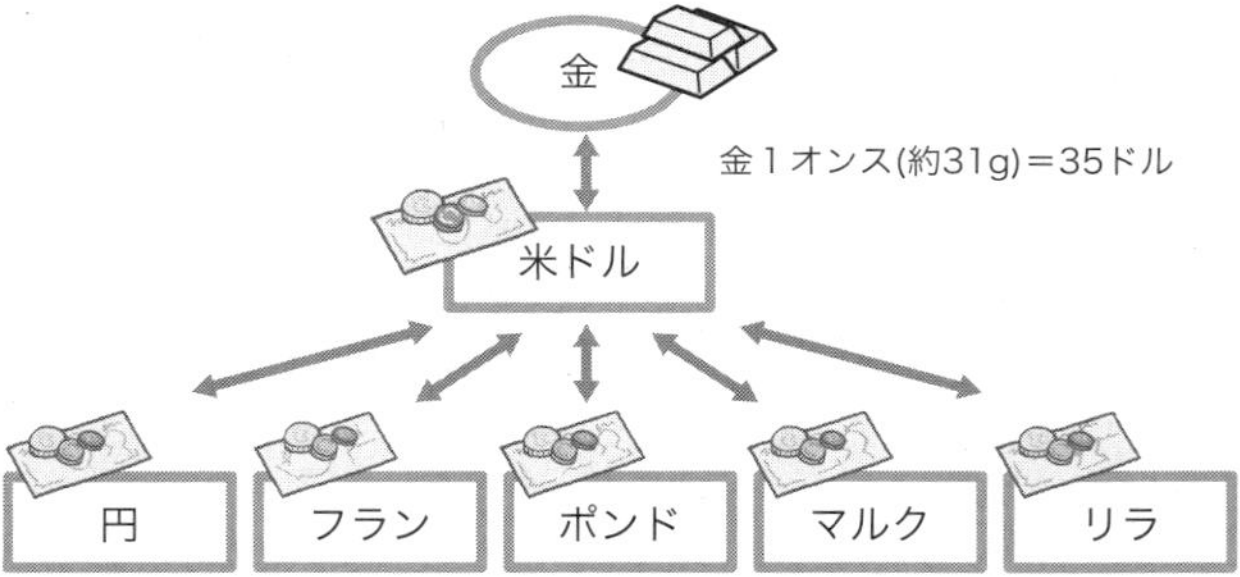

図9-6　金・ドル・各国の通貨の関係

す。

ＩＭＦ体制の崩壊

ＩＭＦ体制は、ドルを金といつでも交換できるという前提のうえに成立する体制でした。当初はそれがうまく機能していました。しかし、ドルを基軸通貨とすることには**流動性ジレンマ**という根本的な矛盾がありました。すなわち、国際貿易を発展させるにはドルを大量に供給する必要がありますが、ドルを印刷すればするほどドルに対する信認が低下するという矛盾です。実際、１９６０年頃からドルに対する信認が揺らぎはじめ、「金とドルの交換」が怪しくなりはじめます。これを**ドル危機**といいます（図９-７）。その後、事態はさらに深刻になっていきました。アメリカがベトナム戦争（１９６５～１９７５年）で１４００億ドルもの戦費を支払ったことに加えて、日本やド

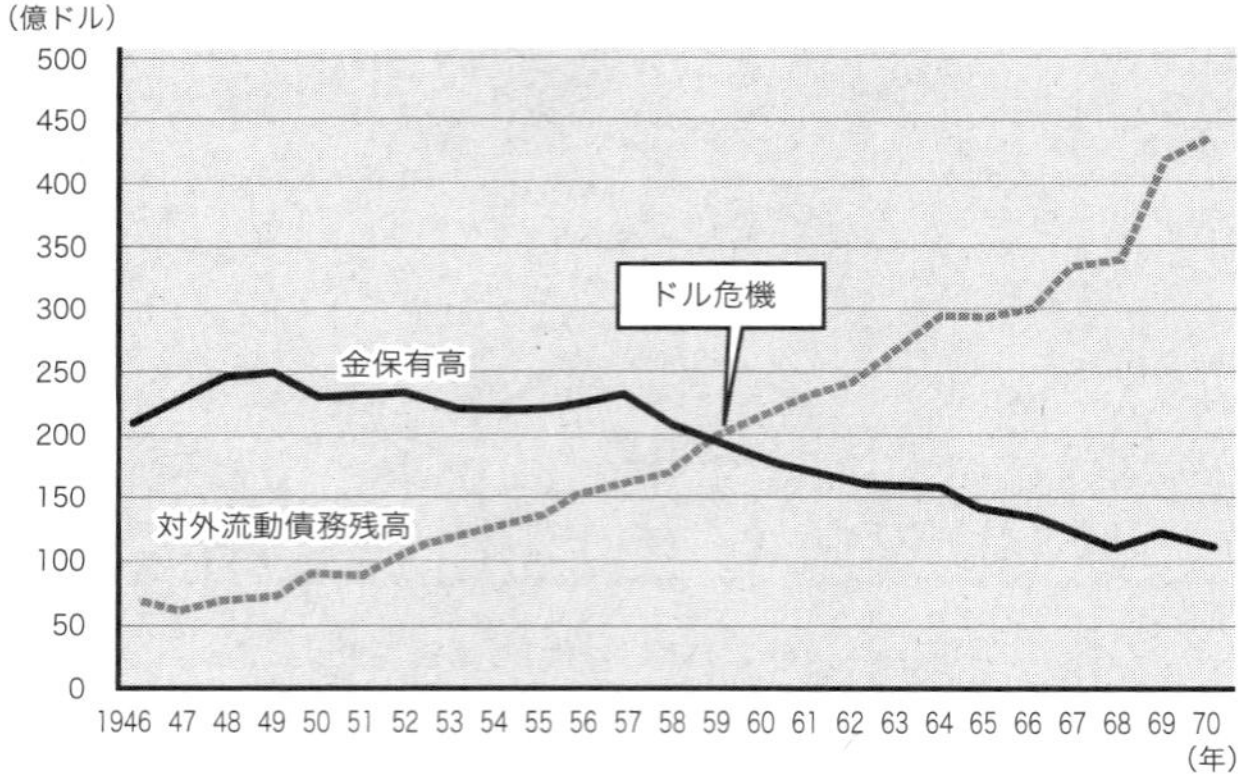

図9-7　アメリカから流出する金

イツが国際競争力を回復し、アメリカの国際収支が急速に悪化しはじめたのです。その結果、アメリカから金を引き出す動きが強まり、アメリカの保有する金が次第に減少していきました。

１９７１年、アメリカはついに「**金とドルの交換停止**」（ニクソン・ショック）に追い込まれます。これは金とドルを交換することで成立していたＩＭＦ体制の事実上の崩壊です。わずか25年の命でした。ドル紙幣はもはや金と交換してもらえない単なる紙切れとなったのです。もしアメリカにインフレでも起きれば、ドル紙幣はその辺の「葉っぱ」と同じ価値しか持たなくなります。固定相場制はこうして終わりを告げ、１９７３年からは現在の変動相場制へと移行していきます。

4　変動相場制

変動相場制とは？

変動相場制とは、各国の通貨価値を外国為替市場の需要と供給にまかせてしまう制度です。市場の参加者は、銀行、商社、輸出入メーカー、生命保険会社などで、これらのうち取引額が一番大きいのは銀行間の取引です。為替ブローカーと呼ばれる業者が注文の仲介をします。取引は、すべて電話やインターネットで行なわれ、為替レートはそのときどきの需要と供給によって刻一刻変化します。外国為替市場は24時間眠ることはなく、世界のどこかのマーケットが常に開いています。

短期的な為替レートの決定要因

一般的に、短期的な為替レートに影響を与えるのは次の（1）から（4）のような要因です。これらはまとめて**ファンダメンタルズ**（経済の基礎的条件）と呼ばれます。

（1）経常収支の動向

経常収支が黒字になると、為替レートは円高になります。いまトヨタ自動車がアメリカに自動車を輸出したとします。輸出代金がアメリカからドルで支払われます。しかし、日本国内でドルは使えません。そこで外国為替市場でドルを売りに出し、円を購入します。その結果、円高になります。一般に、日本からの輸出が増えれば、円高・ドル安が進みます。反対に日本の輸入が増えれば、円安・ドル高が進みます。より一般的には「ドルが日本国内に入ってくると円高になる」と覚えておくと便利です。

（2）国際間の金利差

以前は、為替レートを決めるのは貿易収支の動きだといわれていました。しかし、現在では、貿易収支より資本取引の影響のほうがはるかに大きくなっています。これは1998年に外為法が改正されて資本取引が自由化され、誰でも外貨預金をしたり、外国の金融商品を売買したりできるようになったからです。2022年のデータでいいますと、年間の世界の総貿易額は24兆ドルで、1日に換算すると約660億ドルでした。これに対して、資本取引による売買額は、1日平均約7兆ドルという巨額なものとなっています。実に貿易額の約100倍の資本取引が世界で行なわれているのです。

なぜ、これほど巨額の資本取引が行なわれるのでしょうか。最大の理由は国家間に金利差があり、大量の資金が少しでも高い収益を求めて国家間を移動するからです。たとえば、アメリカの金利が上昇し、日本の金融商品（国債、社債、株式など）よりアメリカの金融商品のほうが有利になったとします。そうなると、日本で資金を運用していた投資家は、円をドルに換えてアメリカの金融商品を購入するようになります。その結果、ドルが買われてドル高・円安になります。２０２０年から２０２４年にかけて為替レートが１０５円から１６０円の円安になったのは主に日米の金利差によると考えられます（図９－８）。反対に、日本の金利がアメリカより高くなれば、ドル安・円高が起きます。

一方、近年、国際的な資金移動で注目を集めているのが**ヘッジファンド**です。ヘッジファンドとは民間の投資家から資金を集めて運用する投資集団です。世界のファンド数は数千にものぼり、残高は２００兆円を超えるともいわれています。しかし、私募債であるため正確な統計がなく実態は不明です。ヘッジファンドはしばしば市場をかく乱する要因の一つになるといわれています。

（３）物価変動

ある国の物価が変動すれば、為替レートも変動します。たとえば、物価が上昇すれ

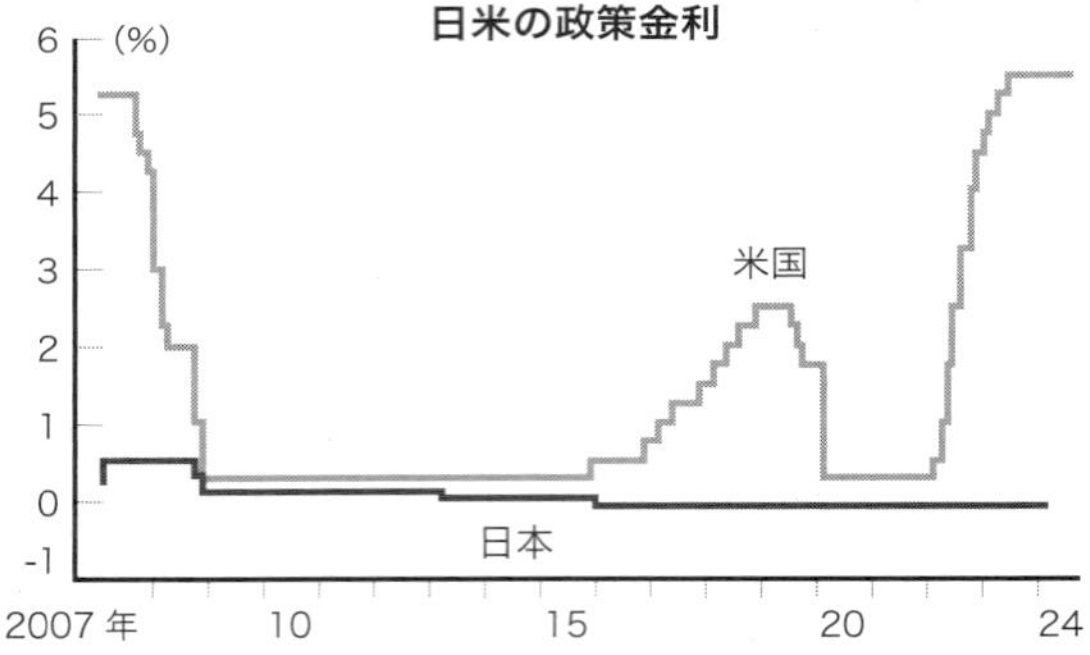

図9-8　アメリカの金利上昇によってドル高・円安になる
（出所：朝日新聞2024年9月21日）

ば、その国の通貨価値が下落するので為替レートも安くなります。少し極端に考えてみましょう。いま、日本の物価が100倍になったと仮定します。そのとき、為替レートはどうなるでしょうか。インフレが起きる前の為替レートを1ドル＝120円とすれば、インフレによって円の価値が100分の1になりますから、理論上は1ドル＝1万2000円になるはずです。すなわち、日本でインフレが起きると、円安・ドル高になります。反対に、日本がデフレになれば円高・ドル安になります。

（4）その他の要因

一般に、ある国にとって良くないと思われることが起きると、その国の通貨が売られ、為替レートは下落します。たとえば、「経済

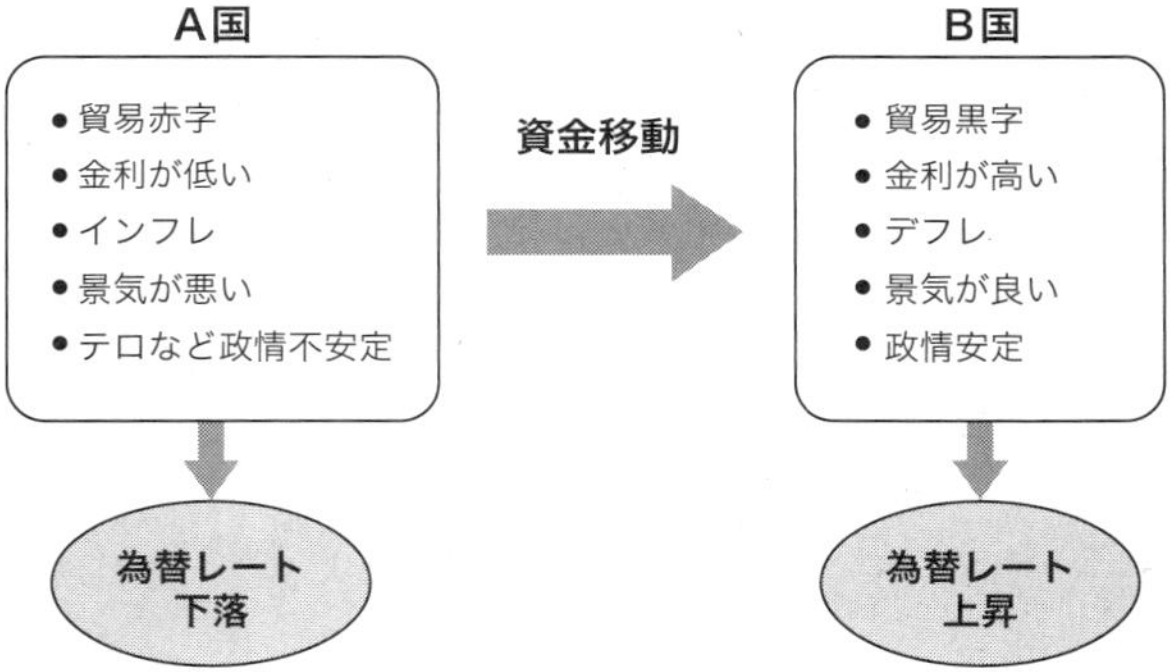

図9-9　短期的な為替レートの決定要因

成長率が下がった」「失業率が悪化した」「財政状況が悪化した」「テロが発生した」などといったことが起きると、その国の通貨が売られ、為替レートが下落します。

以上をまとめると図9-9のようになります。

外貨預金とFX

ここまでの説明を読んで、「何だ、為替レートって簡単じゃないか。これでひと儲けしてやろうか」と思われた方がいるかもしれません。実際、1998年に外為法が改正されたあと、**外貨預金**や**外国為替証拠金取引**（FX）が日本の個人にも認められるようになり、人気を集めています。外貨預金もFXも、外貨の売買により差益を狙う金融商品という点では同じですが、外貨預金がおもに高い預金利息を長期的視点から狙うのに対して、FXはレバレッジ（てこ）をかけて短期的取引による為替差益を狙います。

しかし、外国為替市場の動きを読むことは、世界で一番難しい知的ゲームといえるかもしれません。先の（1）から（4）の説明では、単純に一つひとつのことを取り上げて「こういう場合は円高になる」「こういう場合は円安になる」と説明しましたが、現実にはこれらのことが同時に起きます。たとえば、高金利国の金融商品に投資したとします。しかし、金利が高い国はインフレであるのが一般的です。ということは、せっかく得られた高金利も為替レートの下落で吹っ飛ぶかもしれません。また、金利が高くなると景気が悪くなり、その結果として為替レートが下落し損をしてしまうかもしれません。つまり、高金利国の金融商品に投資をしたからといって、必ずしも儲かるとは限らないのです。そのうえ、ヘッジファンドなどの投機筋が市場をかく乱したり、戦争やテロによって突然政情が不安定になったりすることもあり得ます。外貨預金やFX、あるいは外貨を組み込んだ投資信託の売買には、常にそうしたリスクが潜んでいることを知っておく必要があります。

長期的な為替レートの決定要因

ところで、為替レートは短期的には上げたり下げたりしますが、もう少し長いスパンで見ると、ある程度の**トレンド**（方向性）を持っているのがわかります。こうしたトレンド、すなわち長期的為替レートを最も合理的に説明する理論として**購買力平価説**があります。これは、「通貨の価値は購買力によって決定される」という通貨の本質を根拠にした考え方です。

たとえば、日本とアメリカでまったく同じ大きさ・同じ質のハンバーガーが売られていると仮定します。ハンバーガー1個が日本で200円、アメリカで2ドルなら、長期的な為替レートは1ドル＝100円に収束すると考えられます。もし、日本でデフレが発生しハンバーガーが1個100円になれば、為替レートは最終的には1ドル＝50円になるはずです。このように、2国間の平均的物価指数を比較することによって、為替レートの理論値を求めるのが購買力平価説です。為替レートの動きをゴルフに例えるならば、ボールはあっちに転がったりこっちに転がったりしながら、結局はフェアウェイから大きくそれないのと同じように、為替レートも短期的には上下変動を繰り返しながら、長期的には購買力平価に収束していくと考えられます。

図9-10は、1980年以降の円相場の推移を示したものです。1985年の**プラザ合意**によって急速な円高が進んだあと、1991年のバブル崩壊以降、日本はデフレ傾向に陥ります。一方、アメリカはこの間インフレ傾向にありました。バブル崩壊後の20年余りのあいだに生じた円高は、このような日米の物価変動を考慮すれば納得

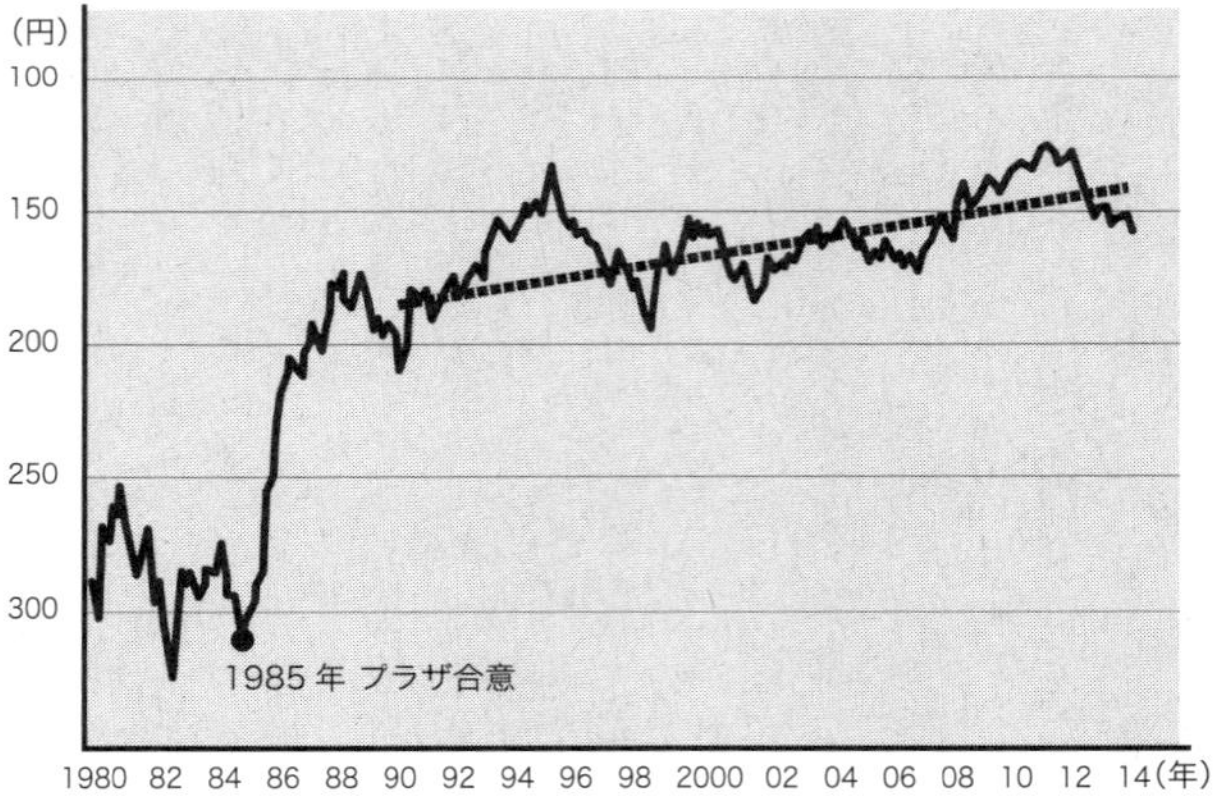

図9-10　円相場の推移（資料：日本銀行）

できます。

一般に、為替レートの動きは緩慢です。しかし、数年たって気がつくと大きく変動していることがしばしばあります。為替取引を利用してひと儲けしてやろうなんて、ゆめゆめ思わないほうがいいかもしれません。気がついてみたら、預金額が半分になっていたということが起こり得るのが為替の恐いところです。「カエルを熱湯に入れるとすぐ飛び出して助かるが、ぬるま湯に入れて徐々に熱すると逃げるタイミングを失って死んでしまう」というたとえ話に似ています。ただし、将来日本が財政破たんを起こして、日銀引き受けの国債が発行され、ハイパー・インフレになる可能性があるとすれば、そのヘッジとして資産の一部を外貨で保有することには意味があるかもしれません。

円高・円安の影響

円高・円安の影響を考える場合、両方を一度に覚えようとすると混乱します。こういう場合は円高または円安の一方だけをきちんと覚えることをお勧めします。ここでは、円安の影響について考えてみます。

①海外旅行は高くなる

円安になると円の価値が低くなります。したがって、海外旅行の費用は高くなります。海外でお土産を買う場合もたくさんの円を支払わないと買えません。反対に、外国人旅行者にとって日本への旅行は割安になります。

②輸出は増える

一方、輸出は円安になると増加します。そのメカニズムは次の通りです。

いま、日本で1台300万円の車をアメリカに輸出するとします。もし、為替レートが1ドル＝100円なら、アメリカでの販売価格は3万ドルになります。もし、円安になり1ドル＝150円になった場合、アメリカでの販売価格を2万ドルに値下げすることができます。昨日まで3万ドルで売られていたものが、為替レートが円安に変わったためにに2万ドルになるのです。その結果、アメリカでの販売が増え、輸出は増加します（図9-11）。ちなみにトヨタ自動車は、1円の円安で1年間に営業利益が400億円増加すると言われます。

ただし、国内が不況だからといって意図的に為替レートを切り下げて輸出を増やす政策はご法度です。相手国の報復を招き、泥沼の為替切り下げ競争につながるからです。これは世界恐慌に際して人類が学んだ英知です。

③輸入品は高くなる

1ドルの商品を輸入するのに、もし為替レートが1ドル＝100円ならば、100円が必要です。しかし、もし円安になって1ドル＝150円になれば、1ドルの商品は150円支払わないと輸入できません。その結果、国内の物価は上昇します。とくに日本は、石油などの原材料を輸入に依存しているため、円安はインフレを引き起こす要因になります。

④日本株は買われる

円安になると日本の株価は割安になり、外国からの投資が増え株価は上昇します。逆に、日本の企業が外国の土地や工場などを買う場合は割高になります。

⑤外国人労働者は不利になる

時給900円で日本で働いている外国人がいるとします。1ドル＝100円とする

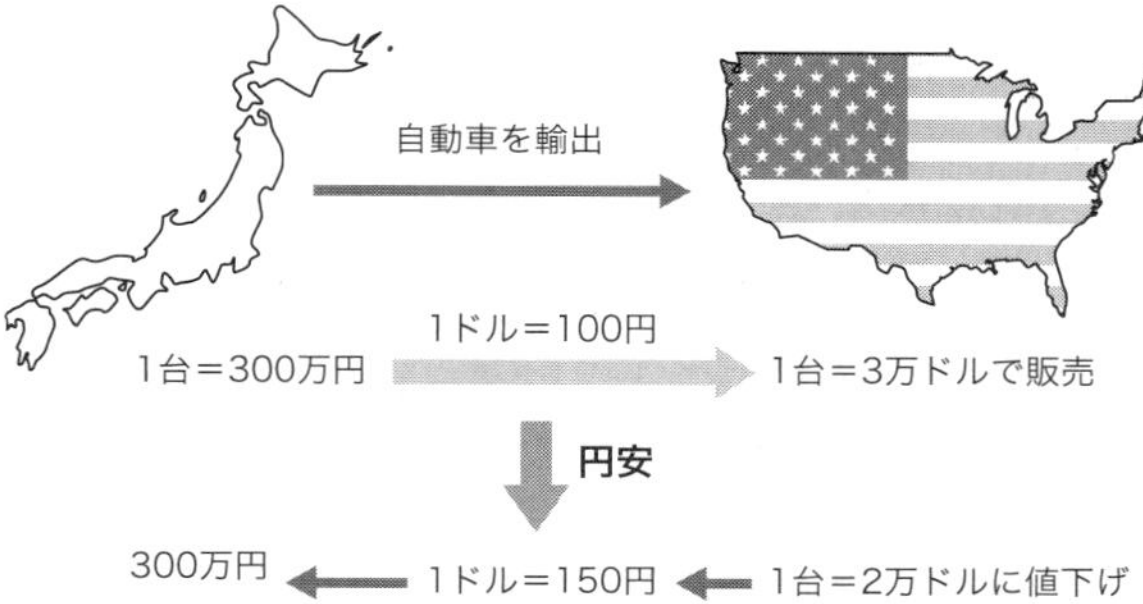

図9-11　円安による輸出産業への影響

と、これは9ドルです。もし、円安になって1ドル＝150円になったとすると、6ドルになってしまいます。これは自分の国に送金できる金額が減ってしまうことを意味します。したがって、円安になるほど外国人労働者にとって日本の労働市場は魅力のないものになります。

⑥外貨預金は得をする

いま、200万円を外貨預金にするとします。1ドル＝100円なら、外貨預金は2万ドルになります。もし、円安になって1ドル＝150円になると、2万ドルは300万円に増えます。当初200万円だったものが円安になった結果300万円に増えたのです。一般に円安になると外貨預金は得をします。

円高と円安のどちらがよい？

日本では円高になると輸出産業が打撃を受ける

ため、円高を歓迎しない雰囲気があります。**円高不況**という言葉の存在がそのことを物語っています。しかし、為替レートは、円の対外的価値をあらわします。だから、円の価値が高い（＝円高）というのは基本的にはいいことのはずです。財布のなかにあるお金の価値が高いことは悪いはずがありません。事実、自国の為替レートが高くなってつぶれた国はありません。反対に、経済が崩壊した国の為替レートは見るも無残に暴落するのが普通です。

最近は企業の海外進出が進み、円高になっても企業はそれほど影響を受けなくなってきています。むしろ、円安になり原材料の輸入価格が上がったために悲鳴を上げている企業が少なくありません。円高と円安のどちらがいいかは一概にはいえません。円高も円安も一長一短です。ただ、急激な為替レートの変動は経済的混乱をもたらすので好ましくないといえます。

グローバリゼーションのもたらすメリット

グローバリゼーションが進むと、一つの産業・業種が必ずしも１カ所にまとまって立地している必要はありません。生産活動を細かい工程に分け、それぞれの活動に最も適した立地条件のところで部品を作り、それらを１カ所に集めて最終組み立てを行なうほうが生産コストを下げることができます。このようにグローバリゼーションによって、生産効率を極限まで高めることができます。その結果、製品価格は安くなり、消費者は大きなメリットを受けることができます。

また、先進資本主義国の豊富な資金が発展途上国に投下され、その国の経済成長を促すことができる点もグローバリゼーションのメリットの一つです。一般に、発展途上国が経済発展できない理由の一つは、資本が不足しているからです。こういうものを作れば儲かるとわかっていても、それを作るための資金がありません。そこで、先進資本主義諸国が、豊富な資金を発展途上国に投資すれば、発展途上国にも恩恵がもたらされます。東南アジアでは先進国の資本が大量に流れ込み、それによって最新の設備と機械が導入され、「東アジアの奇跡」と呼ばれるような経済発展が実現しました。

グローバリゼーションのデメリット

しかし、グローバリゼーションはいいことばかりではありません。負の側面もあります。たとえば、「通貨危機」と呼ばれる現象がその一つです。外国資本の流入によって経済成長したとしても、もしその外国資本が、何らかの理由で一気に国外に流出したらどうなるでしょうか。そうした悪夢が現実となったのが1997年に起きた**アジア通貨危機**でした。ヘッジファンドを含む外国人投資家が一斉に東南アジアから逃げ出したため、為替レートはあっという間に暴落しアジア通貨危機へと発展しました。タイのバーツが急落したことをきっかけに、通貨下落はインドネシア、韓国などアジア各国に広がったのです。通貨危機は深刻な経済危機を引き起こし、インドネシアでは32年間続いたスハルト政権が崩壊に追い込まれました。アジア通貨危機は、グローバリゼーションがもたらした新しいタイプの通貨危機であるといえます。

一方、**サブプライム・ローン問題**（２００７年）もグローバリゼーションの負の側面があらわれた一例といえます。サブプライム・ローンとは、アメリカで利用されている住宅ローンの一つで、信用力が低い低所得者の人々（サブプライム層）向けの住宅ローンをいいます。いってみれば、本来融資すべきではない人々に融資をする住宅ローンです。当然、大きなリスクをともないます。そこでリスクを分散させるために考え出されたのが、優良な住宅ローン債権とサブプライム・ローン債権とを組み合わせた証券を作り、それを世界中の機関投資家やヘッジファンドに売りさばくという方法でした。債券を買ったほうにとっては福袋と同じで、中身を信じて買うわけです。しかし、サブプライム・ローンが焦げ付きはじめると、保有していた証券の価格が暴落し、世界中の金融機関が多額の損害を被ってしまいました。その影響で、２００８年にはアメリカの大手投資証券会社リーマン・ブラザーズが破たんし（**リーマン・ショック**）、世界経済は「百年に一度」といわれる深刻な不況に陥りました。

また、世界各地で**移民**が増えて住民との間で対立が深刻化していることもグローバリゼーションのもたらす負の側面といえます。現在の宇宙船地球号には、先進国と呼ばれる「特等室」に乗っている人々と、発展途上国と呼ばれる地域に住んでいる人々がいます。国境の壁が低くなれば、貧しい地域の人たちが先進国を目指して大移動を始めるのは必然です。しかし、そうなれば先進国の高い賃金はたちまち引き下げられ、世界の賃金は平準化されてしまいます。移民に反対する動きは、イギリスではＥＵからの離脱という形で現れ、ドイツやフランスでは極右政党の擡頭という形で表面化しています。移民問題に対して私たちはどう向き合えばいいのでしょうか。難しい問題です。

コラム　為替介入と外貨準備高

為替レートの乱高下を抑えるために、政府・日銀が為替相場に介入することがあります。これを**為替介入**といいます。変動相場制の下では、為替レートは市場にゆだねておくのが原則です。しかし、投機資金が入って為替レートの変動が行きすぎて実体経済に悪影響を及ぼす恐れがある場合、介入が行なわれます。介入をするかどうかを判断する権限は財務省にあり、財務官の指示の下で日銀が実働部隊として介入を実行します。たとえば、円高・ドル安を抑える場合、ま

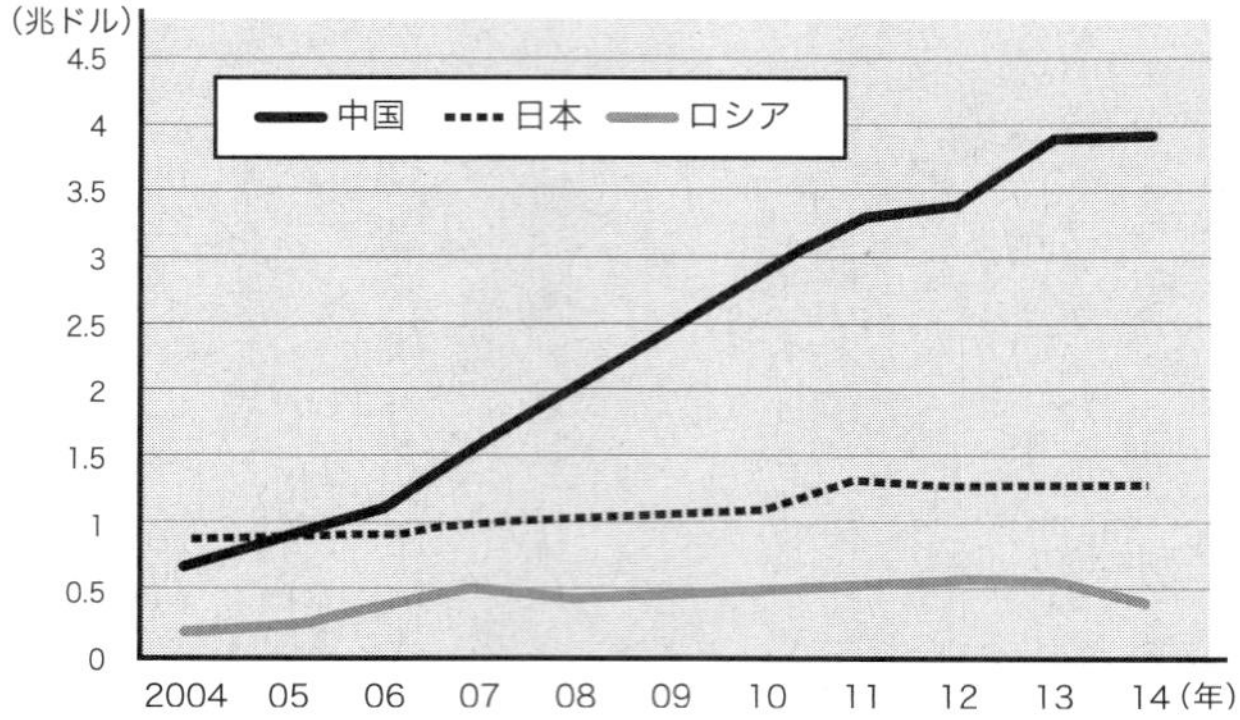

図9-12　おもな国の外貨準備高（資料：日本国勢図会2015/16）

ず外国為替資金特別会計で政府短期証券を発行して民間金融機関から円を借り入れ、その資金で円売り・ドル買いを行ないます。円売り・ドル買いは日本国内だけではなく、アメリカやヨーロッパにある口座なども使って秘密裏に行なわれます。1日の為替取引が7兆ドルといわれ、その8～9割が投機目的とされるなかで、日銀が行なう数十億ドル程度の介入は、文字どおり「焼け石に水」ともいえますが、それでも通貨当局の意思を示すものとして、相場の流れに一定の影響を与えることはできます。

　購入したドルは、そのほとんどがアメリカ国債の購入に充てられ、**外貨準備高**に繰り入れられます。現在、外貨準備高が世界で一番多いのは中国で、日本は第

2位で1兆2950億ドル保有しています（2024年）。もし外貨準備高が不足すると、円が急落した場合、ドル売り・円買いで対抗することができません。1997年のアジア通貨危機の際に外貨不足に陥ったタイなどでは、結局自国通貨を守ることができず、通貨暴落の憂き目に遭いました。為替相場の安定のためには、ある程度の外貨を持っていることが必要です。

5　地域的経済統合

進む地域的経済統合

第二次世界大戦後、世界の貿易は自由貿易を目指して突き進んできました。GATTの下でラウンド交渉が行なわれ、WTOの発足によって貿易の自由化はいっそう進みました。しかし、WTOの参加国が増加すると、複雑に対立する各国の利害を調整するのは容易ではなく、なかなか交渉がまとまりません。決定方式が全加盟国一致方式であるため、1カ国でも反対すれば何事も決まらないからです。また、合意できる部分はすでに合意され、調整が難しい分野が多く残っていることも、合意を困難にしている一因といえます。

そうした状況を打開しようとして登場してきたのが、**地域的経済統合**でした。これは参加国を限定し、限られた地域での貿易の自由化を進めようとするものです。この方式だと参加国が少ない分、合意を取り付けることが容易になります。本来、地域的経済統合は「無差別」「多角主義」をうたうＧＡＴＴの原則には違反します。しかし、ドーハ・ラウンド（２００１年〜）が難航していることもあり、地域的経済統合は一定の条件下でＷＴＯによって認められるようになり、急速に広がっています。現在ではＥＵ（欧州連合）をはじめ、ＵＳＭＣＡ（米国・メキシコ・カナダ協定）、ＡＦＴＡ（ＡＳＥＡＮ自由貿易地域）など、さまざまな地域的経済統合が成立しています。

戦前のブロック化との違い

こうした地域的経済統合には、１９３０年代のブロック化につながる危険性はないのかという懸念があります。しかし、地域的経済統合は戦前のブロック化とはまったく異なるとされています。すなわち、戦前のブロック化は他国からの輸入を排除することを目的としていましたが、現在進められている地域的経済統合は、世界的規模での関税撤廃のための一つのステップだと考えられているのです。つまり、世界各地に関税ゼロの地域をいくつもつくり、ゆくゆくはこれらを統合すれば、最終的に関税ゼロの世界ができるはずだというわけです。

地域的経済統合は、その統合の度合いによって5つの段階に分けることができます。カッコ内の番号が大きいほど統合の度合いが強くなります。

（1）自由貿易協定（FTA）・経済連携協定（EPA）

加盟国の間で関税の撤廃、人の移動の促進、投資の拡大などを目指します。具体的には、ヨーロッパ自由貿易連合（EFTA）、ASEAN自由貿易地域（AFTA）、米国・メキシコ・カナダ協定（USMCA）、環太平洋パートナーシップに関する包括的及び先進的な協定（CPTPP）、地域的な包括的経済連携協定（RCEP）などがこれに該当します。

（2）関税同盟

域内での関税撤廃、域外に対して共通関税を課します。南米のメルコスールがこの段階にあたります。

（3）共同市場

域内での関税撤廃、域外に対する共通関税だけではなく、さらに進んで域内の労働力・資本の移動の自由化を実施します（職業資格の相互認証も含む）。

（4）経済同盟

域内での関税撤廃、域外に対する共通関税、域内の労働力・資本移動の自由化に加えて、さらに進んで共通通貨、共通の金融政策を導入します。現在の欧州連合（EU）がこの段階に該当します。

（5）完全な経済統合

金融政策、財政政策、社会政策を統一します。ただし、このレベルの経済統合はまだ存在しません。

ＷＴＯの原則は、ある国に与えた最も有利な貿易条件（＝最恵国待遇）をすべてのＷＴＯ加盟国に与えるというものです。したがって、すべての国に同じ関税率を適用しなければなりません。これに対してFTAの場合、ＦＴＡを結んだ国に対しては関税をゼロにすることができます。ＦＴＡと似た概念にEPA（経済連携協定）がありますが、これはＦＴＡより広い概念で、貿易だけではなく、外国人労働者を受け入れるルールや、お金の移動を自由にする投資規定なども含んだものです。ＦＴＡやＥＰＡ

は1990年代に入ってから急増しています。

EU（欧州連合）

EUの出発点となったのは、ヨーロッパから戦争をなくすことでした。大陸の2大国であるドイツとフランスは国境を接していることもあって、最近100年余りのあいだに3回の大戦争をしています。このドイツとフランスを仲良くさせるにはどうしたらいいか。そんな発想から第二次世界大戦後、ヨーロッパを統合する計画が持ち上がったのです。ECSC（欧州石炭鉄鋼共同体）、EEC（欧州経済共同体）、EURATOM（欧州原子力共同体）の3つが1967年に統合され、EC（ヨーロッパ共同体）が発足しました。その後、1992年には**マーストリヒト条約**が成立し、翌1993年にECは**EU（欧州連合）**となりました。

現在27カ国が加盟し、経済的統合に加えて、政治統合を目指すための調整が進められています。2002年からは共通通貨である**ユーロ**が流通しはじめました。もし、完全な経済統合が完成すれば、ヨーロッパはいわば「ヨーロッパ合衆国」となり、それぞれの国はちょうどアメリカの州のような存在になります。しかし、加盟国のあいだでの経済格差や、域外からの移民や難民の受け入れをめぐる対立など多くの課題があり、統合の前途は多難です。

日本を取り巻くFTAの状況

日本はWTOの原則の一つである「多角主義」を重視する立場から、1990年代までFTA（自由貿易協定）には批判的でした。しかし、1994年に北米自由貿易協定（NAFTA）が成立した後、世界的にFTAが急増してきたこともあり、日本も政策転換を図ります。日本は2002年、シンガポールとのあいだにFTAを結んだのを皮切りに、積極的にFTAに取り組むようになりました。また、最近はFTAではなくEPA（経済連携協定）も増加しています。

日本がEPAを結ぶうえで最大のネックになっているのは、日本の農業自由化問題です。WTOの協定では、自由貿易協定締結の要件として、「すべての貿易について10年以内の関税撤廃」を明記しています。たしかに日本の農産物の平均関税率は、ほかの先進諸国と比較して突出して高いというわけではありません（図9-13）。しかし、日本はコメ280％、小麦120％など、一部の農産物に対して非常に高い関税をかけています。そのため、これを撤廃すれば日本の農業が大きな打撃を受けるとして、農業団体は貿易自由化に強く反対しています。

一方、こうした考え方に対して、戦後の日本農業は保護して甘やかしてきたからダメになったのであって、試練を与えればむしろ成長すると主張する人々もいます。

そうしたなかで2015年に大筋合意されたのが、TPP（環太平洋パートナーシッ

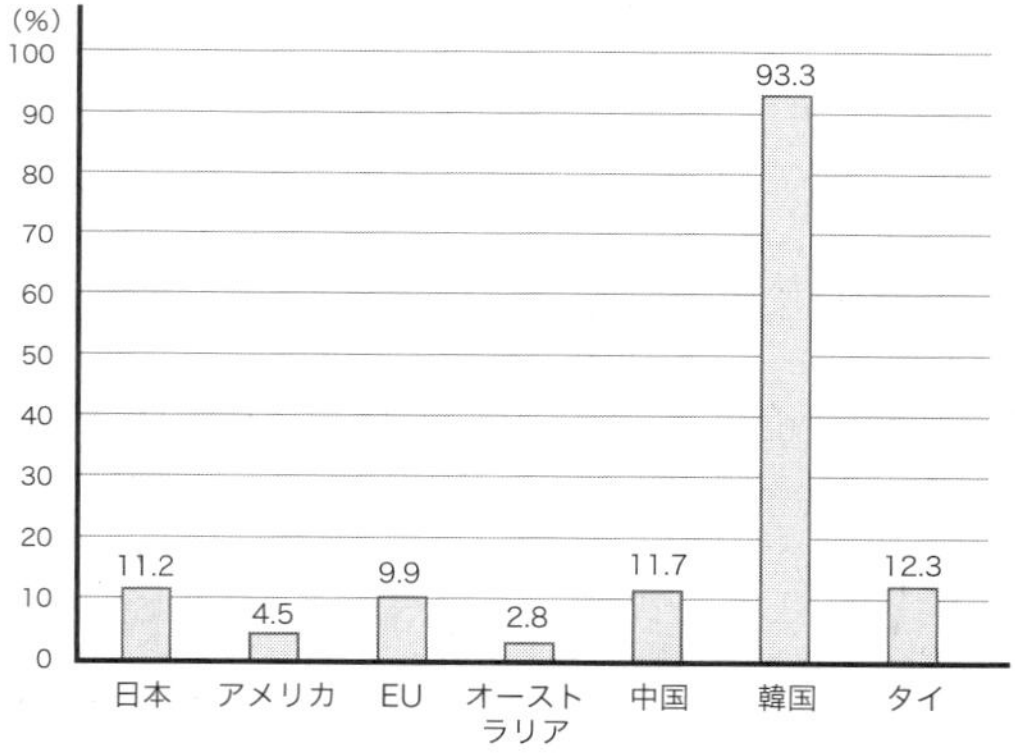

図9-13　各国の農産物平均関税率（貿易加重平均2014年）
（資料：農林水産省）

プ協定）です。ＴＰＰは当初アメリカも交渉に参加していたのですが、その後アメリカが離脱したため、２０１８年にアメリカを除く11カ国の間でＣＰＴＰＰ（環太平洋パートナーシップに関する包括的及び先進的な協定）として締結されました。２０２３年にはイギリスもＣＰＴＰＰに署名し、将来的には環太平洋地域を超えた貿易協定となる可能性も見えてきました。さらに、２０２２年には中国を含む15カ国の間でＲＣＥＰ（**地域的な包括的経済連携協定**）が発効し、世界のＧＤＰの約3割を占める巨大な自由貿易協定が誕生しました。

関税撤廃による貿易の自由化が進めば、日本からの輸出が増大すると期待される一方で、日本の農業などに大きな影響が出るのではないかと心配されています。

６　発展途上国の課題と日本

貧困の連鎖

現在、地球に住む81億人のうちの約７割は発展途上国に住んでいます。なかには、年収が10万円以下の人々も少なくありません。世界銀行によると、１日あたりの生活費が２・１５ドル未満の「**絶対的貧困**」と呼ばれる人々が約６億人います。これは世界の約13人に１人にあたります。貧困はとくにサハラ砂漠以南のアフリカに多く見られます。彼らにとって、「主権国家」とは貧困者の「収容所」の別名にほかなりません。政治的には独立していても、経済的には独立できていないのです。彼らのような、いわば「宇宙船地球号の船底生活者」を救い上げる方法はないのでしょうか。世界には先進国がいっぱいあります。また、中国やNIES（新興工業経済地域）のように、工業化に成功した事例もたくさんあります。そうした事例を研究すれば、発展途上国から中進国へ take off（離陸）するのはそんなに難しくないような気もします。しかし、実際にはなかなかうまくいきません。

第3章でも述べたように（↓122ページ参照）、一国の潜在的生産力は、物的資本、人的資本、技術革新、資源に依存します。発展途上国が貧困から抜け出せない理由をこのような視点から考えると、次のような要因を挙げることができます。

第一に、モノを作るための**物的資本**が圧倒的に不足しています。モノを生産するには工場や機械設備のほか、道路、港湾、鉄道、電力、通信といった**インフラストラクチャー**が必要です。多くの国ではこうしたインフラを供給するための資金を国内では賄いきれません。外国資本を呼び込むことが必要です。中国では改革開放政策を通じて、**外資の導入**に積極的に取り組み経済発展に成功しました。しかし、アフリカ諸国ではいまだに内戦が絶えず、外国企業が入っていきにくい状況が見られます。

第二に、人的資本とくに**基礎教育**の不足を挙げることができます。発展途上国では教育施設が十分ではなく、また、貧しいがゆえに子どもを学校にやれない家庭がたくさんあります。そのため、人材が育たず、経済発展に結びつかないのです。また、**人口増加率**が高いことや**乳幼児死亡率**（生まれてから5歳までに死亡する割合）が高いことなども、発展途上国の take off を阻害しています。

第三に、発展途上国の多くは、植民地時代から続く一次産品に依存する**モノカルチャー経済**から脱却できずにいます。一般的に一次産品の価格は安く、また不安定であることが多く、これが貧困から脱出できない原因の一つになっています。

こうしたことから、発展途上国ではいまもなお貧困の再生産の状況が続いています。南北問題解消のためには、政治、経済、人口、教育、医療などさまざまな面からのアプローチが必要です。

ODA（政府開発援助）

発展途上国を支援するために、現在、さまざまな機関が資本や技術の援助をしています。そのなかでもとくに大きな役割を果たしているのが、ODA（政府開発援助）です。ODAには、相手国を直接援助する**二国間援助**と、国連などの国際機関に拠出することによって発展途上国を支援する**多国間援助**があります（図9-14）。

日本のODA援助額は、1991～2000年までは世界1位でした。しかし、バブル経済の崩壊後、税収が落ち込んだことなどから現在はピーク時の半分にまで減少しています（図9-15）。

これまで日本のODAはアジアを中心に行なわれてきました。これは日本のODAが第二次世界大戦に対する戦後補償の意味合いから出発したことと関連しています。また、アジアへの援助が多いのは、ダム、発電所、道路、鉄道、港湾、空港などの経済インフラの援助を行なうことによって、日本企業が進出しやすいようにする、いわ

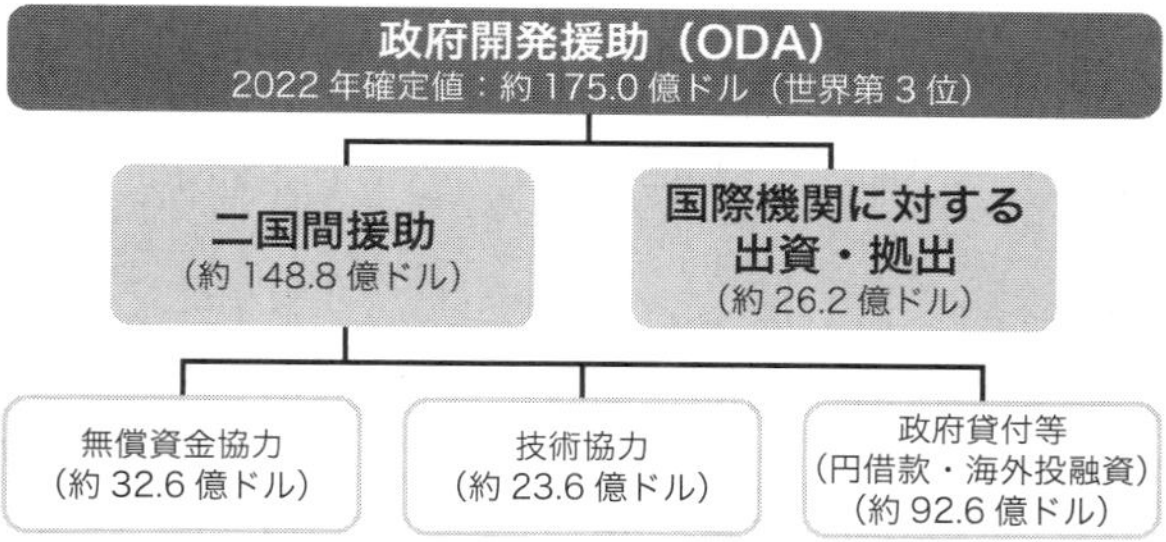

図9-14　日本のODAの各種形態別の内訳（贈与相当額ベース）
（資料：外務省）

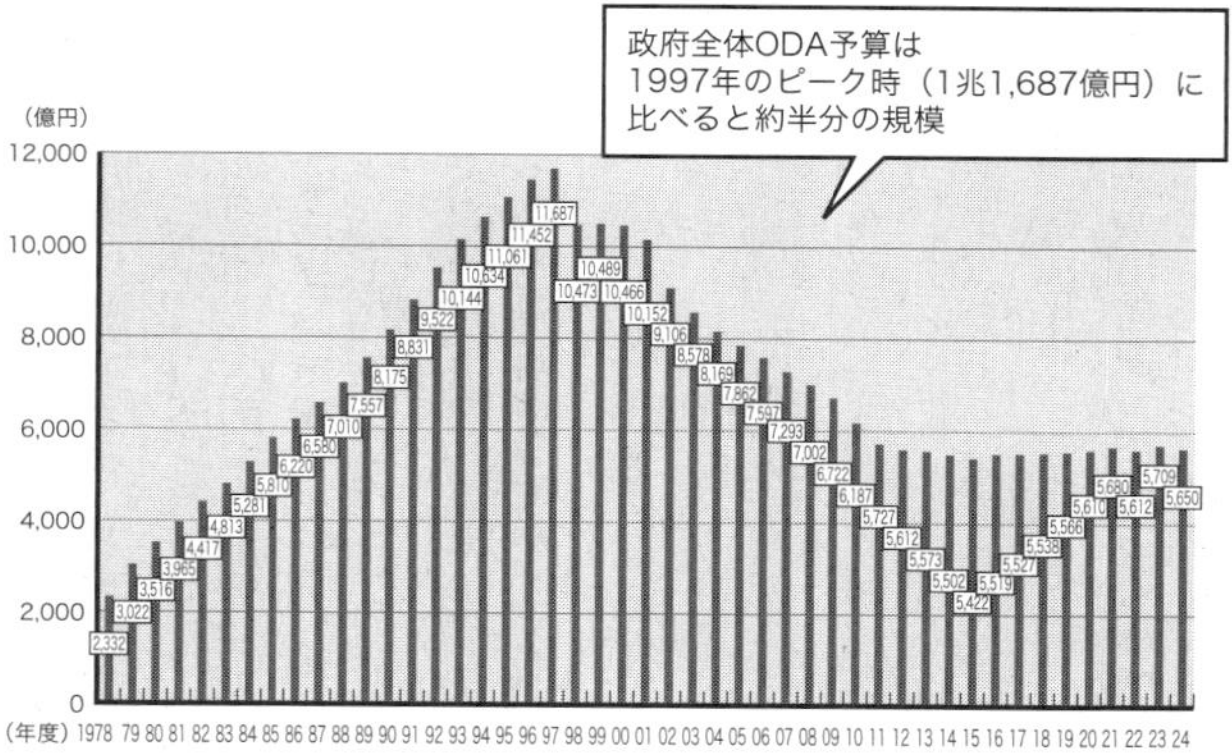

図9-15　政府全体ODA予算（一般会計当初予算）の推移
（資料：外務省）

ば「露払い」の意味もあります。最近では、中東やアフリカ諸国への援助も増えています。日本のＯＤＡを一元的に行なうための機関として設けられているのがＪＩＣＡ（国際協力機構）です。

日本政府は２０１５年、従来のＯＤＡ大綱を見直し、新たに**開発協力大綱**を定めました。これは従来の国際貢献に加えて、資源確保や国家安全保障戦略など、「国益の確保に貢献する」ことを明確に打ち出した点に特徴があります。２０２４年のＯＤＡ予算は５６５０億円でした。これは国民一人あたり年間約４６００円の負担になります。財政赤字に苦しむ日本ですが、ＯＤＡは軍事力に代わる国際貢献の有力な手段であるということを忘れてはなりません。

コラム　ＯＤＡの実例

①ベトナムに橋をかける

ベトナムの首都ハノイを横断する紅河に、ニャッタン橋（日越友好橋）をかける工事が２０１４年12月に完成しました。全長３７５５メートル、片側４車線、総工費約８００億円。資金は日本のＯＤＡ（円借款）によるもので、工事を受注したのは三井住友建設とＩＨＩインフラシステムなどでした。この橋の完成によって慢性的な交通渋滞が緩和され、ハノイ中心部とノイバイ国際空港の所要時間が大幅に短縮されました。現地で働いた日本人は技術者や事務職員を含めて50人程度で、現地で雇用された人はその5倍以上にものぼり、若いベトナム人技術者が日本の技術を学んでくれる機会ともなりました。

②ある中国人女性からの手紙

２００４年1月、２人目の赤ちゃんを産んだばかりの１人のお母さんから、こんな手紙が日本に届きました。

「私は湖南省平江県浯口鎮西江村のものです。私は日本国政府と日本

ハノイにかけられた日越友好橋（JICA独立行政法人国際協力機構より）

国民の方々に感謝したいのです。あなた方は2つ目の生命を私に与え、私と子どもを助けてくれた命の恩人なのです。1月10日、突然痙攣《けいれん》を起こして倒れた私は、危険な状態と判断され、湖南省平江県母子保健院救急センターに救急車で運ばれました。センターで救急措置と帝王切開手術を並行して受け、無事出産することができました。保健院の方々から、『あなたが助かったことは、日本国政府と日本国民の真心と切り離すことはできないのです。日本の無償援助によって、この保健院の設備が整い、多くの婦女や乳幼児の健康が保障されるようになったのですよ。』と聞きました。私は心から保健院と日本国政府、日本国民に感謝します。そして中日友好が子々孫々まで続くよう願っています。」（外務省webサイトより）

重要ポイント

①貿易の原則は自由貿易であり、その根拠となっているのがリカードの比較生産費説である。保護貿易は例外的に認められる。

②第二次世界大戦後、自由貿易を推進するためにGATTが設立された。固定相場制

の維持を目的としたＩＭＦと併せて、これをＩＭＦ・ＧＡＴＴ体制という。その後、ＧＡＴＴはＷＴＯに引き継がれた。

③変動相場制の下で、長期的な為替レートが２国間の物価水準で決定されるとする考え方を購買力平価説という。

④いま世界で進められている地域的経済統合は、最終的に関税ゼロの世界を実現するためのプロセスであり、戦前の排他的なブロック経済とは異なる。

⑤南北問題の解決には国際協力が欠かせない。とくにＯＤＡの果たす役割は大きい。

文庫版おわりに

本書は、２０１７年にベレ出版から発行した『意味がわかる経済学』に加筆修正し、文庫本として新たに発行したものです。レベルとしては、初めて経済学を学ぶ大学教養レベルを意識して書きました。本書を読めば、経済学の一通りの知識は身につくように配慮したつもりです。いま、日本経済は、財政赤字、増加する非正規雇用、年金問題など、さまざまな問題に直面しています。いずれも出口が見えず、先送りすれば事態がさらに悪化する難問ばかりです。とりわけ、所得格差の拡大は日本だけではなく世界的な潮流です。これを放置すれば将来、禍根を残すことになるのではないかと危惧しております。経済学は効率を求めると同時に、競争に敗れた弱者を救済する学問でなくてはなりません。社会的弱者をどのように処遇するかで国民の品格が問われます。

本稿で扱ったテーマ以外に、農業、中小企業、労働、資源、環境、原子力政策など、取り上げたいテーマがいくつかありました。実は、最初の原稿ではこれらの問題についても一つの章を設けて書いていたのですが、紙幅の関係などで最終的には割愛せざるを得ませんでした。

ただ、地球環境問題については最後に一言いっておきたいと思います。核戦争が人類を一瞬にして死にいたらしめる心臓発作であるとするならば、環境破壊は人類を徐々に死にいたらしめる病です。地球環境問題がこれほど議論されながら、人々はなかなか行動に移そうとはしません。

理由の一つは、多くの人が「自分には関係ない」と思っているからです。また、問題が長期にわたることも人々の問題意識を希薄にしています。地球温暖化といっても、さしあたり今日・明日はどうということはありません。多分、自分が生きているあいだは大丈夫だろう。みんなそう思っています。自分が死んだあとどうなるか?……そんなことは知ったことではない。もし、心のどこかにそんな思いがあるとすれば、真剣に取り組む気持ちが起きないのは当然です。環境破壊問題（放射能汚染を含む）は、おそらく人間が住んでいるかぎり、悪化することはあっても、改善されることはないでしょう。しかし、お風呂に入るとき、次に入る人のことを考えて、なるべくお湯を汚さないように努力することが必要なように、環境問題についても、なるべくきれいな状態で次世代に渡す努力が必要です。

地球の歴史46億年を46メートルとしてあらわせば、人類3000年の歴史など、1ミリもありません。現在の人間の経済活動は自然の自浄能力を超える環境汚染をしています。地球はいまや小さな金魚鉢みたいなものです。人間も自然界の一部であり、自然のなかに生かされている存在であるということを、いま一度思い起こす必要があるのではないでしょうか。

最後に、文庫化にあたってお声掛けいただいたKADOKAWAの宮川友里様に感謝の言葉を伝えたいと思います。彼女の献身的な働きがなければこの本はできませんでした。また、校閲の方々にもお礼を申し上げます。細かなデータチェックを含め大変お世話になりました。おかげさまで、読者の方々にもご納得いただける内容に仕上げることができました。この本が文庫として広く読まれることを心から願っております。

また、長年にわたって私を支えてきてくれた妻正子にも感謝の意をあらわしておきます。高校教員になったことを含めて、彼女なしにはいまの私はありませんでした。さらに、娘たち二人にも「ありがとう」といっておきます。仕事優先の生活を長年続けてきたため、家族にはずいぶん寂しい思いをさせてきました。いままでの私のわがままに対するせめてもの罪滅ぼしに、本書を妻正子および二人の娘たちに捧げたいと思います。

2024年11月

南　英世

アルファベット

や

ら

わ

た

な

さ

索　引（見出し、図表を含む）

あ

か

本書は、『意味がわかる経済学』（ベレ出版、２０１７年）に適宜加筆・修正を加え、改題の上、文庫化したものです。

よくわかる経《けい》済《ざい》学《がく》入《にゅう》門《もん》

南《みなみ》 英《ひで》世《よ》

令和7年 4月25日　初版発行

発行者●山下直久

発行●株式会社KADOKAWA
〒102-8177　東京都千代田区富士見2-13-3
電話　0570-002-301（ナビダイヤル）

角川文庫 24634

印刷所●株式会社暁印刷
製本所●本間製本株式会社

表紙画●和田三造

●お問い合わせ
https://www.kadokawa.co.jp/（「お問い合わせ」へお進みください）
※内容によっては、お答えできない場合があります。
※サポートは日本国内のみとさせていただきます。
※Japanese text only

ISBN 978-4-04-400858-1　C0133

◇◇◇

角川文庫発刊に際して

角 川 源 義

第二次世界大戦の敗北は、軍事力の敗北であった以上に、私たちの若い文化力の敗退であった。私たちの文化が戦争に対して如何に無力であり、単なるあだ花に過ぎなかったかを、私たちは身を以て体験し痛感した。西洋近代文化の摂取にとって、明治以後八十年の歳月は決して短かすぎたとは言えない。にもかかわらず、近代文化の伝統を確立し、自由な批判と柔軟な良識に富む文化層として自らを形成することに私たちは失敗して来た。そしてこれは、各層への文化の普及滲透を任務とする出版人の責任でもあった。

一九四五年以来、私たちは再び振出しに戻り、第一歩から踏み出すことを余儀なくされた。これは大きな不幸ではあるが、反面、これまでの混沌・未熟・歪曲の中にあった我が国の文化に秩序と確たる基礎を齎らすためには絶好の機会でもある。角川書店は、このような祖国の文化的危機にあたり、微力をも顧みず再建の礎石たるべき抱負と決意とをもって出発したが、ここに創立以来の念願を果すべく角川文庫を発刊する。これまで刊行されたあらゆる全集叢書文庫類の長所と短所とを検討し、古今東西の不朽の典籍を、良心的編集のもとに、廉価に、そして書架にふさわしい美本として、多くのひとびとに提供しようとする。しかし私たちは徒らに百科全書的な知識のジレッタントを作ることを目的とせず、あくまで祖国の文化に秩序と再建への道を示し、この文庫を角川書店の栄ある事業として、今後永久に継続発展せしめ、学芸と教養との殿堂として大成せんことを期したい。多くの読書子の愛情ある忠言と支持とによって、この希望と抱負とを完遂せしめられんことを願う。

一九四九年五月三日

角川ソフィア文庫ベストセラー

経済学 上巻
編著／宇野弘蔵

「宇野が原理論、段階論、現状分析のすべてについて体系的に編集した、唯一の著作」（佐藤優氏）。宇野弘蔵が宇野学派を代表する研究者と共に、大学の教養課程における経済学の入門書としてまとめた名著。

経済学 下巻
編著／宇野弘蔵

「リストに注目した宇野と玉野井の慧眼に脱帽する」（佐藤優氏）。下巻では、上巻で解説された原理論、段階論と経済学説史を踏まえ、マルクスの経済学の解説から入り、現状分析となる日本経済論が展開される。

大洪水の前に
マルクスと惑星の物質代謝

斎藤幸平

資本主義批判と環境批判の融合から生まれる持続可能なポストキャピタリズムへの思考。若き俊英がマルクス研究の旗を揚げる！　ドイッチャー記念賞日本人初、史上最年少受賞作。解説／スラヴォイ・ジジェク

経済学の名著50冊が1冊でざっと学べる

蔭山克秀

アダム・スミス『国富論』やマルクス『資本論』、ピケティ『21世紀の資本』など、原書が難解な「経済学の名著」50冊（＋文庫版増補2冊）の内容がこれ1冊で理解でき、読めば必ず「確かな教養」が手に入る！

若者よ、マルクスを読もう
20歳代の模索と情熱

内田樹
石川康宏

『共産党宣言』『ヘーゲル法哲学批判序説』をはじめとする、初期の代表作5作を徹底的に嚙み砕いて紹介。その精神、思想と情熱に迫る。初心者にも分かりやすく読める、専門用語を使わないマルクス入門！

角川ソフィア文庫ベストセラー

マルクスを再読する
主要著作の現代的意義

的場昭弘

資本主義国家が外部から収奪できなくなったとき、資本主義はどうなるのか？　この問題意識から、主要著作を読み解く。〈帝国〉以後の時代を見るには、資本主義〝後〟を考えたマルクスの思想が必要だ。

増補「戦後」の墓碑銘

白井聡

「平成」。国民益はもとより国益とも無縁な政治が横行するようになった時代。昭和から続いた戦後政治は、崩落の時を迎えている。その転換点はいつ、どこにあったのかを一望する論考集が増補版で文庫化！

新版 増補 共産主義の系譜

猪木正道

画期的な批判的研究の書として、多くの識者が支持した名著。共産主義の思想と運動の歴史を、全体主義に抗す自由主義の論客として知られ、高坂正堯ら錚々たる学者を門下から輩出した政治学者が読み解く!!

独裁の政治思想

猪木正道

独裁を恣意的な暴政から区別するものは、自己を正当化する政治理論の存在だ。にもかかわらず、権力の制限を一切伴わない現代の独裁は、常に暴政に転化するというパラドックスを含む。独裁分析の名著！

ロシア革命史
社会思想史的研究

猪木正道

「概説書として、本書の右に出るものはない。また、今後、少なくとも邦語においては出ることはないだろう」(木村汎氏)。革命史を簡潔にたどりながら、革命過程を独創性をもって理論的に分析した金字塔的著作！

角川ソフィア文庫ベストセラー

欲望会議
性とポリコレの哲学

千葉雅也
二村ヒトシ
柴田英里

現代人は、二〇世紀までの人間から、何か深いレベルでの変化を遂げつつあるのではないか。ゾーニング、炎上、#MeToo、ポリコレ……「欲望」をテーマに、哲学者とAV監督と現代美術作家が語り尽くす異色の鼎談。

フランクル心理学入門
どんな時も人生には意味がある

諸富祥彦

『夜と霧』『それでも人生にイエスと言う』の著者フランクルの心理学のエッセンスを、カウンセラーでもある著者がわかりやすく説いた入門書。「生きるのがむなしくなった自分」を変える心理学を平易に読み解く。

ハンス・ヨナスの哲学

戸谷洋志

放射性廃棄物処理の課題を残す原子力発電所を作ってもよいのか、遺伝子操作と生命倫理、気候変動への責任ほか。現代的なテーマを「責任」という視点で検討し解いた哲学者の日本ではじめての入門書。

自殺について

ショーペンハウエル
石井　立＝訳

誰もが逃れられない、死（自殺）について深く考察し、そこから生きることの意欲、善人と悪人との差異、人生についての本質へと迫る！　意思に翻弄される現代人へ、死という永遠の謎を解く鍵をもたらす名著。

君主論

マキアヴェッリ
大岩　誠＝訳

ルネサンス期、当時分裂していたイタリアを強力な独立国とするために大胆な理論を提言。その政治思想は「マキアヴェリズム」の語を生み、今なお政治とは何かを答え、ビジネスにも応用可能な社会人必読の書。

角川ソフィア文庫ベストセラー

確率のはなし
矢野健太郎

25人のパーティで同じ誕生日の2人が出会うのは偶然？　それとも必然？　期待値、ドゥ・モルガンの法則、パスカルの三角形といった数学の基本へ。世界的数学者が、実例を挙げてやさしく誘う確率論の基本。

失敗のメカニズム
忘れ物から巨大事故まで
芳賀　繁

物忘れ、間違い電話、交通事故、原発事故――。当人の能力や意図にかかわらず引き起こされてしまう失敗を「ヒューマンエラー」と位置付け、ミスをおかしやすい人や組織、環境、その仕組みと対策を解き明かす！

世界を読みとく数学入門
日常に隠された「数」をめぐる冒険
小島寛之

賭けに必勝する確率の使い方、酩酊した千鳥足と無理数、賢い貯金法の秘訣・平方根――。整数・分数の成り立ちから暗号理論まで、人間・社会・自然を繋ぎ合わせる「世界に隠れた数式」に迫る、極上の数学入門。

無限を読みとく数学入門
世界と「私」をつなぐ数の物語
小島寛之

アキレスと亀のパラドクス、投資理論と無限時間、『ドグラ・マグラ』と脳の無限、悲劇の天才数学者カントールの無限集合論――。文学・哲学・経済学・SFなど様々なジャンルを横断し、無限迷宮の旅へ誘う！

景気を読みとく数学入門
小島寛之

経済学の基本からデフレによる長期不況の謎、得する投資理論の極意まで。一見、難しそうに思える経済の仕組みを、数学の力ですっきり解説。数学ファンはもちろん、ビジネスマンにも役立つ最強数学入門！

角川ソフィア文庫ベストセラー

とんでもなく役に立つ数学　西成活裕

〝渋滞学〟で著名な東大教授が、高校生たちとの対話を通して数学の楽しさを紹介していく。通勤ラッシュや宇宙ゴミ、犯人さがしなど、身近なところや意外なシーンでの活躍に、数学のイメージも一新！

読む数学　瀬山士郎

XやYは何を表す？　方程式を解くとはどういうこと？　その意味や目的がわからないまま勉強していた数学の根本的な疑問が氷解！　数の歴史やエピソードとともに、数学の本当の魅力や美しさがわかる。

波紋と螺旋とフィボナッチ　近藤滋

カメの甲羅の成長、シマウマの縞模様、ヒマワリや巻き貝などいたるところで見られるフィボナッチ数……生き物の形には数理が潜んでいた！　発生学を専門とする生物学者が不思議な関係をやさしく楽しく紹介。

宇宙と宇宙をつなぐ数学　IUT理論の衝撃　加藤文元

望月新一教授による「宇宙際タイヒミューラー（IUT）理論」。未来からきた論文とも称され、世界中に衝撃をもたらした。望月氏と、親交を重ねてきた数学者が、理論の独創性と斬新さをやさしく紹介する。

植物の形には意味がある　園池公毅

葉や枝や根、花や果実がなぜその形をしているのか、豊富な図版とともに基礎から解説。形と機能のつながりを知ることで身近な植物とのふれあいをもっと楽しめるようになる、観察から始める植物学入門。